新世纪高等学校教材
历史学系列教材

魏晋南北朝简史

WEIJIN NANBEICHAO
JIANSHI

许兆昌 于 薇◎著

北京师范大学出版集团
BEIJING NORMAL UNIVERSITY PUBLISHING GROUP
北京师范大学出版社

图书在版编目(CIP)数据

魏晋南北朝简史 / 许兆昌,于薇著. —北京:北京师范大学
出版社,2016.8
新世纪高等学校教材. 历史学专业课系列教材
ISBN 978-7-303-19521-3

Ⅰ.①魏… Ⅱ.①许… ②于… Ⅲ.①中国历史－魏晋南
北朝时代－高等学校－教材 Ⅳ.①K235
中国版本图书馆 CIP 数据核字(2015)第 237105 号

营 销 中 心 电 话   010-58802181   58805532
北师大出版社高等教育分社网   http://gaojiao.bnup.com
电 子 信 箱   gaojiao@bnupg.com

出版发行:北京师范大学出版社 www.bnup.com
          北京市海淀区新街口外大街 19 号
          邮政编码:100875

印   刷:大厂回族自治县正兴印务有限公司
经   销:全国新华书店
开   本:730 mm×980 mm   1/16
印   张:17.5
字   数:280 千字
版   次:2016 年 8 月第 1 版
印   次:2016 年 8 月第 1 次印刷
定   价:32.00 元

策划编辑:刘松弢   责任编辑:王 强 王 亮
美术编辑:焦 丽   装帧设计:金基渊
责任校对:陈 民   责任印制:陈 涛

前　言

魏晋南北朝是中国历史上最为动荡的分裂时期。从王朝正式更迭的角度，它始于 220 年曹丕代汉，但魏蜀吴三国历史的叙述显然要从 184 年汉末黄巾起义开始。这在当时史家陈寿编纂《三国志》时，就已有清楚的认识。黄巾起义后，天下大乱，一直到 589 年隋文帝统一中国，前后历四百余年。期间有汉末的军阀混战，致中原地区，十室九空。有魏蜀吴三国的鼎足割据，各国为取得军事优势，不断发动战争；其后虽有西晋统一，但稳定局面仅持续十年，便被宗室之间的疯狂屠戮打断；东晋十六国时期，中原地区的政治动荡更是达到顶峰，空前绝后；南北朝时期，除南北对峙，战争频仍之外，南方还先后出现四个短命王朝，北方则一分为两魏，再变为齐周。这是一个民族矛盾空前尖锐，与之同时民族融合又取得重大进展的历史时代。中原的分裂与频繁的战争，为周边少数民族的大量内迁创造了绝佳的条件。十六国时期，匈奴、鲜卑、羌、氐、羯纷纷在中原地区建立政权，它们相互争战，将中原地区变成锻造新型民族的巨大熔炉。汉族在吸纳了这些新鲜血液之后，重新迈上历史征程，变得更富生气与创造力。这是一个中国疆域内地区之间的发展差异急剧缩小的历史时代。东吴、蜀汉、东晋及南朝对东南、西南及华南地区的深入开发，使得以黄河流域为主体的中原地区不再一枝独秀，中国古代的经济格局从此为之一变，历史影响极为深远。这是一个传统文化获得巨大繁荣的历史时代。割据政权控制能力的下降，为学术文化的发展创造了相对自由的空间。不同文化因素的相互碰撞与融合，更是极大地增强了文化发展的内在生命力。这一时期，儒学尽管仍是传统文化的中坚力量，但已不具备面对其他文化因素的政治优势与社会优势。道家文化率先取得发展，玄学在统治集团内部成为风靡百余年的文化时尚。佛、道二教的广泛传播，满足了自社会顶层以至社会底层的信仰与生活需要。尤其是佛教，更是为中华民族输入了世界另一大古老文明地区的完全不同的文化因素。佛教虽已在汉代就传入中国，但在魏晋南北朝时期，佛教才可谓是昂首挺入，姿态完全不同。南梁武帝萧衍三次舍身佛寺，前秦、后秦为迎奉西域高僧鸠摩罗什，不惜发动战争。在中国古代，外来文化能获取如此崇高的地位，唯此期出现过。魏晋南北朝的历史表明，唯有多元因素的相互碰撞与融合，才能筑就一个民族文化传统长盛不衰的坚实根基。最后，这还是一个承前启后的孕育时代。魏晋南北朝时期在制度建设上的贡献有目共睹。包括政治领域的三省六部制、经济领域的均田制与租调制、军事领域的府兵制、学术文化领域的史馆制等等在内的多种制度，都在此期被反复试验。中华民族历史上最为强盛繁荣的隋唐王朝，其制度方面的夯基，正是在这个动荡的历史时代。

面对如此纷乱复杂的历史内容，考虑到本书读者的特殊需求，我们主要注意了以下两个方面。

一是详述此期历史发展的过程。魏晋南北朝时期的历史，头绪繁多，知识量大，是中国古代史学习的一个难点领域。研究型专著一般是以问题带史实，有利于学生较快进入研究领域，弊端则是历史叙述不够全面，尤其是对学术界的研究相对还不够深入的历史对象，往往就一笔带过。本书在叙述魏晋南北朝的历史时，主要考虑知识的全面性与系统性。希望能帮助学生建构有关这一时期历史进程的系统知识。例如，叙述十六国历史，就为每一个割据政权立目，述其始终。尽管内容都比较简单，但深入到这一特别动荡的历史时期的细节领域，而不是将十六国简单化为一个整体。再如由北魏而西魏、东魏，再由西魏、东魏而北周、北齐的历史过程，南方宋、齐、梁、陈的替代过程，也都做了简明完整的介绍。

二是突出与民族融合、地区开发及制度孕育相关的历史内容。这不仅是魏晋南北朝时期历史发展最重要的三个方面，也是此期对中国历史的整体进程产生积极而深远影响的主要历史贡献。突出这些历史内容，才能为魏晋南北朝时期寻找到有别于其他历史阶段的特殊定位。

以上这两个方面的处理，不一定合适，欢迎读者批评指正。

目　　录

第一章　三国鼎立

魏晋南北朝是我国历史上的一个动荡时期。它居于秦汉与隋唐两大统一时期之间，先经历了魏、蜀、吴三国的鼎立、争战及西晋王朝的短暂统一，而后在周边少数民族大举内迁的潮流下，北方中原地区出现了异常动荡与混乱的五胡十六国政权频繁更替及互相争战的政治局面。南方地区虽然在东晋的统治下得以苟安一隅，但是北方少数民族政权的军事压力始终存在，大量南迁汉族人口诱发的社会矛盾及阶级矛盾的日趋尖锐，使得东晋政权及南方社会也始终处于紧张与不安之中。五世纪上半叶，鲜卑族统一了北方，政治获得较为稳定的发展，而南方则出现了王朝的频繁更替，在与北方的对峙中日趋处于劣势，最终由北方的隋王朝再次完成了中国的统一。

魏晋南北朝也是我国历史上最富有活力的一个时代。一方面，汉族封建统治政权的衰落使得社会意识形态及知识分子的精神生活获得了较为自由的发展空间；另一方面，周边少数民族大量进入中原及汉族对于南方地区的深入开发，都客观上造成了民族融合的充分发展。不同文化因子的相互碰撞与吸纳，为中华民族的进一步发展创造了优良的条件。这也是隋唐王朝在结束分裂局面之后不久即能创造出高度社会繁荣的历史前提。

第一节　东汉末年的政治局势

三国鼎立的分裂局面，始于东汉末年的政治动荡与军阀割据。不了解东汉末年的政治状况，就不能说明三国鼎立局面的形成。这一点早在魏晋时期，就已经被人们所认识。如当时著名的史学家陈寿，他创作《三国志》，就是从叙述东汉末年的政治开始的。

一　黄巾起义

东汉王朝统治末年，社会矛盾空前激化。一方面，地主阶级与农民阶级的矛盾日益尖锐。另一方面，统治阶级内部争夺政治权力的斗争也愈演愈烈。

土地兼并的日益加剧，加速了小自耕农群体的破产，大批失去土地的农民，有的沦为大地主庄园的依附人口，有的则成为无依无着的流民。这些失去了土地的农民，为了生存，不断揭竿而起。起义的次数迅速增长，起义的规模也日益扩大。例如，据史料记载，安帝统治的十九年间，一共发生了四次农民起义。顺帝统治的十九年间，则爆发了十三次农民起义。而在冲、质二帝统治的短短两年间，农民起义就爆发了四次。参加起义的人数，在安帝、顺帝统治期间，一般数千人而已。到了桓帝、灵帝的时候，参加起义的农民往往都有数万人，有的甚至达到了十几万。[①]

东汉末年，围绕着专制皇权，分别形成了外戚与宦官两大政治利益集团。这两大政治势力，为了争夺对于皇权的控制，相互倾轧，从而导致国家政治的极度动荡。另外，不论是外戚专权还是宦官专政，他们的统治都极其黑暗，也使得东汉的政治日趋败坏。不仅普通百姓怨声沸腾，绝大多数的士大夫知识阶层也丧失了进一步参与政治、获得仕途升迁的机会，这自然会引起他们的不满。于是在统治集团内部出现了反对宦官及外戚专权的政治运动。东汉末年士大夫阶层与宦官集团的斗争，以宦官取得胜利而告终。一大批参与反对宦官斗争的士大夫知识分子遭到了禁止从政的处分，这就是东汉历史上有名的"党锢之祸"。党锢事件的发生，不仅是将统治阶级内部较有见识的优秀人才摒弃在政权之外，使得东汉政治进一步地衰落。更重要的是，它导致了统治集团内部的巨大分裂，因而严重地削弱了东汉王朝的统治基础。此后，地方上的长吏，开始致力于发展自己的势力，影响东汉晚期政治发展的分裂割据因素日益凸显。

正是在这种社会历史背景下，公元 184 年，席卷全国的黄巾起义爆发。

黄巾起义是一次利用民间宗教发动并组织的农民起义。它的领袖是张角、张宝及张梁三兄弟。灵帝时期，巨鹿人张角利用当时在民间十分流行的宗教——太平道，一方面四处为人们治病，一方面组织群众，筹划起义。

---

① 王仲荦：《魏晋南北朝史》，上册，第 9 页，上海：上海人民出版社，1979 年。

短短十多年的时间里，信徒就发展到了几十万人，遍及青、徐、幽、冀、荆、扬、兖、豫等州。为了组织的方便，张角还设置了三十六"方"，"方，犹将军号也"①，由这些"方"再分别统领各地的太平道信徒。大方一般有万余人，小方也有六七千人。

为了准备起义，张角提出了富于战斗精神的宣传口号："苍天已死，黄天当立。岁在甲子，天下大吉。"②以"苍天"来暗示东汉政权，以"黄天"来指代即将建立的新政权，以此来鼓动教徒的信心。他还让信徒们在京城各处及地方州郡府衙的墙壁上书写"甲子"二字，准备在甲子年（即184年）的三月五日，发动全面的起义。

起义前夕，张角还派得力助手马元义在荆、扬地区先行组织徒众数万人，集中在邺地，以便与张角的主力部队在起义之日相互呼应。为了在起义之后能够立即夺取主动权，马元义秘密进入东汉的政治中心京城洛阳，联系了不少负责京城守卫的城防部队人员，他还争取了宦官封谞及徐奉作为内应，计划在起义之日一举拿下京城洛阳，并占领皇宫。

然而，叛徒唐周的告密打乱了起义的计划。东汉政府得到太平道即将起义的情报，立即加强了京城的戒备，逮捕了正在洛阳组织起义的马元义并将他处死，同时遭捕杀的还有已经联系好的京城官兵及普通教众一千多人。这时，东汉王朝的地方政府也将屠刀举向了分散在各地的太平道徒众。情况十分危急，张角当机立断，连夜派人"驰敕诸方"，提前发动起义。这样，184年的2月，黄巾起义在全国范围内同时爆发。

起义军自称黄天，他们头戴黄巾作为标志，因此被人称作黄巾军。张角自称天公将军，张宝称地公将军，张梁称人公将军。起义之初进展得十分顺利，短短十余天内，便攻陷了不少地方的州县。他们焚烧官府，处死贪官污吏，一时间出现了"天下响应，京师震动"③的局面，东汉政权遭到了沉重的打击。

为了挽回行将灭亡的王朝统治，东汉政权一方面调集重兵守护洛阳，以确保首都的安全；另一方面对起义军的主要活动地带进行重点围剿。为了巩固与加强王朝的统治基础，东汉政权还解除了"党锢"之禁，起用地主阶级中的有识之士，让他们去镇压农民起义。左中郎将皇甫嵩与右中郎将

---

① 《后汉书·皇甫嵩传》。
② 《后汉书·皇甫嵩传》。
③ 《后汉书·皇甫嵩传》。

朱儁率军进攻颍川与汝南二郡的黄巾军。在最初的战斗中，黄巾军取得了很大的胜利，曾一度将皇甫嵩围困在长社城。但是黄巾军毕竟是由不熟悉军事的农民组成，后被皇甫嵩用火攻击溃，遭受了重大的损失。同年6月，颍川及汝南的黄巾军先后失败。之后，朱儁又率军击败了南阳黄巾军。北中郎将卢植率军进攻由张角指挥的河北黄巾军，双方势均力敌，互有胜负。卢植遭宦官诬陷，以久无胜绩而免职，继任的董卓与黄巾军再战，也没有取得重大进展。东汉王朝于是再度改派已经平定了河南的皇甫嵩前去镇压河北的黄巾军。正在两军决战的关键时刻，张角病死，农民军的士气受到较大的影响。10月，张宝与张梁在与东汉军队的决战中也先后战死，至此，张角领导的黄巾军主力失败。

张角领导的黄巾军主力虽然不到一年的时间就被东汉政府镇压，但是农民反抗腐朽政治及社会不公的斗争并没有因此停止。据文献记载，在黄巾起义的号召下，续起的各地农民起义达到了"并起山谷间，不可胜数"[①]的程度，发展的势头已经不可遏止。这些农民起义，与黄巾起义一道，沉重地打击了东汉政权的统治基础。从此，东汉王朝在农民起义的反抗风暴中，只能暂时地苟延残喘。黄巾起义的另一个重要结果，是东汉王朝逐渐失去了对于地方军政的控制能力。地方长吏及握有兵权的将军，在镇压黄巾起义的过程中实力得到了很大的充实。战后，为了继续镇压各地风起云涌的农民反抗，同时也为了在动荡的年代及腐朽的王朝体系中保护并发展自己既得的经济利益与政治利益，他们都纷纷扩充军队，以达到拥兵自保的目的。为了扩充地盘，他们相互开战。与此同时，各地的豪强地主为了免于战乱的冲击，也纷纷修筑坞堡，结垒自固。个体的农民为了避乱求生，也大量投靠这些拥有较大势力的豪强地主，从而使地主豪强的这些坞堡组织，实力进一步加强。这些豪强地主坞堡组织的普遍存在及迅速发展，又极大地增强了东汉王朝末期地方分裂割据的倾向。从此，东汉王朝彻底陷入到军阀混战的局势之中。

二 军阀混战

189年，汉灵帝病死，少帝刘辩继位。何太后之兄外戚何进执掌军权，以大将军之职统掌朝政。何进与宦官势力发生冲突，想剪除宦官集团。但

---

① 《后汉书·朱儁传》。

是，何太后当年是因为得到了宦官的帮助，才被灵帝宠幸的，所以不同意兄长何进采取武力消灭宦官。何进只好密调驻扎在西北地区的董卓率军入京，想借董卓的力量消灭宦官。不料此事被宦官段珪等人事先得知，于是宦官们先发制人，他们趁何进入宫奏事的机会，先将何进杀死，并将少帝劫持。

虎贲中郎将袁绍是当时拱卫京城的"西园八校尉"的副统帅，他得知何进被杀的消息后，立即率军攻入皇宫，诛杀宦官两千多人，暂时稳定了京城洛阳的局势。但是不久，董卓率领军队进入洛阳，并进而把持了东汉王朝的朝政，于是形势急转直下。

董卓为人跋扈，独断专行。他执政不久，就将何太后杀害，又废少帝刘辩，不久又将其杀害，而改立其弟刘协，这就是汉献帝。董卓则自称相国。董卓先后杀死了太后与少帝，引起了统治阶层的普遍不满。而董卓所率的军队，军纪很差，他们在洛阳一带胡作非为，劫掠财物，奸淫妇女，也引起了普通百姓的怨恨。

袁绍在剪除宦官集团的斗争中立了大功，对于董卓的所作所为极为不满，两人发生冲突。袁绍只好逃离洛阳，去了河北。董卓听说袁绍逃走，就将袁绍在洛阳及长安两地的亲属五十多人尽行杀害。

袁绍家族是东汉中晚期王朝政坛上最为著名的大家族之一。从袁绍的曾祖父袁安开始，四代之间，位至三公的有五个。不仅如此，袁氏家族的门生故吏，还遍于天下，对于各级统治阶层及众多的士大夫知识精英，也都拥有很大的号召力。袁绍在河北举起了反对董卓的大旗，立即得到了关东各地州郡牧守的广泛支持。他们推举袁绍为盟主，发兵讨伐董卓。

董卓受到关东地区军队的进攻，只好撤出洛阳，挟持汉献帝及朝中大臣一同退往他自己的根据地长安。董卓在长安的统治也并没有能够维持多久。192年，司徒王允联络董卓的部将吕布将董卓杀死。王允虽然在消灭董卓方面立了大功，但他并没有能够采取有效的措施来恢复王朝的政治秩序，而是骄傲自大，逐渐陷入孤立。董卓的部将李傕、郭汜联兵趁机攻破长安，杀死王允，随后又在关中地区互相残杀起来。参加讨伐董卓的关东部队，在董卓被杀之后，为了争夺权力与地盘，也互相展开厮杀。这样，整个中原地区，迅即陷入到军阀割据与混战的局势当中。

当时比较大的割据势力有十几个，其中公孙度占据辽东，刘虞、公孙瓒占据幽州，袁绍占据冀州、青州与并州，曹操占据兖州，袁术占据扬州，陶谦、刘备、吕布先后占据徐州，孙策占据江东，刘表占据荆州，刘焉占据益州，张鲁占据汉中，李傕占据司州，马腾、韩遂占据凉州。[1] 他们为了各自的利益，相互之间不断发动战争，加上人民为了避乱，纷纷逃亡，遂使整个社会的经济遭受巨大的破坏，原来十分富裕繁盛的中原地区甚至出现了千里无人烟的残破景象。

正是在这一社会经济及政治背景下，中国历史进入了一个最为动荡与混乱的时代。

第二节　三国鼎立的形成

一　曹操统一北方

曹操，字孟德，沛国谯（今安徽亳州）人。其父曹嵩是宦官曹腾的养子。曹腾是东汉中晚期著名的宦官，经历过安、顺、质及桓四帝，最后升为中常侍大长秋，封费亭侯。据范晔《后汉书》记载，曹腾与一般的宦官有很大的不同，颇有政治经验，他曾推荐过当时的名士如虞放、张奂等人为官。曹嵩作为曹腾的养子，仕途十分顺利，先后担任守司隶校尉、大司农、大鸿胪等中央与地方上的重要官职。灵帝时公开卖官鬻爵，曹嵩出钱一万万文，买到了太尉一职，位列三公。

曹操是曹嵩的长子，20岁时，被地方举为孝廉，选为郎官，担任洛阳北部尉。初入仕途，曹操就显示出突出的管理才能，并展现出强硬的为官风格。在担任洛阳北部尉一职的时候，他曾打造十余支五色棒，对于犯禁者，不论其是否有什么特殊的背景，一律予以严惩。一时间令京城贵族豪强为之震怖，无人再敢犯禁。曹操借此树立了声誉，很快就升为顿丘令。不久，他以骑都尉的身份参加皇甫嵩、朱儁的部队前往颍川镇压黄巾军，立战功而升为济南国相。后又为负责镇守京城的西园八校尉之一的典军校尉，成为东汉王朝中央军队中的核心将领之一。

董卓之乱，曹操也率领约五千人的军队加入讨伐董卓的关东军队。当时关东军队害怕董卓的西北军，诸将为了保存自己的实力，都不愿前进，只有曹操率领自己的五千兵马独自进军，结果在荥阳汴水一带遭到董卓军队的重创，曹操也受了箭伤。但曹操并没有因此放弃，从扬、徐二州招募

---

[1]　柳春藩：《三国史话》，第20页，北京：北京出版社，1981年。

四千人之后，又继续开往前线。曹操在对董卓的战争中虽然屡遭败绩，但他的这种敢为天下先的英勇精神也确实赢得了一些地主阶级有识之士的赞许与关注，对他日后的发展产生了积极的影响。

正当以袁绍为盟主的关东联军与董卓的西北军处于相持阶段的时候，河北及山东地区的黄巾军余部又开始迅猛发展。这对袁绍联军的后方产生了巨大的威胁。袁绍于是派曹操前往河北、山东等地镇压黄巾军。在镇压黄巾军的战争中，曹操显现出了较为卓越的军事指挥才能。他首先击溃了河北的黑山军，并因此而被袁绍授予东郡太守一职。此时，青州黄巾军正向兖州地区进军，他们击杀了兖州刺史刘岱，使兖州地区陷入混乱。兖州地区的地主官僚遂与曹操取得联系，共推曹操为兖州刺史。于是，曹操将兵锋指向青州黄巾军。在山东寿张东郊，曹操与黄巾军发生激战，双方均遭受重大损失。黄巾军只好向济北撤退，曹操却并没有就地休整，而是连续作战。192年冬，曹操终于将青州黄巾军主力击溃，收编了男女人口共有百余万人，并得降兵约三十万。曹操在这些降兵中选拔精良，组成"青州兵"，极大地充实了自己的武装力量，为日后争夺中原创建了雄厚的军事基础。

曹操虽然击败了河北、山东地区的黄巾军，但他在这一地区的统治并不稳固。袁术、吕布、张邈、陶谦等割据力量都在周围虎视眈眈。曹操一方面加强与袁绍的联盟，另一方面与徐州牧陶谦及骁将吕布等人展开激战。到195年夏，曹操终于击败吕布，巩固了自己在兖州地区的统治。

196年，曹操击败在汝南、颍川一带活动的黄巾军余部，占领了许县（今河南许昌）。这时，汉献帝经过多次的辗转迁移，又重新回到洛阳。但是此时的洛阳，昔日的繁华景象已不复存在，在经过数次战火洗劫之后，早已变成了一座荒城。汉献帝领着他的朝中大臣，连住的地方都没有，只能在墙壁间临时搭一些草棚起居，很多时候甚至还要挨饿。曹操于是采纳了谋臣荀彧的建议，将汉献帝从洛阳迎到许县，暂定许县为东汉的国都。从此，曹操取得了"挟天子以令诸侯"的政治优势，在与其他割据势力作战时便拥有更多的主动权。

除了在政治上取得主动之外，曹操还积极在自己控制的区域内推行屯田。据记载，曹操在击败汝南、颍川的黄巾军后，夺取了大量的农业人口，还有不少农具和耕牛，于是曹操就采取两汉以来一直在边疆地区实行的军事屯田制度，将这些农民编制在抛荒的土地上，让他们从事农业生产。史载曹操在许下实行屯田，一年便得谷达百万斛，大大缓解了长期战乱所导致的军粮短缺问题。以后，曹操又将在许下屯田的经验运用到他所控制的其他地区。屯田的成功，为曹操逐鹿中原打下了雄厚的物质基础。

198年，曹操击灭吕布，攻占了徐州。200年，又在徐州将刘备击溃，刘备只好去投靠袁绍。这样，曹操便巩固了自己的后方，后来与袁绍作战时，减少了腹背受敌的威胁。

正当曹操在兖州及豫州发展势力的时候，袁绍在黄河以北及黄河下游地区的势力也在迅速扩大。曹操与袁绍，在扫清各自所控制区域内的反对势力时，还曾一度联手。不过，在小股割据势力被逐渐清除之后，这两大割据势力的矛盾日益暴露与尖锐。200年的官渡之战，便是双方为争夺中原地区控制权的决战。

199年，袁绍击败公孙瓒，解除了北部的威胁，即率军南下，进攻曹操。曹操为抵抗袁绍，也北上进军黎阳，准备与袁绍隔黄河相持，后又主动退守官渡，以诱敌深入。200年4月，袁绍军队渡过黄河，8月，进军官渡，双方主力正面对垒。

面对数倍于己的袁军，曹操一方面采取坚壁不战的战术，伺机出击；另一方面，他听从谋士荀攸的建议，派兵袭击袁军的粮道，打击袁军的士气。10月，曹操得知袁绍将新近运来的大批粮食堆集在袁军驻地以北四十里远的乌巢，便亲自挑选五千精兵，伪装成袁绍的军队，乘夜赶到乌巢去放火烧粮。守卫乌巢的袁将淳于琼向袁绍报告，请求支援。袁绍得知后，认为这是袭击曹操大营的最佳时机。因此，他只派了几千人去增援乌巢，而调派大将张郃与高览领重兵前去攻打曹军在官渡的营地。进攻曹操大营的袁军并没有取得重大的进展，这时又传来了曹操歼灭淳于琼、尽烧乌巢军粮的消息，袁军顿时军心涣散，大将张郃与高览临阵投降了曹军。于是袁军大败，向北方退走，曹操趁机追击，消灭袁绍军队七八万人。袁绍与他的儿子袁谭只带了八百多名骑兵，逃回了冀州。

就官渡之战战前双方的实力对比来看，袁绍比曹操强大得多。袁绍共占据冀、幽、并、青四州，是当时最大的割据势力。曹操只占有兖、豫二州，地盘要小得多。而且这一地区，受东汉末年战乱的影响最为巨大，十室九空，经济萧条。就军队的人数来看，袁绍也占有绝对的优势。袁绍集中在河北前线的军队超过十万，而曹操能集结的军队，只有三四万人；但是，曹操知人善用，采取了正确的指挥策略，而袁绍却刚愎自用，不能听从属下正确的意见，战争最后以曹胜袁败而告终。

袁绍自官渡之战失败后，一蹶不振。202年，袁绍病死。幼子袁尚继立，引起了袁绍诸子的不满，兄弟之间开始相互攻击。204 年，曹操趁机出兵，攻杀袁绍长子袁谭与外甥高干，袁绍的两个儿子袁尚及袁熙，只好投奔辽西的乌桓。至此，原袁绍属下的冀、幽、并、青四州，悉归曹操所有。207 年，曹操领兵击败为患东北边境的乌桓，稳定了中原北部的局势，以后又击败割据凉州的韩遂与马超，基本完成了北方的统一。

二 赤壁之战与南北均势的形成

曹操在稳定了北方的局势之后，立即将进攻的目标指向了南方的割据势力。当时南方的割据势力，荆州有刘表，江东有孙权，此外，西川有刘璋，汉中则是传布五斗米道的张鲁建立的政权。这些割据势力中，只有江东的孙权及投奔刘表的刘备具有雄才大略，成为与曹操争夺天下的真正对手。

208 年 7 月，曹操率大军南下，首先进攻荆州。8 月，刘表病死。次子刘琮继立。9 月，刘琮在荆州士大夫们的建议下，投降了曹操。刘备闻讯，只好率部南走，准备退守江陵。江陵是荆州地区重要的军事基地，物资丰富，如果占据了江陵，就可以据守城池，与曹操抗衡。曹操听说后，亲自率领五千精兵，前往追赶，在当阳长坂将刘备的军队击溃，并占领了江陵。刘备只好率军东走汉水，与前来营救的刘表长子刘琦的军队会合，共有二万多人，一起退守夏口（今湖北汉口）。随后又退到长江南岸的樊口（今湖北鄂城西五里），准备联合江东的孙权，共同抵抗曹操。

曹操攻占荆州、击溃刘备之后，即派人向孙权下达战书，引起了孙权属下的恐慌。一些大臣主张向曹操投降。孙权在周瑜与鲁肃的劝说下，下定决心，准备与曹操决战。他派周瑜、程普、鲁肃等率三万精兵，沿江西进，与驻扎在樊口的刘备联手，共同抗曹。

曹操的军队号称有百万之众，实际上只有二十二三万人。其中从中原地区带来的军队共有十五万人，这部分士卒经历了军阀之间的混战，战斗力很强。但是他们都只善于陆战，不善于到南方的江河湖汉中作战。曹操的水军主要由原刘表的水军整编过来，有七八万之众，但是这部分军队士气不高，对曹操心怀狐疑。孙、刘两家的联军，共计五万人，虽然人数远不如曹军，但都非常熟悉南方的水战，而且士气很高。

战争伊始，曹操的军队首先从江陵顺流东下，在赤壁与孙刘联军相遇。初次交战，曹军失利，只好退到长江北岸，周瑜等则率军在南岸与曹军隔江相对。这时正值冬天，曹操的部队发生了疫病，军士们本来就不善于水战，生病之后更难适应江面的颠簸。于是曹操便将大小船舰全都连接在一起，企图用这个办法维持船只的稳定。周瑜的部将黄盖见有机可乘，便献计主张火攻。黄盖假称向曹操投降，率战舰十艘驶向曹操的水营。在距离曹营不到二里的时候，一起将船上的柴草点燃，冲入曹操的舰阵。曹操的战舰因为都联结在一起，来不及四散逃走，在熊熊燃烧的大火中很快就化成了灰烬。大火还一直延烧到曹操建在长江北岸的大营。一时间江面及江岸全都浓烟滚滚。周瑜趁机引兵杀向曹营，曹军全线崩溃。

曹操在赤壁之战中遭受大败，只好留下曹仁守卫江陵，乐进守卫襄阳，自己则率主力退回北方。后来因为江陵受到孙刘联军的进攻，曹操便命曹仁放弃江陵，退守襄阳、樊城一带。至此，曹操对于南方的进攻态势被完全瓦解。

赤壁之战后，曹操知道在短时间内不可能征服南方的刘备与孙权，于是便致力于清剿北方的残余军阀势力。他击溃了割据关陇的韩遂、马超等人的联军，先后将关陇及陇右地区置于自己的控制之下，使自己在北方的统治更加稳固。与此同时，刘备与孙权也乘曹操无暇南顾的大好时机，在南方迅速发展自己的势力，南北之间的均势格局就此形成。

三 刘备攻取益州后的政治格局

刘备与孙权并力在赤壁击败曹操之后，孙权据守的江东得到了巩固，刘备先推刘表的长子刘琦为荆州牧，第二年刘琦病死，刘备占据了荆州，自称荆州牧。不过，荆州是一个四战之地，不宜于立国。而且，这时的荆州，经过一场大战，已经残破不堪，它北部的襄阳及樊城等重要地区，又都在曹操的控制之下。另外，孙权也控制了荆州的南郡与江夏。刘备要想巩固自己的势力，与曹操及孙权相抗衡，就必须另求发展的道路。在谋士诸葛亮的建议下，他将攻取的目标指向了荆州以西的巴蜀地区。

东汉时期，巴蜀地区属益州。东汉末，汉宗室刘焉及其子刘璋相继为益州刺史，因地处偏远，没有遭受中原战乱太多的影响。不过，以刘焉、刘璋为代表的外来地主集团与巴蜀当地的地主集团之间的矛盾却一直很尖锐。刘璋虽然最终平定了巴蜀地主集团的反抗，但是他在当地的统治基础并不雄厚。此外，占据汉中地区建立五米半道政权的张鲁，也一直与刘璋存在着很深的矛盾。211 年，曹操进攻汉中的张鲁，刘璋害怕曹操占领汉中之后进而攻打益州，就采纳张松的意见，派法正前往荆州去请刘备入蜀相助，进攻汉中的张鲁。

刘备接到刘璋的请求，立即留下诸葛亮与大将关羽守卫荆州，自己则亲率军队数万人溯江而上，进入益州。刘备的军队到达涪县，刘璋从成都赶来相见，拨给他大量的军用物资，随即请刘备北上进攻汉中。但刘备率军北上，到达葭萌（今四川广元西南）之后，便屯兵不前。212年，刘备回师进攻刘璋，诸葛亮也率军从荆州沿江西进，与刘备互相呼应。214年，攻下成都，刘璋投降，刘备自领益州牧。刘备夺取了富裕的巴蜀，他的势力才得以巩固下来，政治格局朝着曹、刘、孙三分天下的方向进一步发展。

四　汉中、荆州之争与曹丕代汉

刘备夺取巴蜀之后，天下三分的局面已经基本出现。但是，曹、刘、孙之间仍然存在着一些不确定的因素。这些因素对于三国鼎立局面的最终确定仍存在着极其重要的影响。其中，对于汉中及荆州地区的争夺尤其具有战略意义。诸葛亮在隆中初次见到刘备，即指出荆州与汉中是图谋霸业的两个战略要地。他说："天下有变，则命一上将，将荆州之军，以向宛、洛；将军身率益州之众，出于秦川，……诚如是，则霸业可成，汉室可兴矣。"[1]对于刘备而言，汉中及荆州仿佛是从益州伸出去的两只铁臂，东可图江东，北可进中原。对于曹操及孙权而言，要想维持中原和江东的稳定，也必须控制住上述这两个战略要地。

汉中是刘备进取中原的必经之路，也是守卫巴蜀的门户。当年曹操进攻汉中的张鲁，刘璋认为威胁到益州的安全，因此请刘备入蜀助战。刘备欲在巴蜀立国，也只有取下汉中，才能解除来自曹操的威胁。215年，曹操趁刘备在巴蜀立足未稳，调遣十万大军首先进攻汉中的张鲁。经过数月的战斗，张鲁投降了曹操。汉中尽为曹操所有，势力还往南渗透到嘉陵江与渠江流域，这对巴蜀地区形成了巨大的威胁。不过，曹操在东部因为受到孙权的牵制，没有立即进军巴蜀，而是留下一部分军队屯守，主力则北撤回到中原。刘备的谋臣法正认为，曹操攻克汉中，没有乘胜进军巴蜀，说明曹军的力量还有所不足，"非其智不逮，而力不足也"[2]，因此主张乘曹军

---

① 《三国志·蜀志·诸葛亮传》。
② 《三国志·蜀志·法正传》。

在汉中立足未稳，立即进攻汉中，保住巴蜀地区的北大门。217 年冬，刘备对汉中发动进攻。218 年，曹操也亲率大军，赶到长安，坐镇指挥汉中的战斗。219 年，刘备在定军山攻破曹军阵地，击杀曹军大将夏侯渊，取得大捷。曹操见汉中难以把守，为了应对孙权及关羽的东部攻势，于是将军队全部撤出汉中，退往长安一带进行防御。至此，汉中全部为刘备所有。

荆州位于长江中游及汉水、湘江流域，下辖武陵、长沙、桂阳、零陵、南郡、章陵、江夏、南阳八郡，大致在今天的河南、湖北及湖南三省一带。这一地区位于曹、刘、孙三方的交界，战略地位十分重要。对于刘备而言，这里是他东进的必经之路。一旦失去了荆州，他的势力便很难向东越出巴蜀。对于曹操而言，荆州则是直逼中原的一把利刃，荆州如果被他人控制，自己的统治中心——许昌就等于完全暴露在对手的攻势之下。对于孙权而言，荆州是江东的西部门户，不保有荆州，他在西部便只剩下辽阔平坦、无险可守的长江中游平原，任何对手都可以沿江顺流直下，威胁他在江东的统治。

赤壁之战后，刘备虽称为荆州牧，但实际这一地区却被一分为三。其中刘备拥有武陵、长沙、桂阳、零陵四郡，主要在长江以南。曹操占据南阳与章陵，控制了荆州的东北部分。孙权则占据沿江的南郡与江夏。后来，刘备与孙权联姻，向孙权借得了治所在江陵的南郡。江陵是荆州的重镇，是荆州南部北上与西进的通道。孙权将江陵借给刘备，巩固了孙刘联盟，得以从长江中游抽调军队重点抵御曹操在东部对于江东的直接压力。但这只是面对共同的外敌而采取的权宜之计，一旦来自曹操的压力减轻，孙权就要相机收回江陵乃至整个荆州。

219 年，刘备在汉中取得胜利之后，即命驻防江陵的关羽出兵进攻襄阳与樊城。8 月，关羽取得大捷，利用汛期的汉江水淹七军，曹操大将于禁投降，庞德被斩。襄阳与樊城同时告急，引起了曹操阵营的恐慌。由于许都与襄、樊前线过于接近，曹操一度想迁都至邺，后因害怕动摇军心，才没有实施。

关羽在襄、樊前线的胜利，也引起了孙权的恐慌。这一点被曹操的谋臣们看到，蒋济就认为："关羽得志，权必不愿也。"①他建议曹操利用刘备与孙权的矛盾，与孙权结成联盟，共同对付关羽。果然，孙权在会见了曹操派来的密使之后，立即调遣吕蒙前去偷袭关羽的根据地江陵。吕蒙偷袭江陵的消息传到关羽的军中，引起恐慌。曹操趁机派徐晃从宛城出发，反

---

① 《三国志·魏志·蒋济传》。

攻关羽。关羽在曹、孙两军的夹击中，终于全军溃败。关羽被吕蒙擒杀，刘备在荆州的力量尽行失去。

荆州之争以刘备失败，曹、孙两家胜利而告终，对于三国鼎立局面的确立与稳定产生了重要的影响。至此，刘备攻克益州之后迅猛增长的势头减弱，诸葛亮当年确定的从汉中与荆州分别出兵中原的战略难以实施，只能致力于从汉中一路进军长安，但长安距离曹操的统治中心毕竟较远，因此已不足以对曹操在中原的统治构成致命的威胁。孙权虽然占了大部分荆州，但他的统治中心及军事力量主要集中在江东，因此也不足以利用荆州危及曹操在中原的统治。总之，荆州争夺的这一最终结果，对于维持曹、刘、孙三家的均势，起到了关键的作用。

曹操在襄樊之围解除之后，领兵退回洛阳。220 年，曹操病死。子曹丕继立为汉丞相、魏王。同年 10 月，曹丕废汉献帝，自立为帝，建国号为魏。东汉王朝灭亡。221 年，刘备也在成都称帝，他以汉室正统自居，因此国号仍称汉，因其主要统治区域在益州，故又被人称作蜀汉。这一年，孙权自称吴王，229 年，称皇帝。历史正式进入三国鼎立的时代。

第三节　魏国的政治

一　屯田制的推行与社会经济的恢复

东汉末年长期的战乱，对中原地区的社会经济造成了巨大的破坏。董卓受到关东各部的讨伐退出洛阳的时候，挟持汉献帝及朝中大臣约一百多人一起西迁，同时下令将洛阳烧掠一空。董卓之乱平定后，汉献帝带领群臣回到洛阳，大家只能依着烧毁的墙壁搭个简易的棚子住宿。群臣自尚书郎以下都到外面去采集野菜为食。一些人甚至饿死在断垣残壁之间。董卓死后，他的部下在长安一带相互混战。短短的二三年间，便造成"关中无复人迹"的残破景象。中原的其他地区，在经过战乱之后，社会经济都遭受到严重的破坏。如曹操攻打徐州，数月之间，就将本来十分富庶的徐州变成了"鸡犬无余"①的荒野。战乱不仅严重破坏了社会经济，由于大量的人口死于战争与饥荒，最终导致全国人口总数迅速下降。曹操攻打徐州，就曾杀

---

① 《后汉书·陶谦传》。

男女人口多达数十万，"泗水为之不流"，徐州治下的五县，"无复行迹"①。而这在当时只是极为普通的人员消耗。所以经过十余年的军阀混战，到曹操战胜袁绍的时候，"天下户口减耗，十裁一在"②，即只有十分之一的人口保存下来。曹魏政权建立后，一些大臣在奏章中也屡次称曹魏的人口总数，不过只相当于两汉时一个大郡的人口数而已。除人民大量死于战争之外，战乱还导致中原地区的人民大量逃亡到巴蜀、荆州及江淮地区，这对于中原地区的农业经济来说也是一种沉重的打击。汉末及魏初，中原地区到处是白骨遍野、人烟断绝的残破景象。

社会经济的凋敝，不仅使老百姓难以维持生计，也对军队的生存造成重大威胁。恢复农业生产的任务迫在眉睫。196年，曹操为了战争的需要，在迎汉献帝于许都后，便颁布《置屯田令》，开始在许下地区募民屯田。曹操的屯田很快就产生了积极的效果，一年之内便得谷百万斛，为自己在与其他军阀的战争中取得胜利奠定了坚实的物质基础。统一北方之后，曹操将屯田的经验进一步推广，在自己控制的各个地区，都推行屯田体制。屯田制，作为国家直接经营农业生产的一种经济体制，在曹魏统治时期，一直在北方实行。

曹魏政权在北方的屯田，分民屯与兵屯两种。民屯是由国家招募流民去开垦荒废的土地，从事农业生产。兵屯则是由军队在驻防的地区从事农业生产。不论是兵屯还是民屯，都是国家直接管理并经营农业生产。

曹魏政权对于屯田极为重视。除在中央政府设置大司农负责全国屯田事务的管理外，在地方上，各郡国也都设置了典农中郎将、典农都尉及屯司马对民屯事务进行管理。民屯的最基本生产单位是屯，一屯有屯田客五十人，由屯司马进行管理。设置在郡县的典农中郎将、典农都尉与郡守、县令的地位相等，互不统属，直接服从中央大司农的管理。反映出屯田体制在曹魏国家政治生活中的重要地位。兵屯则主要由领军的将领们负责，军队一面守卫疆土，一面从事农业生产。曹魏统治晚期，将军邓艾在淮水流域屯田，"且田且守"③。军屯最基本的生产单位是营，一营有六十名佃兵。这些佃兵被称作"士"或"田卒"。此外，中央的大司农还要派司农度支校尉、度支都尉到兵屯所在地，协助将军们管理兵屯的各项事务。

---

① 《后汉书·陶谦传》。
② 《三国志·魏志·张绣传》。
③ 《三国志·魏志·邓艾传》。

屯田的土地都属国家所有。屯田的百姓与兵士，只是国有土地上的劳动者，而不是这些土地的所有者。政府可以随时将参加屯田的百姓或兵士调往其他地区。为了吸引失去土地的百姓到政府控制的土地上从事屯田，曹魏政权曾发布命令，规定民屯的百姓，可以不必参军打仗。但是，屯田的收入一半以上要归国家所有。如果屯田者使用了政府提供的耕牛，则年终时政府与屯田者按六比四的比例进行产品分配。即政府得六成，屯田者只能得到四成。如果使用自备的耕牛，则政府与屯田者各取产品的一半，五五分成。这种分配比例，与两汉时期无土地的农民耕种地主土地所采取的产品分配比例基本相当。因此，屯田体制实际上是政府采取了地主经营土地的方式直接介入农业生产，是一种在特殊的历史条件下为恢复与发展农业而推行的经济体制。一旦进入和平时期，农民生活稳定，自行开垦的土地逐渐增加，这种高租率便不再能吸引人民前去耕种，屯田制由此走向衰落。西晋统一全国后，便废止了屯田制，而在全国推行占田制。

从东汉末年及曹魏时期具体的历史条件看，屯田制的推行，毕竟使中原地区大量因战争而抛荒的土地重新得到开垦，农业生产在政府的积极干预下也迅速组织起来。

除在全国范围内推行屯田外，曹魏政权也曾将一些无主的土地分配给流亡在外的百姓，使他们变成自耕农民，从事独立的农业生产。这对中原地区社会经济的恢复也产生了一定的积极影响。

为提高农业产量，曹魏政权十分重视水利工程的建设。经过数十年的修建，中原地区遍布各种大大小小的水利灌溉体系。著名的有芍陂、茹陂、郑陂、太寿陂、成国渠、淮阳渠、百尺渠等。这些大型的水利工程，灌溉农田一般都在万顷以上，对中原地区农业经济的稳步发展发挥着巨大的作用。中原地区的农业，经过数十年的恢复，有些地区甚至出现了"比年大收，顷亩岁增，租入倍常"[①]的繁荣景象，这与东汉末年农业经济的巨大倒退形成鲜明的对比。

随着农业经济的恢复与发展，中原地区的手工业也迅速恢复并取得较大的进步。尤其是在冶铁方面，水力鼓风炉被广泛使用，使冶铁的生产效率大大提高。根据当时人的计算，利用水力鼓风冶铁，比利用畜力人力，生产效率提高了整整三倍。[②] 除利用水力以外，利用煤炭进行火力冶铁的技

---

① 《三国志·魏志·郑浑传》。
② 《三国志·魏志·韩暨传》。

术也被发明。技术的进步一方面降低了冶铁的成本，另一方面使冶铁的产量大幅提高。铁器铸造业的发展，有力地推动了中原地区社会经济的全面恢复与发展。

二 九品中正制与士家制

九品中正制是曹魏政权的一项选官制度。

东汉末年的战乱，使两汉时期推行了近四百年的选官体制遭到破坏。两汉时期，国家选拔人才，主要有"察举"与"征辟"两种方式。察举，是由地方官员定期向王朝推举人才，经过朝廷的考察，然后委以官职。征辟，则是由中央及地方的高级官员直接选拔有才能及有名望的老百姓或者是地位卑微的小吏，委以重任，让他们到重要的政府部门中任职。两汉时期，以儒家所倡导的纲常伦理治国，因此无论是察举还是征辟，除了考察被推荐人的才能之外，还十分看重社会舆论对这些人的道德品行的评价。

东汉末年，长期的战乱，一方面冲垮了地方各级行政组织，使这种有序的推荐难以执行；另一方面，战乱使人民大量流离失所，原来的乡里宗族关系大都被打乱，因此也很难再通过社会舆论去考察一个人的道德才能。在这种情况下，旧有的察举及征辟体制已经不能满足政府选任官员的需要了。

曹操征战中原的时候，为了选用官员，曾多次颁布求贤令，推行"唯才是举"的选官方针。即一个人只要有才能，就会得到任用，而不问其道德品行如何。但是，这种选官方针，只能适应战争年代的需要，对于和平时期社会秩序的建设与稳定，是有较大缺陷的。另外，"唯才是举"相对于以前以儒家的伦常道德作为官员选拔的基本条件而言，只是具体选官标准的变化，它的推行仍然需要一个完整的选拔与任命的体制来完成。正是在这种历史背景下，曹操的儿子曹丕代汉建魏后，就开始建立并推行新的选任官员体制。这个新选官体制就是九品中正制度，也称九品官人法。

九品中正制度的基本内容，就是由中央任命各州郡在朝任职而对士人有所识鉴的高级官员来充任家乡州郡的中正，由他们负责铨选家乡的士人。其中州中正称大中正，也称都中正；郡中正称小中正，有的也直接称作中正。这些担任中正一职的官员根据品行才能的差异，将家乡的士人定为上上、上中、上下、中上、中中、中下、下上、下中及下下共九等，然后将这些士人的"品状"提交给中央政府。王朝中央选任官员，就是以这些品状为最主要的依据。

九品中正制在实行之初，强调要选拔才能优秀的士人，主张不以世族高下来定士人的品状。因此在最初推行的时候也取得了一些积极效果，确实为朝廷选拔了一些优秀的人才。但是，由于在各州各郡担任中正职务的官员，往往都来源于本地的世家大族，因此，他们必然会利用这一选官体制为本家族的政治利益服务。这样就逐渐造成了"上品无寒门，下品无势族"①的局面，并使九品中正制完全成为维护世家大族利益的工具，最终导致后来门阀政治的产生。

士家制是曹魏政权推行的一项军事制度。所谓士家，就是世代当兵之家。士家与一般的民户不同，他们另立户籍，并且集中居住。这样，士兵如果逃亡，国家就可以对他们的家属治罪。曹魏政权推行士家制度，一方面能够稳定战乱时期军队的兵源供应。另一方面，政府通过对士家进行集中管理，也使在前线作战士兵不敢轻易逃亡。

为了保障国家的兵源供应，曹魏政府规定，士家只能与士家通婚。一般的吏民，如果侵犯了士家的婚姻，就要受到处罚。② 士家的子弟，只能世代当兵，不能从事其他职业。士家的家属，一般在官府服役。曹丕称帝后，为了发展农业经济，还组织士家在后方进行屯田。士家屯田的管理，与民屯类似，也是根据是否自带耕牛来确定分成的比率。自带耕牛者，与国家按照五五的比率分成，由政府提供耕牛的，则与国家按照四六的比率分成。为了保障兵源，士家子弟的身份受到严格限制，因此他们除了在战场上建立军功之外，基本上没有其他仕进的途径。

三 司马氏势力的崛起与曹魏的灭亡

曹魏政权从 220 年起正式建立。它的第一代皇帝魏文帝曹丕，只统治了七年时间。曹丕在位期间，曾发动两次针对东吴的战争，都因长江的阻断无功而返，没有取得实际的战果。在他统治时期，魏国国内的政治、经济都取得了一定的发展，在三国鼎立的格局中魏国一直占据主导地位。

曹丕死后，子曹叡（魏明帝）即位。曹丕临终之前，指定曹真、陈群、曹休及司马懿四位大臣辅政。明帝即位第二年，蜀汉丞相诸葛亮率兵北伐。

---

① 《晋书·刘毅传》。
② 马植杰：《三国史》，第 239 页，北京：人民出版社，1993 年。

孙权根据事先与蜀汉的约定，也派兵进攻合肥，与蜀汉的北伐东西呼应。面对蜀汉与东吴的东西夹击，明帝也分两路迎敌。他用曹真、司马懿镇守关中，对付诸葛亮。用满宠镇守淮南，对抗东吴的进攻。魏国虽然在国力上优于蜀汉及东吴，但是，面对蜀吴的夹击，在军事上坚决采取守势。蜀汉及东吴都由于国力有限，无法维持长时间的战争，因此最后都只能是粮尽而退。

魏明帝对待南方蜀、吴的进攻，采取军事上的守势。对待北部割据辽东的公孙渊势力，则采取积极的攻势。公孙渊也是在汉末兴起的一股军阀势力，三国鼎立的局面形成之后，他也在辽东自称燕王，与北方的鲜卑一起，经常寇扰魏国的北部边境。公孙渊势力的存在，使魏国在与蜀汉及东吴的战争中，不能不考虑北部边境的安全，因而只能向南采取守势。232年至237年，魏明帝先后发动了三次对公孙渊的战争。最后一次由司马懿任统帅，一举消灭了这股为患北部边境的势力，还趁机将魏国的疆域扩大到整个辽东地区。魏明帝统治时期，是魏国政治取得进一步发展的阶段。

239年，曹叡病死，养子曹芳继位，年仅8岁。这时，曹真已死，于是由曹真子大将军曹爽及太尉司马懿共同辅政。从此，曹魏政治舞台兴起了以司马懿为首的新兴政治势力。

司马懿，字仲达，从曹操开始，历仕曹丕、曹叡、曹芳等四朝，是曹魏统治时期的重要大臣。司马氏一族，是东汉时期河内温县（今河南温县）一带的望族。这一家族长期在中央或地方担任各类重要官职。司马懿祖父，是东汉的颍川太守。他的父亲，则担任过京兆尹这一要职。由于家风谨严，司马氏一族还素为当地士人所尊重。司马懿20岁时受河内郡的推举担任上计掾，在东汉末年的政坛上崭露头角。曹操担任东汉王朝司空的时候，曾经征召司马懿，但却被司马懿借口有病而拒绝。曹操任丞相后，再一次征召司马懿，怕司马懿再行拒绝，就对前去征召的人说，如果司马懿不来，就将他抓来。这样，司马懿只好来到曹操的丞相府担任文学掾一职。以后历任黄门侍郎、议郎、丞相主簿等职。他虽然很早就加入汉末的曹操政治集团，但是一开始在这一集团中并不占据重要的位置。一直到曹操称魏王、曹丕为太子时，他才逐渐显露出突出的政治才能。在曹丕为太子期间，司马懿担任太子中庶子，进入曹丕政治集团的核心，并得到曹丕的器重。曹操死后，曹丕继任为魏王兼汉丞相，即任命司马懿为丞相长史，这是丞相府最重要的官职之一。曹丕代汉自立后，司马懿日益在新政权里发挥着重要的作用。后来官至抚军将军，并录尚书事，成为曹魏政权的核心成员之一。曹丕死，司马懿受命与曹真等四人共同辅政，成为魏明帝统治时期的元老重臣。不过，魏明帝本人有较强的执政能力，并非庸主，加上这时曹真等其他曹氏遗命大臣也都具有真才实学，而且政治地位及声望都高于司马懿，因此，司马懿还不能操纵与控制曹魏政权。

231 年，一直主持对抗蜀汉进攻的大将军曹真病死，大将军一职，由曹真子曹爽接替。曹爽是曹魏宗室子弟，由于谨慎稳重而受到魏明帝的赏识，但并没有多少真才实学，尤其缺乏军事指挥才能，这在魏、蜀、吴三国对抗的年代不能不说是一个很大的缺陷。这样，对抗蜀汉诸葛亮军事进攻的重任实际就落到了司马懿的身上。司马懿有较高的军事指挥才能，他了解蜀汉国力承担不起长期的消耗战，因此面对蜀汉的进攻，一直采取坚定的防御战略，利用有利的地形，坚守关隘，最后逼迫诸葛亮不得不因粮尽而退兵。这既解除蜀汉军事上的威胁，也有效地保持了本国的实力。237 年，他率大军击灭在辽东已历三世的公孙渊势力，占领了整个辽东地区。南北两线战争的胜利，极大地提高了司马懿的政治地位，使司马懿在明帝晚期的曹魏政权中，处于举足轻重的位置。不仅如此，由于对蜀战争连年不断，司马懿借此长期而有效地控制了魏国的军事力量。虽然大将军一职由曹爽担任，但兵权却掌握在司马懿的手中。

魏明帝曹叡去世后，即位的曹芳年仅 8 岁。这时，曹氏集团面对声望日益提高的司马懿更加着意防范。他们采取明升暗降的办法，任命司马懿为太傅。这个职位，只有德高望重的元老重臣才能担任，但事实上是个闲职，没有什么实权。所有的大权，都统由大将军曹爽掌握。与此同时，曹爽还在王朝中央的各级部门中排挤司马懿的势力，安排自己的亲信。他任命自己的弟弟曹羲为中领军，掌管禁军，加强对首都的军事控制。他还将自己的心腹何晏等人安插进政府的各机要部门。曹氏集团与司马氏集团之间的权力斗争，开始发生激烈的冲突。

一开始，司马懿为了麻痹曹爽，便假装生了重病，在家休养。曹爽派李胜前往荆州任刺史，临行前向司马懿告辞，借机观察司马懿是否真的有病。司马懿将计就计，伪装病危，使曹爽等人认为自己活不了多久，于是放松了警惕与控制。249 年（魏齐王芳正始十年）正月初六，曹芳与大将军曹爽、中领军曹羲一起前往高平陵祭扫明帝曹叡的陵墓。高平陵在洛阳以南约九十里。皇帝与大将军及禁军统帅同时远行，为司马懿发动政变提供了一个千载难逢的机会。司马懿迅速控制了曹魏的首都洛阳，下令关闭所有的城门，禁止任何人出入首都。同时，派长子司马师包围皇宫，逼迫永宁宫太后(明帝皇后郭氏)下诏免除了曹爽、曹羲兄弟两人的职位。司马懿自己则与亲信蒋济屯兵于洛阳南面的洛水浮桥,切断高平陵与洛阳的交通。之后,司马懿派人送奏章给曹芳,列举曹爽兄弟的种种罪证,要求罢免曹爽兄弟所有的职位。同时又给曹爽兄弟捎信,说只要他放弃抵抗,就仍可以回洛阳继续做官。

曹爽兄弟依靠父亲曹真的余荫做了大官,从来没有见过这种阵势,一时手足无措。他们拒绝了桓范等谋臣提出的征发魏国各地军队讨伐司马懿的意见,主动放弃权力,希望能得到司马懿的宽恕。曹爽还天真地以为,司马懿所要的,不过是他手中的权力,只要将自己的权力交给司马懿,就仍然可以做一位富家翁,享受富贵。曹爽兄弟陪同曹芳一回到洛阳,就遭到司马懿的软禁。仅仅过了四天,曹爽兄弟及手下的亲信尚书丁谧、邓飏、何晏及司隶校尉毕轨、荆州刺史李胜等人,一同被斩首,罪名是阴谋叛乱。同时诛灭这些人的三族。这就是曹魏历史上的高平陵事变。经过此次事变,曹魏王朝的中央政权中便没有能与司马氏集团相抗衡的政治势力了。

251年,司马懿病死,他的两个儿子司马师与司马昭先后把持曹魏政权。254年,司马师废掉曹芳,另立高贵乡公曹髦为帝,同时杀掉太常夏侯玄、中书令李丰及皇后父亲光禄大夫张缉等反对派,进一步清除朝中的异己势力。废曹芳的第二年,镇东大将军毌丘俭、扬州刺史文钦,在淮南起兵反对司马师,但很快就被镇压。司马师死后,司马昭继续把持魏国大权。257年,镇东大将军诸葛诞起兵反对司马昭,第二年也被司马昭镇压。这次平叛之后,司马昭被曹髦封为晋公,权势更盛,举凡朝中一切事务,都要经过司马昭的批准。这引起了曹髦与司马昭的直接冲突。260年,在一次公开的对抗中,司马昭竟公然指使属下的将军杀害曹髦,另立曹奂为帝。至此,曹魏政权已经完全控制在司马氏集团的手中。265年,司马昭病死,子司马炎继昭为晋王,并任曹魏丞相,不久即废掉曹奂,自立为皇帝,国号为晋。曹魏灭亡,西晋王朝从此建立,司马炎就是晋武帝。

第四节　蜀国的政治

一　刘备与蜀汉政权的创立

蜀汉政权的创立者是汉室宗亲刘备。刘备,字玄德,涿郡涿县(今河北涿州)人，是汉景帝之子中山靖王刘胜的后代。刘备的祖、父，曾在地方州郡上任职，但家道并不兴盛。刘备早年丧父之后，家业便一贫如洗，只好与母亲一同贩履织席为生。黄巾起义爆发后，刘备也参加了镇压起义的战斗，最后因为军功而被任命为高唐(今山东禹城西南)县令。这时，高唐的东南有黄巾军，西南有黑山军，形势十分混乱，农民起义军还曾一度攻陷高唐县。刘备在高唐待不住，只好投奔公孙瓒，被任命为平原相。

194年，曹操进攻徐州牧陶谦，刘备率领所属军队约一千余人前往援助陶谦，沿途又吸收流民数千人。到徐州之后，陶谦拨给他四千人，令他驻守在小沛。至此，刘备开始有了一支比较像样的军队。196年，陶谦病死后，他的部下迎接刘备担任徐州刺史。刘备接替徐州刺史一职后，屯兵在下邳。此时，占据淮南的袁术听说陶谦病故，就派兵进攻徐州，想趁机向北扩大自己的地盘。袁、刘两家因此发生冲突。此时，被曹操击败而投奔刘备的吕布，趁刘备在前线迎敌，派兵偷袭了刘备的刺史治所下邳，还俘虏了刘备的妻子及其他将吏的家属。刘备匆匆从前线赶回，与吕布争夺下邳，又被吕布击败，不得已只好向吕布求和。吕布答应了刘备的请求，将刘备及将士们的家属送还，还同意他继续屯兵小沛。吕布则自称徐州刺史，驻所仍在下邳。由于刘备在徐州一带很得民心，吕布担心他将来会影响自己在徐州的统治，因此不久就派兵攻下小沛。在这种情势下，刘备只好投奔曹操，与曹军联手消灭了吕布。

曹操很看重刘备的才能，因此在消灭吕布后带着刘备一起回到许都，还派他担任东汉王朝的左将军一职。但又担心他将来与自己为敌，因此对他严密监视。曹、刘两人貌合神离。199年冬，曹操与袁绍在官渡一带相持，刘备趁受命前往徐州的机会，举兵反曹，后来投奔了袁绍。官渡之战袁绍被击败，退往河北，刘备则往南投靠荆州的刘表。

刘备从200年到达荆州，在刘表手下一住就是八年。他先是受命屯兵新野，后来又被调防樊城。这期间，曹操一直在北方征战，无暇南顾。刘备也积极在荆州招贤纳士，发展自己的势力。重要谋士诸葛亮就是在刘备驻守荆州的时候加入这一政治、军事集团的。但是，由于刘备在荆州是客，而荆州在刘表的统治下一直没有参加中原地区的军阀混战，社会相对安定，因此刘备也没有办法较大地扩充自己的军事力量。

208年，曹操在基本统一北方之后，挥师南下。正在此时，刘表因病去世。次子刘琮即立，在曹操的军事压力下率荆州八郡投降。刘备只好从樊城南撤江陵。他在撤退的时候，带走了大批荆州士人。这些人后来构成刘备政治集团的重要力量。

刘备与孙权联手在赤壁击败曹操，曹操的势力从此局限于北方。刘备在进军益州、取得巴蜀地区统治权之后，三国鼎立的局面基本形成。220年，曹丕废汉献帝自立为帝。221年，刘备也在成都称帝，他以继承汉室正统自居，所以国号仍称汉，因为地在巴蜀，所以被人称作蜀汉。

二 联吴抗曹外交的中断与继续

刘备攻占巴蜀地区之后，一方面与曹操争夺汉中，另一方面又与孙权争夺荆州，对曹操与孙权都构成巨大的威胁。在这种局势下，曹操与孙权开始联合对付刘备。219年，孙权大将吕蒙趁守卫荆州的关羽攻打襄、樊得胜之机，偷袭了关羽的后方江陵和公安，并在关羽回兵的途中将其截杀，完全控制了荆州。孙刘联合也至此破裂。

刘备丢失荆州，又失去大将关羽，非常痛心。因此在称帝后不久，就准备兴兵讨伐东吴，一方面要夺回荆州，另一方面也为关羽报仇。当时蜀汉政权内部对于是否征伐东吴，意见分歧很大。诸葛亮是不主张攻打东吴的，因为联吴抗曹是他早在刘备三顾茅庐的时候就已经定下的战略方针。但是他看刘备复仇心切，就没有直接表示反对。名将赵云则当着刘备的面表达了不同意见，他认为在曹丕刚刚篡汉自立的情形下，应当顺应民心，先行征讨曹魏集团。曹魏集团一旦被击破，东吴的孙权自然也就不战而胜。而如果与东吴交战，就会造成"兵势一交，不得卒解"的被动局面，对于统一天下的大业来说是非常不利的。可是刘备的态度非常坚决，很多大臣都迎合刘备的意见，也主张伐吴。

221年7月，刘备亲率大军沿长江顺流东下，沿途攻克了巫县、秭归，向长江中游的军事重镇江陵进发。222年2月，刘备到达夷陵，弃舟登岸。在长江南岸的狭小地带，安营扎寨。与此同时，东吴孙权也派大都督陆逊领军西进到此，与刘备相持。东吴的陆逊是一位年轻的将军，刘备很轻视他，派兵前去挑战。陆逊坚守不出，使刘备更认为他怯战，放松了对东吴军队的警惕。蜀军从上一年的7月出发，到达夷陵时已历七八个月之久。在夷陵与东吴军队相持，前后又历四个月。长达近一年的征战，使蜀汉的士兵都劳顿不堪。陆逊见时机成熟，便采用火攻的办法，直冲蜀汉的军营。此时已至盛夏六月，蜀汉的士兵们为了避暑，都在林中结营扎寨。大火将漫山遍野的树林烧着，更增加了东吴军队火攻的威力。蜀汉军队全线溃败，

"舟船器械，水步军资，一时略尽"，阵亡士兵的尸体，更是"塞江而下"①，损失惨重。东吴的军队则乘胜追击，收复了秭归，最后进军到巫县。刘备在损兵折将之后，一路退守，最后退到白帝城（今重庆奉节东），在此一病不起。223 年 4 月，刘备病死在白帝城，子刘禅继位。刘备临终遗命丞相诸葛亮辅政。

诸葛亮受命辅助蜀后主刘禅，面临着来自曹魏与东吴两个方面的军事压力。如何打破这一不利的局面，是其首先要解决的问题。就蜀汉的丞相诸葛亮这边说，他一贯有联吴抗曹的战略思想。刘备进攻东吴，本是诸葛亮所坚决反对的。夷陵之战使蜀国遭受重大失败，更加强了他要避免与东吴及曹魏同时作战的危险。因此，在后主刘禅继位不久，他就开始致力于寻求修复孙、刘两家联盟关系的道路。

就孙权这边说，蜀吴联盟的破裂，对于自己在江东地区的统治安全也是极其不利的。就当时的国力而言，蜀、吴两家都不能单独与曹魏抗衡。两国如果长期处在战争状态，国力耗损巨大，就更不能抵挡魏国的进攻。经过夷陵之战，蜀汉统治集团固然因此了解到想一举消灭掉东吴是不可能的。对于东吴而言，最高统治者也深知凭借一己之力，也不可能吞并蜀国。相反，两家的争斗反倒给曹魏提供了各个击破的机会。因此，尽管蜀汉与东吴因为争夺荆州及夷陵之战结下了深仇大恨，但是，两家都明白联盟对于各自生存的重要意义。正是在这种历史背景下，蜀汉与东吴两家开始寻求再度联合。

夷陵之战结束不久，曹丕发兵分东西两路进攻东吴。东路军直逼濡须（今安徽巢湖南），西路军则进攻东吴在长江中游的军事重镇江陵。在这种局势下，孙权派使者到蜀国寻求支援，合力抗曹。诸葛亮为了进一步加强与东吴的军事合作，又派大臣邓芝出使东吴，孙、刘两家又结成新的联盟关系。

三 蜀汉政权统治基础的巩固与加强

刘备在巴蜀地区立国，首先要确立联吴抗曹的外交格局。从蜀汉政权的内部来看，要巩固新政权，必须扩大它的统治基础。

巴蜀在东汉时期属益州，地处偏僻，本地的地主阶级具有很大的优势。

---

① 《三国志·吴志·陆逊传》。

东汉末年，中原地主阶级为了躲避战乱，纷纷外迁，其中很大一部分就迁到了当时政治局面还相对稳定的益州。这一部分势力以原益州刺史东汉宗室刘焉、刘璋父子为代表。刘焉在东汉末年被派到益州担任刺史，跟随他入蜀的亲朋故旧很多。这些亲朋故旧围绕刘焉、刘璋父子形成一个政治性的集团，对原先益州土著地主阶级的政治、经济利益造成了很大的冲击。两个集团之间的矛盾非常尖锐。为了巩固自己的政治地位，刘焉、刘璋父子就将从南阳三辅一带流亡到益州的中原百姓组织起来，建立了一支军队，被人称作"东州兵"。他们依靠这支军队，镇压了一些土著地主官僚的公然反抗。刘焉、刘璋父子虽然凭借武力暂时压制住了益州的土著地主，但是，这两个政治集团之间的矛盾始终没有得到解决。

刘备入蜀，除带来早年一直跟随自己征战的中原地主阶级外，还有后来他在荆州八年时间里招揽的大批士人。这些人是刘备政治集团的中坚力量，他们在蜀汉新政权里自然得到了重用，以至于当时有所谓"豫州入蜀，荆楚人贵"①的说法。但是，要巩固新建立的蜀汉政权，仅靠这些新入蜀的地主阶级是远远不够的。处理好各政治集团之间复杂的关系，使得原刘焉、刘璋政治集团及益州土著地主政治集团能为己所用，也是极其重要的。刘备在建国不久即去世，因此，巩固新政权的责任就主要地落在辅政的蜀汉丞相诸葛亮的身上。

刘备、诸葛亮对于随刘焉、刘璋父子入蜀的中原政治集团的士人，采取的是积极拉拢利用的方式。这一部分人相对于益州土著地主而言，也是从外迁入巴蜀的。他们与刘备政治集团在利益上存在着一致性。刘璋被取代后，他们迫切需要在新政权中找到自己的位置，这样才能维持住得到不久的政治、经济利益。这导致他们对于新建立的蜀汉政权，有很强的认同感。另外，这些人在益州时间较长，对于当地的风土民情及治乱关键都比较熟悉，因此这批人也就首先得到了刘备与诸葛亮的重用。像法正、董和、黄权、李严、许靖、吴懿、费观等，原来都是深受刘璋所器重的人，在蜀汉新政权中也都得到了新的任命，有的还被委以重任。如法正，他原是关中扶风人。建安初年因为关中战乱引起饥荒，他流亡到益州，被刘璋任命为军议校尉。后来刘璋叫他去请刘备入蜀进攻张鲁，他觉得刘璋懦弱，不足为乱世之倚托，就投降了刘备。刘备入蜀，他起到了非常关键的作用。所以刘备攻克成都之后，即任命法正为蜀郡太守。刘备称帝后，法正又被

————————————

① 《华阳国志》，卷九。

任命为尚书令，"外统都畿，内为谋主"①，权倾一方，成为刘备政权中仅次于诸葛亮的智囊人物。法正为人刚直，敢于直谏，但是很早就病故了，没能在蜀汉政权中发挥更大的作用。刘备征东吴失败后，诸葛亮还曾感叹说，如果法正还在，他一定会阻止东征。即使阻止不了东征，也不至于使蜀军遭到如此重大的失败。再如大臣董和，原来深得刘璋信任。刘备入蜀后，他又长期在蜀汉政权中担任机要职务，"内干机衡，二十余年"②。他的儿子董允，官至尚书令，被称为蜀汉四相之一。费祎原是刘璋的远亲，在诸葛亮临终之时，他与蒋琬一起被定为丞相的继任人选。刘璋的大臣刘巴、吕乂、李严等人，也都先后担任过蜀汉政权的尚书令。尚书令能够参与政府的重大决策，是十分重要的官职。此外，刘备还通过联姻的手段拉拢与原刘璋政治集团之间的关系。吴懿是刘璋集团的中坚之一，他的妹妹曾嫁刘璋兄刘瑁为妻。刘瑁死后，吴懿的妹妹一直寡居在家。刘备就将她娶回为妻。对原刘璋政治集团成员的积极吸收，有效地扩大了蜀汉新政权的统治基础。

对于益州土著地主阶级，刘备、诸葛亮采取的是分别对待的方式，愿意与蜀汉政权合作的，就给予任用；不愿意合作，甚至抱有异心的，就坚决予以打击。广汉的士人彭羕，很有才能，刘备入蜀的时候，他也立下不少功劳。蜀汉政权建立后，派他去江阳做太守，他却不愿离开成都到外地做官，就私下联络勇将马超，要与他里应外合，共举"大事"。马超将事情汇报给刘备，刘备就将彭羕杀掉。蜀郡的张裕造谣说刘备虽暂时得到益州，但九年后就会失去，借此蛊惑动摇人心，刘备就在闹市上将他斩首。有人觉得刘备、诸葛亮对待益州本地士人过于严厉，主张新来乍到者，应先安抚当地，"缓刑弛禁，以慰其望"以获得当地人的拥护，才能站得住脚。但诸葛亮认为，刘璋治蜀，失在过宽，以至于养成了蜀地士人"专权自恣"的毛病。因此新蜀汉政权，必须首先建立法律的权威性，不能轻易地法外施恩。这样，才能达到"威之以法，法行则知恩；限之以爵，爵加则知荣"③的积极效果。

刘备、诸葛亮所采取的这种软硬兼施的方针，使得大多数益州土著士人都能为己所用，从而充分扩大了自己的统治基础。同时也有力地打击了

---

① 《三国志·蜀志·法正传》。
② 《三国志·蜀志·董和传》。
③ 《三国志·蜀志·诸葛亮传》。

少数不合作的土著地主，使他们不敢轻举妄动，威胁新建立的蜀汉政权。因此，蜀汉的统治在较短的时间里得到了稳定与巩固。

四　平定南中

蜀汉政权建立之后，内政与外交都朝着比较健康的方向发展。但是，由于蜀地生活着大量的少数民族，因此，处理好汉民族与少数民族之间的关系，对少数民族生活的地区实行有效的管理，仍是巩固新政权所要解决的一个重要问题。

蜀汉政权统治下的西南部，是一个少数民族杂居的地区。这一地区主要包括越巂郡（郡治邛都，今四川西昌西南）；益州郡（郡治滇池，今云南晋宁东）；永昌郡（郡治不韦，今云南保山东北）及牂柯郡（郡治故且兰，今贵州凯里西北），当时合称南中四郡。① 在这里杂居的少数民族，当时被泛称为"夷"和"叟"。东汉时期，他们一直隶属于益州的地方统治之下。

蜀汉建立之初，政权尚不稳定，军事力量也不强大，遂对这一地区失去了控制。先是越巂郡的叟帅高定元杀死郡将，举兵称王。后又有牂柯郡的太守朱褒拥兵自立，不听蜀汉新政权的调遣。形势最混乱的是益州郡，郡中大姓雍闿先杀害原任太守正昂，然后又将蜀汉新任的太守张裔捕送到东吴，想取得东吴的支持。此外，益州郡另一大姓孟获受雍闿的蛊惑，也起兵反叛。孟获在郡中素有威望，响应他的人很多。与此同时，东吴也趁机将势力往这一地区渗透，还任命雍闿为永昌郡的太守。南中四郡的混乱局势，严重威胁到新建立起来的蜀汉政权的稳定。

刘备去世后，诸葛亮辅政，他首先与东吴重建起共同抗曹的外交关系，随后就致力于平定南中四郡的叛乱，以巩固蜀汉政权的后方。225年春，诸葛亮亲率大军，分三路征伐南中四郡的叛乱。马忠率东路军进攻牂柯，很快就平定了朱褒的反叛。李恢率中路军直插滇池，包抄雍闿与孟获的后方，诸葛亮则率西路军进攻越巂的高定元。诸葛亮到达越巂，正赶上高定元集结部队要与蜀军决战。诸葛亮也想一举消灭高定元的主力，于是也按兵不动，等待最后的决战。这时，雍闿与孟获率军赶到越巂，援助高定元。不料，高定元的军队与雍闿却发生了冲突，雍闿为高定元的部下所杀。诸葛亮趁敌军内乱之际，一举攻克了越巂郡，斩杀叛军首领高定元，并乘胜渡

---

① 王仲荦：《魏晋南北朝史》，上册，第88页，上海：上海人民出版社，1979年。

过金沙江，追击南逃的孟获。这时，李恢所率的中路军已经顺利地攻占孟获的老家滇池，并北上迎击孟获。孟获后有追兵，前有堵截，最后被围在南盘江上游一带。孟获负隅顽抗，诸葛亮则以攻心为上，对孟获七擒七纵，终于使孟获心服口服，投降了蜀汉政权。至此，南中四郡的叛乱被全部平定。诸葛亮从这年的春天出征，到平定叛乱班师回朝，仅用了半年多的时间。

平定南中之乱后，诸葛亮并没有趁机从中央派出官员到这一地区进行统治，而是大量任命服从蜀汉政权的当地少数民族贵族为官，采取间接的方式管理这一地区。蜀汉的一些大臣对此表示不理解。诸葛亮解释说，如果从中央派出官员，就必须同时派遣军队到那里驻扎，这既会增加蜀汉政权的财政负担，也容易在汉族与少数民族之间造成摩擦与矛盾，反而不利于对这一地区进行统治。诸葛亮的这一统治政策，照顾到了少数民族地区社会条件的复杂性，取得了很大的成功。不仅如此，诸葛亮还提拔一些有才能的少数民族贵族到蜀汉政权的中央做官。如孟获，后来就官至蜀汉的御史中丞。这种做法，有效地拉近了蜀汉政权与少数民族贵族之间的关系，对于维护蜀汉政权在这一地区的统治也产生了积极的影响。

诸葛亮平定南中，既巩固了蜀汉政权的后方，同时也有效地增强了蜀汉的经济及军事实力。南中四郡的少数民族上层贵族在诸葛亮北伐曹魏的战争期间为蜀汉政权提供了大量的财力及物力支持，从这一地区调遣至蜀内地的劲卒万余家，后来成为蜀魏战争中蜀军的一支重要军事力量。

五　北伐曹魏

刘备去世后，诸葛亮首先恢复了与东吴联合抗曹的外交关系，随后又平定南中四郡的叛乱，巩固了大后方，并从这一地区取得很多军事及经济方面的支持。蜀国的内政、外交都取得了重大的进展。在这种局势下，诸葛亮决定北伐中原，完成统一全国的大业。

227年春，诸葛亮率军北驻汉中，准备北伐。这时，魏文帝曹丕去世不久，魏明帝曹叡刚刚即位，国内政局不稳，因此决定采取以守为主的方式抵御蜀军的进攻。诸葛亮此次北伐曹魏，十万大军分成两路。一路由赵云、邓芝率领，出箕谷（今陕西太白境内），做出直插斜谷道进攻郿县的姿态。斜谷道是距长安最近的一条道路，也是扼制汉中与渭水平原之间交通的咽喉要道。但诸葛亮料到魏军必然派重兵在此把守，因此并没有将进攻的突破口放在这里，只是命赵云与邓芝摆出佯攻的姿态。果然，魏明帝曹叡派大将军曹真统率大军，驻扎在斜谷道的北出口郿县一带，防止蜀军的突击。另一路则是由诸葛亮亲率蜀军主力沿西汉水北上，出祁山，进攻陇右。诸葛亮的计划，是先占领陇右地区，建立稳固的战略基地，然后由西向东进军，稳扎稳打，最后攻取曹魏在关中的重镇长安。

诸葛亮在陇右的军事行动进展非常顺利。曹魏的陇右三郡天水、南安、安定，在蜀军的军事压力下都先后投降了蜀军。不过，魏明帝在派曹真扼守斜谷道北口的同时，也派大将张郃率五万精兵西进，守卫陇右一线。因此，诸葛亮的战略部署要想最终实现，必须首先击败由张郃率领的曹魏西线部队。但是，诸葛亮与张郃的作战，由于错用了先锋马谡而在街亭（今甘肃秦安东北）遭到了失败。马谡本为襄阳人，随刘备从荆州入蜀。此人没有什么实战经验，却好谈军事，并深得诸葛亮的赏识。但刘备却认为马谡言过其实，没有什么实际的本领，因而特地在临终之时告诫诸葛亮，说马谡不能大用，但是这个意见并没有引起诸葛亮的足够重视。诸葛亮此次北伐，马谡任诸葛亮的参军，协助诸葛亮在军中调度诸军。228年春，蜀军在取得了陇右的胜利后，准备东进，与曹魏大将张郃决战。诸葛亮相信了马谡的夸夸其谈，没有任命有实际作战经验的大将魏延等人，而用马谡为先锋，前去迎战张郃。马谡进军到街亭，碰到张郃的主力。马谡没有实战经验，将军队驻扎在山上。结果被张郃团团围住，并切断了蜀军的水源供应。蜀军饥渴难当，军心涣散，被魏军打得大败。只有马谡的副将王平带领一千多人回到了诸葛亮的祁山大营。街亭失败大大挫伤了蜀军的士气。这时，在箕谷佯攻魏军的赵云也因魏军的阻击而失利。在这种局势下，诸葛亮只好退兵汉中。曹真率领魏军趁势收复了陇右三郡。诸葛亮的第一次北伐失败。

此次北伐失败，主要原因在于街亭失守，因此战后诸葛亮将马谡斩首，以明军令。同时，为了责罚自己用人失误，诸葛亮也主动请求降职三级，以右将军职代行丞相事。马谡副将王平，街亭之战前曾力劝马谡不要在山上屯兵，战后又设疑兵之计，阻止魏军的进一步追击，使蜀军免受更大损失，升为讨寇将军，封亭侯。

从227年首次北伐始，到234年诸葛亮病死，蜀军共进行了六次北伐，但每次都没有取得重大的战果。234年，诸葛亮发动了最后一次北伐。这次北伐准备非常充分。以往的北伐，蜀军最后都是因为粮尽而退兵。因此，在这次北伐前三年，诸葛亮就陆续将大批军粮运到前线。诸葛亮在出兵之前，还与东吴约定同时举兵。此年 2 月，诸葛亮倾蜀国军力，出斜谷北伐。蜀军到达郿县后，屯兵于渭水之南。司马懿也率二十万魏军渡过渭水，背水为垒，与蜀军相拒。这一次司马懿仍采取坚守不战的方针，等待蜀军粮尽自退。诸葛亮为了能长期与魏军对垒，于是屯兵五丈原，组织蜀军屯田。

蜀、魏在渭水一带相距有半年之久，诸葛亮屡次派人挑战魏军，司马懿都紧守不出。诸葛亮派人送了一套女子的服饰给司马懿，笑他胆小怯战。这引起魏军上下的义愤。司马懿为了平息军中的愤怒，就上书魏明帝请战。魏明帝于是派卫尉辛毗持节任魏军军师，坚持防御不战的策略。实际上司马懿本人并不想与蜀军开战，他知道对于蜀军而言，因为军粮的问题，最好的战略就是速战速决。魏军只要坚守，蜀军劳师远征，久驻在外必然会逐渐失去锐气，最后只能退走。他将魏军中主战与主守的矛盾上交给魏明帝，魏明帝也通过这种办法对司马懿表示了支持。诸葛亮作为蜀军的统帅，对司马懿的用意也非常了解，他对爱将姜维说："彼本无战情，所以固请战者，以示武于其众耳。将在军，君命有所不受。苟能制吾，岂千里而请战邪！"①但是对司马懿也无可奈何。这年 8 月，诸葛亮在军中病死，终年 54 岁。诸葛亮死后，蜀军只好沿斜谷向汉中撤退。司马懿听说蜀军撤退，派兵追击。蜀军按照诸葛亮的临终部署，突然摆出反攻的阵势。司马懿以为蜀军后撤只是诸葛亮引诱自己出战的计策，便迅速将魏军撤回。蜀军因此安全地撤出渭南，进入汉中。

六 蜀后期的政治与蜀的灭亡

诸葛亮死后，相继主持蜀国军政的是蒋琬与费祎。

蒋琬，荆州零陵郡湘乡人，随刘备从荆州入蜀，后任丞相长史。诸葛亮北伐曹魏，他一直在后方负责蜀军的后勤供给。蒋琬为人宽厚，又很有才干。所以诸葛亮很早就将他定为自己的接班人，曾在给蜀后主的奏章中说："臣若不幸，后事宜以付琬。"②诸葛亮死后，蒋琬受命为大将军，录尚书事，并兼益州刺史，主持蜀国军政。

蒋琬执政期间，蜀国没有再进行大规模的伐魏战争。蒋琬认为，诸葛亮出秦川伐魏，道远路险，所以屡次不得成功，因此有意沿汉水东下伐魏。

---

① 《资治通鉴》，卷七十二。
② 《三国志·蜀志·蒋琬传》。

他曾命人多造船只，做水路伐魏的准备。不过，这个战略受到朝野多方的质疑。认为汉水水浅流急，一旦不能取胜，蜀军便很难安全撤回。因此这个伐魏战略并没有得到实施。蒋琬执政的后几年，因为身体有病，所以由费祎担任大将军一职，蒋、费二人共同主持蜀国军政。246 年，蒋琬病死，费祎秉政。

费祎，本荆州江夏郡人，为刘璋远亲。刘备称帝后，费祎担任太子舍人。刘禅继位后，他任黄门侍郎。曾受诸葛亮之命出使东吴，以才识卓绝而深得东吴君臣的敬重，以后又数次使吴，皆不辱使命，受到诸葛亮的器重。蒋琬执政期间，他一直是蒋琬的得力助手。蒋琬执政的后期，因为身体多病不能亲自理政，因此费祎实际上是代行秉政。243 年即被任命为蜀大将军。

244 年，魏大将军曹爽率军攻蜀汉中。汉中守军不满三万，情势危急，费祎率军前往救援。曹爽攻汉中不克，率军撤退，在途中遭费祎截击，损失惨重。253 年岁首，费祎与僚属聚宴，被魏降人郭循刺杀。

蒋琬及费祎执政蜀国近二十年，两人的个性都非常宽厚，而且皆能谨守诸葛亮治国遗法，蜀国的政治相对稳定。

费祎死后，蜀国的政坛发生了较大的变化。这时，主持蜀国军政的是诸葛亮的爱将姜维。姜维，陇右天水郡人。228 年，诸葛亮第一次北伐，进占陇右三郡。姜维当时是魏天水郡的郡吏，任参军一职，后归附诸葛亮。姜维颇有军事才能，又能"忠勤时事，思虑精密"，因而深得诸葛亮器重，被评价为"凉州上士"[1]。归附时年仅 27 岁，即被诸葛亮任为仓曹掾、奉义将军，并封当阳亭侯。诸葛亮去世后，姜维随大将军蒋琬出屯汉中，负责西北军事。247 年，升为卫将军，与费祎共录尚书事，协助费祎执掌蜀国军政。费祎死后，他主持蜀国军政。

姜维虽然得到过诸葛亮的器重，后来在对魏的战争中屡立战功，但他是魏国的降将，在蜀国没有根基，因此缺乏朝中大臣的支持。蒋琬与费祎执政时，经常不在蜀都成都，但是蜀国的军国大事，从来都需要报告他们，由他们做最后的裁定，然后才能实施。姜维对蜀国政坛则缺乏这方面的控制能力。另外，蒋琬与费祎执政期间，重点在治理蜀国内政，基本上没有发动过大规模的伐魏战争。姜维继费祎执政后，又开始了大规模地对魏战争。姜维在蜀魏战争中虽然取得了一些胜利，但是并没有取得过决定性的

---

[1] 《三国志·蜀志·姜维传》。

胜利。相反，还有几次战争被魏军击败，使蜀国的军事实力受到较大的削弱。256年，姜维刚刚担任大将军一职，就在段谷（今甘肃天水市东南）被魏国大将邓艾击败，蜀军死伤甚众，蜀政权在陇西一带的统治也受到很大的影响。由于长年在对魏作战的前线，姜维对蜀国政治的影响力受到很大的限制。正是在姜维执政期间，蜀国的政治日趋腐败。

蜀后主刘禅并非暴君，但却是一位典型的庸主。如果有得力的大臣辅佐，就不会对国家政治产生消极的影响。反之，如果被奸佞小人利用，就会造成政治腐败并导致国家覆亡。

刘禅在位的前期，诸葛亮、蒋琬、费祎三位执政大臣，还有与上述三人合称"四相"的董允，都十分忠于职守。而且当时蜀国的政体，是府、宫同治。即执政大臣不只管理国家大事，对于刘禅的宫内之事，也有很大的干预权力。例如，刘禅数次想扩充自己的后宫，当时正是董允任黄门侍郎，负责主持宫省之事，并统率宫殿守卫，因此这件事应由董允去实施。但董允认为，古时天子后妃不过十二名，现在已经具有了这样的规模，因此坚决不同意。刘禅对他也没有办法。刘禅最喜爱的宦者黄皓，很善于迎合刘禅的意见，董允则对他不假辞色，数次责斥。而黄皓最为惧怕的，便是董允。因此在董允为黄门侍郎期间，黄皓虽然很受后主刘禅的宠爱，但职位仅只是一名黄门丞，对蜀国的朝政更是很难有所干预。

董允与蒋琬于同一年去世，不几年，费祎也被刺杀，继任的姜维不能维持原来蜀国的政局。黄皓得势，蜀国的政治日趋腐败。黄皓忌惮姜维的兵权，便与右大将军阎宇相互勾结，阴谋由阎宇取代姜维。姜维知道后，向刘禅汇报，请求杀掉黄皓。可是刘禅却袒护说黄皓不过是一名弄臣，叫姜维不要介意。事后，刘禅将此事告诉黄皓，还让他到姜维府上去请罪。姜维感到黄皓在成都已经羽翼丰满，很担心遭到黄皓的陷害，便向刘禅申请去西北的沓中屯田，后来便再没有回过成都。蜀国的政治，从此更是难以收拾。261年，东吴薛珝出访蜀国，回国后向吴主孙休汇报，说蜀国的政治是"入其朝不闻正言，经其野民皆菜色"①，但是蜀国君臣上下，都安之若素，不知祸之将至。

263年，司马昭举兵伐蜀。十八万魏军兵分三路，一路由钟会率领，经由斜谷、骆谷、子午谷，直入汉中；另两路分别由邓艾、诸葛绪率领，夹击在陇右沓中屯田的姜维，使他无法回守。钟会率军进攻汉中，没有遇到

---

① 《三国志·吴志·薛综传》裴松之注引《汉晋春秋》。

太多的抵抗，进展非常顺利，并获得大批库存的军粮物质。姜维听说魏军大举来攻，准备回撤蜀中，但是遭到邓艾军队的牵制，只能且战且走，最后与廖化、张翼等人汇合，退守由汉中进入蜀中的要道剑阁。钟会遭姜维阻击，大军不能前进。邓艾则率领一支魏军，从阴平（今甘肃文县）出发，行无人之地七百余里，逢山开道，遇水搭桥，突然出现在蜀中平原，并攻克要塞江油。诸葛亮之子诸葛瞻引兵与邓艾在绵竹交战，被魏军击破，诸葛瞻与诸葛尚父子同时阵亡。邓艾遂领兵直逼成都。

蜀国君臣没有料到魏军的进展会如此迅速，顿时慌乱无措。刘禅与大臣们商量办法。有的主张投奔东吴，有的主张逃往南中。以光禄大夫谯周为代表的大部分大臣为了保住自己的既得利益，则主张向魏军投降。刘禅走投无路，只好派人向邓艾请降，并下诏剑阁姜维诸将停止抵抗。蜀汉从220年正式建立，共历43年而亡。

姜维等蜀将降魏后，受到魏将钟会的优待。钟会期望借助姜维之力，拥兵自立。事败之后，钟会与姜维等一起被杀。刘禅则被迁徙到魏都洛阳，封为安乐县公。西晋初年，病死于洛阳。

第五节　吴国的政治

一　孙坚、孙策父子的创业

孙权虽是东吴政权第一位称帝的人，但是，东吴政权的创业则主要是靠孙坚、孙策父子两代的共同努力得以完成的。

孙氏家族，祖居吴郡富春（今浙江富阳），东汉时期只任过郡县的小吏，在当地并非世家大族。孙坚少年时期即以勇力闻名于当地。东汉末年，会稽郡一带曾发生道教徒许生领导的农民起义，孙坚时任吴郡司马，招募壮丁千余人，协助郡守消灭了许生的农民军，受到江东一带地主阶级的重视，由此开始了孙氏家族创业的道路。黄巾起义暴发后，孙坚随东汉中郎将朱儁积极参加镇压农民军的战争，因军功升为长沙太守，并封乌程侯。

董卓之乱时，关东诸侯联合西进，讨伐董卓。孙坚当时正依附于袁术，在讨卓战争中表现积极，受到各路诸侯的重视。董卓被消灭后，关东诸侯相互混战，孙坚受袁术之命进攻荆州刘表。在襄阳与刘表部将黄祖激战，被黄祖部下射杀，死时仅37岁。

孙策为孙坚长子，孙坚死时，孙策仅17岁，但在江淮之间已经结交了不少名士，有了较高的声誉。孙坚死后，孙策前往投奔袁术，但为袁术所嫉，没有受到重用。直到195年，孙策才得袁术同意领兵进攻扬州刺史刘繇。孙策率领父亲的旧部约千余人出发，沿途召集流民入军，到达历阳（今安徽和县）时部众已经发展至五六千人。孙策渡江之后，很快就击败刘繇。之后又大量吸收原刘繇部属，势力迅速扩充到二万多人。孙策治军严明，所到之处，对百姓一无所扰，因而深得江东地区世家大族及百姓的拥戴。

196年，袁术称帝，成为众矢之的，孙策便与袁术断绝关系，自己在江东独立发展。他先后击败吴郡太守许贡、会稽太守王朗，并自任会稽太守。198年，曹操上奏汉献帝任命孙策为讨逆将军，封吴侯。之后，孙策连克庐江、豫章等郡，先后击败刘勋、黄祖、华歆等人，纵横江东，无人可敌。孙策为人豪爽坦诚，不计前嫌。祖郎、太史慈等人，都曾与孙策为敌，被孙策俘获后都受到重用。太史慈本刘繇部将。刘繇病死后，在豫章郡留下部曲约万余人，孙策命他前去招降。孙策的部下都认为太史慈此去，肯定会招揽刘繇旧部，独立发展，不会再回来听从孙策调遣。但孙策用人不疑，坚持自己的意见。后太史慈果然按期而返，并为孙策收复了大批刘繇旧部。豫章太守华歆是汉末名士，在江东德高望重。孙策进攻豫章，华歆不战而降。但孙策并没有以战胜者自居，而是将华歆待为上宾。孙策通过这种办法，招揽了大批人才为己所用，并很快就完成了对江东的统一。

200年，孙策在丹徒一带射猎，遭到原吴郡太守许贡的宾客的袭击，被射中脸颊，数日后因伤重而死，年仅26岁。孙策从195年离开袁术，在江东独立活动仅五六年，就已经基本奠定了后来东吴立国的基础。

二 孙权在江东的统治

孙策死后，其长弟孙权成为江东的统治者。孙权从200年统领江东，221年称吴王，229年称皇帝，252年病死，统治东吴长达52年之久。280年，西晋灭吴，距孙权去世仅28年。孙权是东吴政权最重要的统治者。

孙权即位之初，尚不足20岁，没有什么政治经验。而此时的江东，统一未久，各地方势力都对未来政局的发展抱着观望和觊觎的态度。即使是孙氏家族的内部成员，也不太信服孙权的统治权威，有的还想趁机夺取江东的统治权。因此，孙权首先面对的，就是安定统一未久的江东局势，并巩固自己的统治权威。

　　孙权虽不及其兄孙策神勇，但是行事稳重，也卓有智谋。孙策临终曾对孙权这样评价他们兄弟二人各自的能力："举江东之众，决机于两阵之间，与天下争衡，卿不如我；举贤任能，各尽其心，以保江东，我不如卿。"①对孙权的能力给予充分的肯定。孙权继位后，对中原地区的争战采取坐观成败的态度，而主要致力于巩固已经完成的江东的统一。庐江太守李术，在孙策死后，心存异心，收留了大量从孙权那里叛逃的军民，还拒绝了孙权要求送回叛逃者的命令。孙权于是派大军进攻李术，很快就平定了李术的叛乱。荆州紧临江东，又居于东吴的上游，从战略位置上看对于东吴地区的安全至关重要。驻守在荆州江夏的太守黄祖，与孙权还有杀父之仇。从203年起，孙权先后三次派兵进攻江夏黄祖，最终于208年消灭了黄祖，既报了昔日杀父之仇，也扩充了东吴的势力。除了消除东吴各地及周边地区的隐患之外，孙权还积极向南方包括今福建、广东、湖南等地发展势力。经过数年的努力，孙权不仅巩固了自己的统治地位，还使东吴势力在南方得到进一步的发展。

　　孙权对于人才非常重视。他对孙策留下的文武大臣，都非常优待，像张昭、周瑜、吕范、程普、太史慈等人，在孙权统治的江东都得到重用。这些人也像辅助孙策一样尽心辅助孙权。同时，孙权还积极吸引人才，扩大优化江东统治集团。汉末，中原地区大乱，江东地区社会秩序相对稳定，大批士人南渡，这为孙权统治集团吸收优秀人才创造了有利条件。鲁肃、步骘、诸葛瑾等人，都是从北方南下到达江东地区的，他们都受到孙权的重用。荆州的甘宁是一员猛将，原属黄祖，曾射杀江东大将凌操，后归附孙权。孙权不计前嫌，对他优待有加，还特命凌操之子凌统不得向甘宁寻仇。孙权用人，能不拘出身，不论贵贱，只要有才能，就能得到重用。孙权"拔吕蒙于戎行，识潘浚于系房"②。东吴的其他一些重要大臣，像潘璋、丁奉、谷利、丁览、阚泽、步骘、周泰、吕岱等人，也都出身低贱，但都因才能显著而受到孙权的重用。孙权还十分懂得人才的培养。吕蒙出身行伍，没有多少文化，因屡立战功，被提升为将军。孙权特地让他要多读书，这样才能增长知识，扩大见识。吕蒙以在行伍之中没有时间读书推辞，孙权进一步开导说，并不是要他读书成为一名学者，而是要他读《孙子》《六韬》《左传》《国语》等有益于治军治国之书，并以自己继位以来的亲身体验说

---

　　① 《三国志·吴志·孙策传》。
　　② 《三国志·吴志·孙皓传》裴松之注引陆机《辩亡论》。

明读书的重要。吕蒙后来勤奋学习，果然大有长进，终于成为东吴最著名的将领之一。鲁肃是东吴最著名的谋臣之一，有一次与吕蒙交谈，深为吕蒙的见识所折服，认为吕蒙再不是以往只知陷阵杀敌的"吴下阿蒙"，而发出"士别三日，当刮目相看"①的感叹。

东汉以来，世家大族的势力日益加强。他们不仅能够左右地方政治，甚至对王朝中央也有很大的影响力。江东地区，就逐渐发展出以顾、陆、朱、张四姓为首的世家大族势力。这些世家大族，为了维持自己在本地区的经济与政治利益，迫切需要一个强有力的统治集团来维持这一地区的社会政治秩序。新兴的东吴政权要想获得巩固与发展，也必须取得这些世家大族的支持。孙权统治期间，在政治及经济利益上对以四姓为代表的世家大族给予了多方面的优待，以换取他们对东吴政权的支持。对于他们当中涌现的杰出人物，更是礼遇有加，让他们在东吴政权中担任重要的职务。例如，顾雍曾在东吴政权中担任宰相长达十九年。孙权称王的时候，还曾亲自到顾府以事亲之礼拜见顾雍的母亲。陆氏家族更是人才辈出，有二人担任东吴宰相，五人得以封侯，为将军者更是有十余人之多，陆逊就是他们当中最为杰出的代表人物。陆逊在非常年轻的时候，就受到孙权的赏识，被孙权召到自己的府中，成为重要的幕僚。孙权还将兄孙策的女儿嫁给陆逊。刘备为了报荆州失守、关羽被杀之仇，率大军攻吴。陆逊在危难之中被任命为吴军统帅，在夷陵之战一举击败刘备，从此名声大振。而东吴四姓子弟担任东吴地方官员的人就更多，达到了"常以千数"②的规模。

江东地区居住着大量的土著越人，他们主要分布在今浙江、安徽、江苏、江西交界的山区。这些越人历来不向国家提供租税与赋役。东汉末年，北方战乱严重，一些从中原地区逃难来到江东的汉族百姓，也躲进越人居住的山区。他们也不向东吴政权交纳赋税，提供劳役。这些居住在山区的原土著越人及汉族难民，当时被统称为"山越"。江东在两汉时期属于后开发地区，人口稀少，未开垦的土地很多，因此，利用为数众多的山越人口，使他们为东吴政权服务，便成为孙权统治时期一项重要的国策。从 200 年起，孙权就开始向山越人发动战争，将大量的山越人变成东吴政权的编户齐民。对山越人的战争前后断断续续地持续了近四十年；东吴政权由此获得大量人口补充。这些新编户齐民，很大一部分被补充进东吴的军队。东

---

① 《三国志·吴志·吕蒙传》裴松之注引《江表传》。
② 《三国志·吴志·朱治传》。

吴常备军队共有二十万左右，其中约有一半是由山越人组成的。[①] 这些由山越人组成的军队，非常有战斗力，是东吴军队中的精锐部队。还有很多山越人，则被集中起来进行国家屯田。也有一些被掳掠来的山越人，被孙权赏赐给大臣，这些大臣建立起规模庞大的地主庄园，成为世家大地主。

孙权通过对山越人的战争，巩固了自己在国内的统治，增强了东吴的军事力量，还壮大了东吴的经济实力。这是一项非常成功的政策，对于中国东南地区的经济开发也产生积极的影响。

与加强国内统治同时，孙权在对外战争中也频频取得胜利。208 年，孙权与刘备联手在赤壁击败南下的曹操，解除了北方的威胁。219 年，孙权派吕蒙攻取荆州。222 年，又派陆逊击败刘备的伐吴大军，巩固了自己的西部边界。蜀汉的刘备去世后，孙权又成功地与诸葛亮恢复了孙刘之间的联盟，形成与曹魏对抗的基本军事格局。军事上的胜利以及成功的外交政策使东吴在江东的统治进一步得到巩固。221 年孙权称吴王，229 年，孙权称帝。

从 200 年孙权统领江东到 229 年称帝，是东吴政权的巩固与发展时期。这一时期，内忧与外患的压力使得东吴君臣大多能表现出积极进取的精神。208 年，曹操率大军南下，很快将刘表的荆州攻克，兵锋极盛。可是年轻的孙权却并不为曹操的气势所压服，积极组织军事力量，以少胜多，一举击败曹军。之后，东吴君臣上下，数代将领包括周瑜、吕蒙、陆逊等人，一直积极筹划攻取荆州，为东吴保证西部统治的安全。不仅如此，东吴君臣还能做到精诚团结，上下一心。赤壁之战，孙权倾全国兵力，交由周瑜统领，让周瑜在前线自由指挥。吕蒙袭击荆州，一开始孙权想用吕蒙与自己的堂弟孙皎同为左右部大督，遭到吕蒙的反对，认为这只能造成相互牵制，不利于军事行动的开展。孙权立即改正，任命吕蒙为大督，而只以孙皎为后继。刘备进攻东吴，年轻的陆逊临危受命，能力受到许多大臣的怀疑，但孙权坚决做到用人不疑，陆逊与刘备在夷陵对峙几近一年，久战不下，也是孙权力排众议，始终对陆逊的战略表示支持。刘备进攻东吴，还有人向孙权报告说诸葛亮的胞兄诸葛瑾要投降刘备，已经派人去与刘备联系。可是孙权却说："孤与子瑜有生死不易之操，子瑜之不负孤，犹孤之不负子瑜也。"[②]后人因此评价孙权对待股肱大臣，真正做到推心置腹。是以这些大

---

① 王仲荦：《魏晋南北朝史》，上册，第 101 页，上海：上海人民出版社，1979 年。

② 《三国志·吴志·诸葛瑾传》。

臣们也都能"感知遇而竭心力"①，为东吴政权尽忠尽职。

　　但是，当三国鼎立的局面形成，外部的军事压力减少后，东吴君臣开始趋向于保守。以孙权为代表，东吴朝廷普遍有苟安东南一隅的心态。尤其是原江东地区世家大族的代表人物东吴重臣陆逊，在对蜀、魏的战略中主要采取的是防御方针，即使处在优势状态下，他的这一战略也不改变。例如，222年，陆逊在夷陵击败刘备后，一些将领主张乘胜追击，攻取益州，但陆逊却很快退兵。228年，曹休率十万魏军进攻东吴，在皖城一带被击败。一些将领主张乘胜进逼寿春，攻取淮南，这样可以直接威胁到曹魏统治的中心许昌与洛阳，也遭到孙权与陆逊的反对。稳固防守的战略方针，对于势力相对弱小的东吴政权而言，有它的合理性。蜀汉的诸葛亮与姜维数出岐山，与曹魏争战，蜀国的国力因此消耗殆尽，是以蜀国一旦失去进攻的态势，很快就被魏国所灭。而东吴在三国之中，虽然力量比较弱小，但却坚持了较长的时间。并且，从三国对峙的局势看，只看到针对一国的暂时优势，不考虑来自于另一国的威胁，是缺乏战略眼光的，很容易导致军事上的重大失败。蜀国大将关羽在荆州兵败身死的主要原因正在于此。不过，从另一方面讲，这种偏安的心态使东吴君臣丧失了进取精神，国内政治也开始走下坡路。

　　在孙权统治的晚期，东吴国内的各种问题日益暴露并激化。以孙权为代表的东吴统治集团日趋腐化。孙权好酒，每饮必醉。他曾在武昌临钓台大宴群臣，自己喝醉了，还要求大臣们也都必须喝醉，说："今日酣饮，惟醉堕台中，乃当止耳。"②一次，一位大臣装作喝醉不肯再喝，差一点被孙权处死。

　　随着东吴统治的稳定，孙权也变得日益刚愎自用。223年，割据辽东的公孙渊向孙权上表称臣。孙权非常高兴，不仅大赦国内，而且派太常张弥及执金吾许晏率兵万人前往辽东授予公孙渊封号。东吴的朝廷上下都认为公孙渊的称臣不可信据，反对派出如此众多的人员前往。然而孙权坚持己见，甚至要杀掉反对自己的三朝老臣张昭。张弥与许晏到达辽东后，公孙渊不仅将他们囚禁起来杀掉，还将他们的首级送给魏主曹叡。张、许二人带去的万人，仅六十余人乘海船逃回东吴。

　　东吴最高统治集团内部的矛盾也开始在孙权统治的后期不断发展。这

---

① （清）赵翼：《二十二史札记》，卷七，"三国之主用人各不同"条。

② 《三国志·吴志·张昭传》。

时，孙权不再像前期那样信任大臣，君臣之间相互猜忌的事情时有发生。东吴名将陆逊，在对蜀、魏的战争中屡建奇功，但是他后来并没有像周瑜、鲁肃及吕蒙那样得到孙权的信任。孙权晚年的时候，曹魏的大权被司马氏父子窃取，为了保证东吴政权不出现同样的问题，孙权开始变得果于杀戮，也因此错杀了不少大臣。

当然，孙权与三国时期其他君主相比，还是一位有为的明君。他有承认并改正自己错误的勇气，这一点甚至连曹操与刘备都不能与之相比。例如，孙权为了防止自己酒后错杀人，便下令左右，如果自己在酒后下令杀人，一律不得执行。辽东的公孙渊杀死东吴派出的使者，应验了张昭等大臣的反对意见。孙权便主动到张昭的府第谢罪。张昭称病不肯见他，他就在张府的大门外等候。最后与张昭一同乘车回宫，并做了深刻的检讨。但是，孙权并没有改掉自己酗酒的不良嗜好，也没有变得能虚心接受大臣们的不同意见。这是孙权作为一位封建君主所不可能克服的局限性。

孙权晚年，在选择继承人的问题上优柔寡断，差点酿成大乱。221年，孙权称吴王，立长子孙登为王太子。孙权称帝后，孙登为皇太子。孙登是一位颇有政治才干的皇位继承人，但在241年即先于孙权而死。孙权宠爱的王夫人生有二子，长名孙和，幼名孙霸。242年，孙权立孙和为皇太子，不久又封孙霸为鲁王。孙权宠爱孙霸，给孙霸与太子同样的待遇。这样就导致了孙和与孙霸兄弟之间的不和。朝中的大臣，也因而分成两派。一派支持太子孙和，主要有丞相陆逊、大将军诸葛恪、太常顾谭、骠骑将军朱据及滕胤、施绩、丁密、屈晃等人；另一派支持孙霸，主要有骠骑将军步骘、镇南将军吕岱、大司马全琮及杨竺、吴安、孙奇等人。支持孙霸的大臣中虽然没有像陆逊、诸葛恪等人那样高的重臣，但是他们有孙权宠爱的长公主孙鲁班（全琮的母亲）的支持，因而得以经常在孙权面前诋毁太子。两派的争斗日趋激烈，朝中很多大臣都卷入其中，这引起了孙权的强烈不安。他害怕重蹈袁绍死后诸子争立，最后被曹操乘虚消灭的历史重演，同时又担心朝中大臣的派别斗争会削弱东吴政权的统治力量，于是就对两派采取了看似不偏不倚的态度。一方面废了孙和的太子之位；另一方面又将鲁王孙霸赐死。而另立幼子孙亮为太子。对于支持太子孙和的陆逊，孙权屡次派使者予以责备，陆逊因此不久即得病而死。

孙权晚年的太子之争，使东吴政权内部的矛盾公开激化，他的处理，表面上照顾了两派大臣，但实际上并不能消除两派之间的明争暗斗。另外，他新立的太子孙亮过于年幼，根本无法在他死后驾驭群臣，这为东吴政权后期皇位的频繁争夺埋下了祸根。

三 屯田制与世袭领兵制

中原的战乱,使大量北方人口南迁。东吴对山越人的战争也为国家增加了大量人口。随着人口的增加,为了稳定东吴的社会秩序,同时也为了保障军粮的供应,东吴政权也开始在国内推行屯田。东吴的屯田,同样也分为兵屯与民屯两种。对于民屯,国家设置督农校尉与典农都尉进行管理。兵屯,则由领军的将校们自行管理。民屯的劳作者,称作"屯田客",屯田客只负责种地,不用为国家服兵役。兵屯的劳作者,称为"佃兵",他们需要承担作战与生产两项工作。无论是民屯还是兵屯,采取的都是国家统一管理的体制。东吴屯田收获的分配方式,史料中没有明确记载,与曹魏的分成比例应大致相当。

东吴统治的地区,不像曹魏统治的中原有大面积的平原,而多山川沟壑;因此,东吴的屯田与曹魏相比,规模要小很多;但是在东吴军队驻扎的地方,一般也都有屯田。长江以北的庐江郡(郡治在皖,今安徽潜山),是东吴防御曹魏的前线,驻防了大量的军队,这一地区也是东吴兵屯最集中的地方,且前后持续时间很长,一直到西晋灭吴前几年,这里都有东吴的军队进行屯田。民屯最为集中的地区,在长江以南的于湖(今安徽当涂南)、毗陵(今江苏常州)等地。此外,长江中游的江陵、夷陵及东吴统治的南方腹地,也都有屯田的存在。

东吴的屯田体制,推行了七十多年,对于东南地区经济的发展产生了积极的影响。

东吴的军事体制中,一方面存在着父子相袭、世代当兵的世兵制度,另外还存在着将领父子世袭的领兵制。这种世袭领兵制的具体内容是,前任将军死后,他所统率的军队,照例便由他的长子来统率。若其子年幼,不能统兵,则由其弟统率。由于士兵长期服从于某一世家的统领,因此在将军与士兵之间,发展出比较强的私人隶属关系。这些依附的兵士,实际上也就成了这些将领的私家部曲。东吴大臣朱桓死后,他所领有的部曲万人便都由他的儿子朱异继承下来。陆逊死时,有部曲数千人。等到其子陆抗死时,留下来的部曲已达数万人之多,便由陆抗的五个儿子分别统领。由于东吴推行兵屯,这些依附的兵士,往往都领有一定数量的屯田。因此,世袭领兵制度对于东吴的将领们来说,不仅意味着军事力量的世袭,同时也意味着经济利益的世代占有。

世袭领兵制使东吴的世家大族获得巨大的发展。这些世家大族,不仅拥有大量的人口与土地,同时还构成支持东吴政权存在的重要军事力量。当然,如果东吴政权丧失了对他们的控制能力,这些世家大族同样也可以发展成为威胁东吴政权的异己力量。三国晚期,魏国的大臣邓艾就曾评价东吴的世家大族,说他们"阻兵仗势,足以建命"①,军事及政治力量已经非常强大。这些世家大族,都是能够相对独立的政治、经济及军事集团;因此在东吴灭亡之后,并没有遭受重大破坏,而是继续发展,到了东晋及南朝统治时期,最终发展成为强大的门阀士族。江南地区的门阀士族,一直延续到唐中期以后。例如,吴郡的陆氏与顾氏,直到唐代都仍是当地的名门望族,两姓都曾有人出任朝廷的宰相,陆氏一门甚至出过六位宰相。

四 江东地区的经济发展

屯田制的推行,既安置了大量南下流民,同时也使南方的土地得到大面积的开垦与利用。东吴依仗长江天险,虽然内部也曾发生规模较小的战争,但基本上隔绝于北方战乱之外。与此同时,南下的北方流民,也带来了先进的农业技术。正是依靠这些因素的共同作用,江东地区的农业迅速发展起来。

农业的发展及人口的大量增加,有力地推动了手工业及商业的发展。东吴统治的地区,纺织、煮盐、冶铸等手工业部门都取得较大的进步,在技术水平及生产规模上与中原地区的差距在逐渐缩小。商业规模也迅速扩大。东吴的都城建业,既是东吴政权的政治中心,同时也是江东地区最重要的商业中心之一。建业城中有两个大型的商贸市场,一称大市,一称东市。一些商人在此设肆经营,获利巨大,积聚了大量的财富。不过,三国时期,频繁的战争不仅干扰了社会经济的正常运行,也消耗了大量的社会财富,因此,整个社会的剩余财富并不十分充足。加上这时出现的地主庄园,大都带有比较强的自给自足的性质,因此,商业的进一步发展受到很大的阻碍。但从原来比较落后的江东地区来看,这些成就已经非常可观。

造船业是东吴地区最具代表性的手工业部门。江南的交通,历来以船只为主要运载工具。东吴的造船业,技术十分发达,规模也相当庞大。除

---

① 《三国志·魏志·邓艾传》。

制造用于内河航行的船只外，还能建造用于航海的大型船只。东吴建造的战船，上下五层，可容纳三千名兵士。孙权派人去辽东联系公孙渊，一次就派出将近万人，都是乘船经海路前往。孙权还曾派人去大海中寻找夷洲及亶洲。这些活动如果没有发达的造船业，是不可想象的。东吴灭亡的时候，西晋政权一次就从东吴接收了五千艘船只。由此可见东吴造船业的规模。东吴的侯官（今福州）、番禺（今广州）等地，都是当时著名的造船基地。江东地区的水上交通在这一时期也取得较大的发展。孙权为了政治及军事上的需要，曾围绕首都建业开凿了大量的河渠，将长江与长江下游地区（今江浙一带）的众多内河联系在一起，由此建立起非常方便的水上交通网。后来的江南运河，就是在东吴水上交通的基础上进一步开凿而成的。

江东地区从春秋战国以来，地方经济开始以较快的速度发展。但直到东汉时期，这一地区的经济实力还是很难赶上中原地区。全国的经济重心仍维持在中原。东汉末年至三国时期是一个重要的转折点。这一时期，中原地区长期处在战乱的局势下，而东吴为了巩固政权的需要，对南方采取积极开发的政策，从而使得长江以南直到岭南的广大地区社会经济逐渐取得长足的进步。正是由于在经济上南方取得了巨大的发展，才使得东吴能够与蜀汉及曹魏政权形成鼎立。后来的东晋、南朝也正是凭借这半壁江山与中原地区的政权形成长期的对峙。

五　沟通"夷洲"

今天的台湾，古称夷洲。夷洲的土著居民，当时被称作"山夷"。大陆沿海地区与夷洲很早就有过零星的相互往来。一些从浙江、福建出海的渔民或商人，往往会被海风吹到夷洲。夷洲的土著居民，也有一些渡过海峡到大陆的沿海一带从事贸易活动。但是，大规模的往来还没有发生过。230年，孙权派将军卫温、诸葛直率军队万人，航海到达夷洲。这是有史记载以来大陆与台湾之间第一次大规模的沟通往来。这次沟通夷洲的活动，前后长达一年之久。东吴的军队从夷洲返回的时候，带回了几千名夷洲土著。这些人后来就生活在大陆。从此，大陆与台湾的联系进一步加强。

六　晚期政治与东吴灭亡

孙权统治晚期，东吴政治已经开始走向衰落。孙权的嗜酒与滥杀，对东吴政治的稳定产生很大的危害。而他在选立继承人问题上的失误，更是给东吴政权造成长期的不稳定因素。

252年，孙权病死，孙亮即位，年仅9岁。大将军诸葛恪受命辅政；此外，中书令孙弘、太常滕胤、侍中孙峻与将军吕据协助辅政。诸葛恪是诸葛瑾的长子，年轻时就受到孙权的器重。他在东吴政权中素有威望，东吴的老百姓对他辅政抱有很大的期望。但是，诸葛一家是从荆州迁到江东的外族，不像顾、陆、朱、张等江东大族在此地的势力盘根错节。诸葛恪虽然是辅政的大将军，但他在东吴统治的核心地区没有很深厚的基础。孙权之所以在生前就选择诸葛恪而不是立有大功的陆逊为自己死后的顾命大臣，很大程度上也是想避免曹魏政权被河内世族司马氏篡夺的命运。但是，这种选择必然也会为东吴政治带来不稳定的因素。

诸葛恪执政之初，下了很大的气力整顿内政。他裁撤了孙权设置的专门监视文武官员的校官，还豁免了老百姓积欠政府的一些债务，因而很受各级官员及老百姓的拥护。但是，他对东吴对抗曹魏政权的战略做了重大调整，而这一调整的结果后来证明是失败的。自从三国鼎立的局面形成后，由于蜀汉丞相诸葛亮一直致力于推行北伐中原统一中国的战略，因此三国之间的重大战争主要在蜀汉与曹魏之间进行。东吴虽然与蜀汉联手，与曹魏发生过数次战争，但在当时的战略格局中处于次要的位置，不是战争的主要一方。东吴君臣上下对于这种据江东自保的战略也非常认可。诸葛恪辅政后，效法他的叔叔诸葛亮，开始对曹魏推行进攻战略。

诸葛恪辅政不久，就率兵到东吴防守曹魏的前线东兴，依山夹谷修筑两城，并留下军队驻守。曹魏听说诸葛恪沿边界筑城，便于这年年底派大军七万，由将军胡遵及诸葛诞率领，前往攻打东兴。诸葛恪听说魏兵来攻，也自率军队四万前往支援。由于东吴的新城均依山修筑，魏军攻打不利。这时，诸葛恪的援军赶到，冲入魏营将魏军击败，并缴获大量军事物资。这次胜利使诸葛恪滋生了轻敌之心，也更坚定了他要北伐中原的决心。253年，诸葛恪率东吴二十万大军，不顾群臣的反对，北伐曹魏。东吴军队进军淮南，包围新城，准备等魏军主力到来后与之决战。曹魏派太尉司马孚也率兵二十万前来营救新城。但是，司马孚并没有立即与气势正旺的吴军作战，而是采取坚守的策略，与东吴军队对峙。东吴军队从4月到8月，久攻新城不下，士气开始滑落。这时正当盛夏，士兵们饮用了不干净的水，出现了大范围的腹泻现象，士气更加低落。司马孚听说东吴军队发生疫情，乘势进兵。诸葛恪只好率兵回撤，撤退途中，军队因疾病与极度疲惫遭受重大损失，很多士兵倒毙在撤退的路途之中。

这次北伐的失败，使诸葛恪的政治声望一落千丈，东吴国内怨声载道。这时，受命协助诸葛恪辅政的东吴宗室孙峻，假称幼主孙亮之命，诱诸葛恪入宫，在宴席中将他刺死。孙峻于是代诸葛恪辅政，并兼任丞相、大将军等职。东吴的大权，从此落入孙峻手中。孙峻无德无能，得势之后为了巩固自己的政治地位，对大臣滥施淫威，统治集团内部矛盾日益尖锐，东吴政权更加动荡。256年，孙峻死，从弟孙綝受命执政。在他执政期间，吕据、滕胤、孙宪与王惇等重要大臣都被他除掉。吴主孙亮不满孙綝擅权，两人之间的矛盾日益激化。258年，孙綝废掉孙亮，另立孙休为帝。同年，孙休杀孙綝，结束了五六年时间的辅政大臣之乱。

孙休统治期间，东吴政治微有起色。但至264年，孙休即因病而死，年仅30岁。这时，蜀汉刚被曹魏所灭，三国鼎立变成了吴、魏对峙。东吴北面与西面都面临着魏国的军事压力。临终受命的丞相濮阳兴与左将军张布等人都认为应该立年长者为君，这样才能维持东吴政权的稳定。于是他们没有立孙休的遗孤，而是立故太子孙和的儿子23岁的孙皓为帝。

孙皓是三国时期著名的暴君。他刚即位的时候，为了笼络民心，还曾推行过一些善政，但是不久其残暴荒淫的本性就日益暴露。濮阳兴与张布因此非常后悔，孙皓听说后，就将他二人杀掉。为巩固自己的统治地位，孙皓还将孙休的妻子与两个儿子也都处死了。孙皓嗜酒如命，经常在宫中大摆宴席，而且规定每人都必须喝到七升。酒量不行的，也要硬灌下去，"虽不悉入口，皆浇灌取尽"[1]。一些大臣，因不擅饮酒而遭到孙皓的厌恶。常侍王蕃饮酒之后，"沉醉顿伏"，孙皓认为他是装醉，即令"左右于殿中斩之"[2]。孙皓还极其好色，他的后宫，有宫妃近万人。他还不满足，仍派出宦官们到各州郡去选拔民女充实后宫。一些有钱人家为了保住自己的家人，只好花重金贿赂地方官员。没有钱的人家，只能听之任之。孙皓还下令，岁俸两千石以上大臣家的女子，必须在十五六岁的时候先由后宫检选，没被后宫选中的，才可以出嫁。孙皓极其残暴，好行杀戮。他发明了剥脸皮及凿眼睛等酷刑，对大臣滥施淫虐。侍中韦昭是东吴著名的学者，负责编撰东吴国史，因为没有为孙皓的父亲故太子孙和作纪，又不能饮酒，便被收捕入狱，后被杀害。他引水通过后宫，宫人有不如意而被杀的，尸体就

---

① 《三国志·吴志·韦昭传》。
② 《三国志·吴志·王蕃传》。

会被投入水中漂流出宫。在孙皓的残暴统治下,东吴国内的社会矛盾空前激化,东吴政权灭亡的命运已经无法挽回。

279年11月,晋武帝司马炎派大都督贾充率军队二十多万,分六路大举伐吴。其中一路由益州刺史王濬率领,从蜀地沿长江顺流而下。280年,晋军冲破吴军设置在长江峡口地带的防守,攻克东吴的西陵(今湖北宜昌),随后又攻克东吴西部重镇武昌。与此同时,晋军还攻克了东吴在湘江及沅水流域的各地州郡。至此,东吴首都建业的西大门被完全打开,自建业往西,已无险可守。东吴丞相张悌从建业出发率兵三万渡江迎战晋军,也被全部击溃,从此,长江下游的控制权也完全掌握在晋军手中。东吴军队军心涣散,一触即败。280年3月,孙皓出城投降,东吴灭亡。

第二章　西晋统一

第一节　西晋的政治与经济

265 年，司马炎代魏自立，建国号为晋，定国都于洛阳，历史上称之为西晋。司马炎是西晋王朝的第一位皇帝晋武帝。280 年，晋武帝派兵攻灭东吴，结束了近百年的军阀割据与三国鼎立的分裂局面，重新统一了中国。

一　西晋的政治体制

西晋王朝是通过篡夺曹魏政权建立起来的，它承袭了汉末及曹魏时期的绝大部分政治制度。

西晋的选官制度仍是沿袭曹魏以来的九品中正制，中央由吏部尚书、司徒等负责，地方则由各州郡国的大小中正负责。吏部如果要选举某人为官，就会咨询州郡的中正，对被推举人的才能、德行、家世及父祖所任官职做详细了解，然后才行官职任命。九品中正制的选官原则，理论上仍是主张重视被选举人的才能与德行，不能以家世代替才德。晋武帝曾下诏负责选举事务的山涛，指出要"用人唯才，不遗疏远卑贱"[①]。但事实上，由于各地负责选举的中正官们往往都出身世家大族，这些人当然都首先考虑他们自身的利益，因此这一选官制度推行的最终结果便造成了"上品无寒门，下品无势族"[②]的形势。门第高的，世代都可做大官；而门第低的，只能做中下级官吏。西晋时期的重要大臣，大多出身于世家大族。如大臣何曾的父亲是魏太仆何夔，羊祜为汉末大儒蔡邕的外孙，祖上世代为汉二千石一

---

① 《晋书·山涛传》。
② 《晋书·刘毅传》。

级的重要官员。杜预的祖父杜畿、父杜恕，都是曹魏时期的大官。贾充是魏大臣贾逵之子。王浑是魏司徒王昶之子。荀颉是魏太尉荀彧之子。因此，九品中正制从曹魏实行以来，到西晋时期终于导致了门阀政治的形成。

西晋王朝的最高官员称"八公"，即太宰、太傅、太保、太尉、司徒、司空、大司马、大将军。八公职尊，但并不掌握具体的朝廷事务，负责中央行政事务的是由尚书令及其副手尚书仆射领导的六曹，分别是吏部、三公、客、驾部、屯田、度支六个部门。六曹并不确定，时有变更。尚书令职掌朝廷政务及六曹的设置，是东汉时期权归台阁之体制变革的继承，对于隋唐时期三省六部制的形成产生巨大的影响。

西晋王朝的法律体制在继承汉代法律体制的基础上进一步充实。268年，贾充以汉的《九章律》为蓝本，又增设11篇，成《晋律》20篇，分别是刑名、法例、盗、贼、诈伪、请赇、告劾、捕、系讯、断狱、杂、户、擅兴、毁灭、卫宫、水火、厩、关市、违制、诸侯等，共620条。晋的刑名则有死、髡、赎、杂抵罪、罚金、徙边、禁锢、除名、夺爵等。晋的法律体制中，体现了维护统治阶级利益的精神，对于涉及亲、故、贤、能、功、贵、勤、宾等八种情况的，称作"八议"，可以减罪甚或免罪。

西晋在地方行政区划方面推行郡县与分封并行的体制。西晋统一后，将全国分成司、冀、兖、豫、荆、徐、青、扬、幽、平、并、雍、凉、秦、梁、益、宁、交、广等十九州。州下置郡，郡下设县，形成地方三级行政管理体制。州置刺史，郡设太守，大县置县令，小县设县长，分别为各级地方最高行政长官。

推行郡县制的同时，西晋在地方管理体制上还推行分封制度。西晋的分封制，与两汉及曹魏时期的封国制度不同。汉魏封建同姓诸侯王，都是虚封。诸侯王既无治民权，也无治军权。曹魏时期，即使是第一等的王国，也仅有百余名士卒，很难形成有实际意义的军事力量。此外，中央政府还在诸侯王国设置监察官员，对诸侯王进行监视。由于曹魏的诸侯王都没有实际的军事权力及政治权力，因此当中央出现司马氏集团擅权的现象后，这些同姓诸侯王也无法给予中央以实际的支持。这一历史"教训"对西晋初年的君臣来说，印象极为深刻。西晋名臣陆机曾作《五等论》，对于周代推行的分封制大加赞赏，认为这一制度能够达到"使万国相维，以成磐石之固；宗庶杂居，而定维城之业"①的统治效果。所以西晋立国之初，就开始

---

① 《全晋文》，卷九十九。

大规模地分封同姓诸侯王，并赋予他们很大的权力。西晋初年分封的诸侯王，大国有民二万户，置上中下三军共五千人。次国有民一万户，置上下两军共三千人。小国有民五千户，置一军共一千五百人。以后又进一步规定，大国增为四万户，不满万户的小国，也都增加到万户。一些大的诸侯王，规模还远超这一规定。如汝南王司马亮、秦王司马柬，都有食邑八万户。成都王司马颖，更有食邑达十万户。西晋时期，共分封同姓诸侯王五十七人，他们占有的食邑，多达百万户。这一数字，还不包括按照五等爵制分封的数百公、侯、伯、子、男所占有的食邑。而太康三年（282年）西晋王朝鼎盛时期所统计的全国户口数，也不过三百七十七万户。也就是说，至少三分之一的国家户口，变成了诸侯王的食邑。按照西晋分封体制的规定，诸侯王名下的这些户口，仍属国家所有，诸侯王没有实际的治民权。中央直接委派内史掌郡太守之职，来管理诸侯王的食邑。诸侯王食邑内的百姓，仍需向国家交纳户调与田租。因此西晋的分封制，对于中央行政权力的统一，没有造成实际的伤害。但是，诸侯王可以按户抽取国家调绢的三分之一与田租二斛。由于西晋分封规模庞大，数量众多，因此这一食邑租调制度的推行，对于国家的财政收入，造成了巨大的影响。此外，由于这些诸侯王都拥有一定数量的军队，因此对中央政权的稳定与国家的统一形成了巨大的隐患。晋武帝死后不久，宗亲王之间就爆发了所谓的"八王之乱"，正是推行这一落后的地方管理体制所导致的恶果。

三国鼎立时期，魏、蜀、吴三国都拥有大量的军事力量。西晋代魏之后，与东吴长期对峙，除中央有数十万军队之外，地方也有大量的州郡兵。州郡兵是西晋与东吴对峙的重要军事力量。晋武帝统一全国后，外部的军事压力解除。为减轻国家财政负担，发展社会经济，西晋政府开始大量裁减军队。其中，州郡兵成为裁撤的主要对象。当时，大郡只留下武吏百人，小郡只留武吏五十人，负责郡内社会治安。被裁撤的士兵，都按照西晋颁布的占田法，获得土地，成为国家的自耕农民。西晋初年大量裁撤军队，对于社会经济的发展起到一定的积极作用。但是，由于西晋王朝在裁撤州郡地方军队的同时，又规定分封在各地的诸侯王都拥有军队，这就使得诸侯王实际把握了西晋王朝地方的军事权力。此外，州郡军事力量过于薄弱，对于西晋王朝地方统治的安全产生了不利的影响。西晋末年，少数民族贵族趁王朝政治混乱，起兵反晋，因为西晋王朝的地方缺乏有效的军事镇压手段，所以这些叛乱很快就动摇了王朝在地方的统治，并导致西晋末年的巨大战乱。

二 占田制的推行与太康之治

占田制是西晋时期推行的一项重要的土地制度。

三国时期，曹魏在中原地区推行屯田体制。不论是民屯还是兵屯，土地一律归国家所有，屯田客或屯田兵只是土地上的劳作者。这是在战时为了保证生产顺利进行的一种体制，对安抚失去土地的农民，保障社会稳定也有积极的意义。与此同时，曹魏政权体制下也还有不少个体自耕农的存在。这些自耕农是土地的私有者，他们与两汉时期的自耕农一样，需要向国家交纳田租户调。对于屯田制下的人口，国家采取的是军事管理或半军事管理，他们的户籍由军事长官和典农校尉及都尉等管理。而自耕农则是国家的编户齐民，他们的户籍由地方郡县管理。由于身份不同，屯田客与自耕农所需承受的负担相差很大。一般说来，自耕农承担的田税税率是农业收成十分之一，而屯田客则需将收成的一半以上交给国家。所以在屯田制推行之初，就出现了屯田客不堪重负而逃亡的现象。不过，战时由于农民大量失去土地，因此虽然有如此重的负担，但对于大多数农民而言，要想有一块固定的土地进行生产，并过上较为稳定的生活，只有依附于国家、在国家土地上佃作这一条选择。三国晚期，各国之间的局势相对稳定，农民生活也相对稳定，失去土地的危险减少，因此，屯田体制开始出现维持不下去的局面。从264年开始，司马氏统治集团数次下诏罢撤屯田官，对屯田实行郡县体制进行管理。屯田校尉变成郡太守，而都尉们则成为县令或县长。原来归屯田校尉及都尉管理的屯田客，也都成为国家的编户齐民，不再承受在屯田体制下的那种沉重负担了。

280年，西晋平定东吴，便下诏在全国范围内实行占田制。占田制规定，各诸侯王公，可以在都城拥有一处住宅。同时，他们还可以在京城近郊拥有一块土地。大国的诸侯王，可以在首都近郊占田十五顷；次国的诸侯王，可以占田十顷；小国的诸侯王，则可以占田七顷。官员占田，以品级高低分成九等。一品官员占田五十顷，二品官四十五顷，三品官四十顷，四品官三十五顷，五品官三十顷，六品官二十五顷，七品官二十顷，八品官十五顷，九品官十顷。普通百姓的占田数则是男子一人占田七十亩，女子三十亩。其中丁男课田五十亩，次丁男课田二十五亩，丁女则课田二十亩。占田数是农民可占地的最高数额，一夫一妻共可占田百亩。课田在占田之内，为交纳农业税的田地，因此一夫一妻的个体家庭共有课田七十亩，即七十亩土地需要交纳土地税，其余三十亩则为栽种桑麻的土地，也要向国家提供绢帛之类的手工产品。①

在颁布占田课田制的同时，西晋政府又颁布了户调式，规定丁男之户，每年要向国家交纳绢三匹、绵三斤。如果是丁女之户或次丁男之户，则交纳丁男户调的一半。户调之外，农民还要为国家服兵役及各种劳役。根据西晋政府的规定，男女十六以上至六十为正丁，十三至十五岁及六十二至六十五岁力次丁。十二岁以下及六十六岁以上，不在国家课税及征调之列。

西晋政府推行占田制，除了因为屯田制不能适应和平时期组织农业生产的需要外，另一方面也是为了检括出大量隐匿的人口及无主的荒地，增加国家的农业收入。此外，占田制中对于贵族及官僚占田的规定，也有限制大土地所有制恶性发展的目的，以此来缓和社会矛盾。但是这种由统治者自己推行的限制自身利益的制度，很难有什么实际的收效。另外，国家虽然规定农民一夫一妻可占田百亩，但是在人口稠密的地区，这个数量往往就很难达到。

从总体上看，占田制的推行，有利于组织农业生产。相对于屯田制而言，占田制也能够提高农民从事农业生产的积极性。另外，占田制鼓励农民垦荒，大量因战争而抛荒的土地从而得以开垦和利用。晋武帝平灭东吴之后，在他统治的太康年间，社会稳定，社会经济取得较快发展，国家控制的人口及收入都增长迅速。太康元年（280 年），西晋有户口数 2,459,840，到太康三年，即增至 3,770,000。国家控制人口数量的增加，意味着中央财政收入的增加。这一时期，国内政治秩序稳定，老百姓安居乐业，很快就出现了社会繁荣的景象，史称"牛马被野，余粮栖亩，行旅草舍，外闾不闭，……于时有天下无穷人之谚"②。晋武帝太康年间所取得的这一社会繁荣景象，被称作"太康之治"。

三 大土地所有制及人身依附关系的发展

西晋统治时期，大土地所有制进一步发展。西晋政府除在占田数量上给予贵族官僚以巨大的优待之外，还规定他们可以根据品级拥有一定数量的菜田或厨田。如太宰、太傅及太保等诸公及地位相当于公的第一品官员，

---

① 韩国磐：《魏晋南北朝史纲》，第 129～130 页，北京：人民出版社，1983 年。

② （东晋）干宝：《晋纪·总论》。

可以拥有菜田十顷。品秩第二的，可以拥有菜田八顷，以下依次类推。西晋政府规定各级贵族及官僚可以按等级占田，虽然在一定意义上有限制大土地所有制的目的，但对占有大量土地的贵族与官僚而言，占田制的规定并不能起到控制他们占田数量的作用。相反，占田制以贵族官僚政治地位高低来决定占田数量多寡的原则，更是刺激了大贵族官僚进一步发展自己的大土地庄园。

这些大贵族官僚，利用手中的政治权力，大肆占有土地。他们有的采用非法手段强行掠夺农民的土地，有的还肆意侵占国家控制的土地，最后形成一个个规模庞大的地主庄园。大官僚王戎"广收八方园田水碓，周遍天下，积实聚钱，不知纪极"①。幽州刺史王浚"广占山泽，引水灌田，渍陷冢墓"②。山涛、司马睦、武陔及刘友等人，曾因侵占官有土地遭到弹劾，但大都不了了之。面对国有土地遭到大量侵吞这一严重状况，西晋政府的一些有识之士曾提出要予以限制，如太中大夫恬和曾主张要"制奴婢限数，及禁百姓卖田宅"③，但他的建议并没有引起最高统治者的足够重视。大土地所有制在西晋时期获得飞速的发展。

西晋时期，人身依附关系也进一步加强。西晋政府在规定各级官员及贵族可以根据品级占有土地的同时，还规定他们可以根据政治地位的高低，占有佃客及衣食客。第一及第二品官员，可以拥有佃客十五户，第三品十户，第四品七户，第五品五户，第六品三户，第七品二户，第八及第九品一户。六品以上官员，可以拥有衣食客三人，第七第八品二人，第九品一人。贵族官僚拥有菜田，同时也拥有一定数量的依附于菜田的劳作人口，如第一品官员拥有菜田十顷，就同时可以拥有"驺"十人。晋武帝赏赐大司马陈骞厨田十顷、厨园五十亩，同时赐予他厨士十人。除占有土地及为其劳作的依附人口外，贵族官僚们还可以荫其亲属，"多者及九族，少者三世。宗室、国宾、先贤之后及士人子孙亦如之"④。

西晋政府所规定的贵族官员可以拥有的人口数量，实际上远远不能满足他们大土地庄园的需要，所以他们想尽办法增加自己依附人口的数量。高阳王司马睦曾将其封国内违法逃亡的犯人七百多户全部变成自己的私属。

---

① 《晋书·王戎传》。
② 《晋书·王沈传附王浚传》。
③ 《晋书·李重传》。
④ 《晋书·食货志》。

由于西晋政府的劳役十分繁重，很多农民为了躲避劳役，自愿成为贵族豪民的依附人口。"小人惮役，多乐为之，贵势之门，动有百数。"①此外，掠买奴婢的情况也非常严重。匈奴人石勒，就曾被卖给茌平人师欢为奴。

西晋时期豪门势族拥有的依附人口，有不同的种类。一类是专为其耕作的佃客、衣食客、荫客等，一类是平时耕作、战时从军的部曲等私家武装，还有一类则是从事各种杂役的奴婢僮仆。西晋时期，贵族豪门拥有的依附人口，数量巨大，少则数百人，多则数千人。苟晞家中，有奴婢千人。王机入广州，带去奴、客及门生千余人。镇守太原的诸将，往往以匈奴人为田客，多者数千。西晋末年，张方攻入洛阳，一次就掠走官私奴婢达万余人。这些依附的人口，世代属于豪门大族。他们不是国家的编户齐民，因此不需要向国家提供田租与劳役，这对于西晋王朝的统治来讲，非常不利。晋武帝统治时期，曾下诏禁止势族私募宾客，但是收效甚微。这是因为西晋王朝的各级官员贵族，都是大土地庄园的拥有者，禁止他们招募宾客，就会严重损害他们的庄园经济，因而必然遭到他们的反对。例如，尚书郎李重就针对一些大臣主张限制宾客奴婢数量的建议指出："人之田宅，既无定限，则奴婢不宜编制其数。"②西晋时期，伴随着大土地所有制的迅猛发展，人身依附关系也获得进一步的加强。

第二节　少数民族的分布与迁徙

早在战国时期，居住在中原地区的华夏族与周边的少数民族就出现频繁的交往。秦汉时期，这种交往日益发展。东汉中期以来，随着中原王朝军事力量的下降，周边少数民族势力对于中原王朝政治的影响也日益扩大。他们与中原的汉族之间既有激烈的冲突，也有因为大量内迁而促成的相互融合。经过数百年的发展，到西晋时期，古代中国政治格局因此发生了巨大的变化。学习魏晋南北朝史，不了解周边少数民族的发展状况，就不可能对这一段历史发展的背景及动因有全面的认识。

① 《晋书·王恂传》。
② 《晋书·李重传》。

一 匈奴

秦王朝统一中国以前，匈奴族就居住在中原以北的蒙古高原上，他们逐水草而居，过着游牧的生活。秦汉统治时期，匈奴族一直是中原王朝北部最大的威胁。他们经常侵扰秦汉王朝的北部边疆，劫掠人口与财物。从西汉武帝时起，中原王朝在对匈奴族的战争中开始居于主动地位。匈奴族在与两汉王朝的数次重大战争中先后遭到沉重打击，势力开始减弱。东汉初期，蒙古高原发生重大旱灾，赤地千里、草木尽枯，给匈奴族的游牧业造成重大的损失。匈奴族内部开始分裂。一部分匈奴人向南依附了东汉王朝，称为南匈奴。另一部分匈奴人则开始向西方迁移，他们被称为北匈奴。公元一世纪末，北匈奴在遭到东汉王朝的军事打击之后，进一步西迁。经过两个多世纪的长途迁移，北匈奴人最后到达欧洲。他们带动的亚欧北部草原地带的民族大迁徙，对世界历史的发展产生了重大影响。

北匈奴远徙，南匈奴又向南依附于东汉王朝，蒙古高原辽阔的草原地带出现了巨大的空间。这时，鲜卑的势力逐渐壮大，他们向西迁徙，占据了原匈奴人居住的蒙古高原，并对已经南迁的南匈奴人构成威胁。他们曾进攻居住在五原的匈奴南单于。南匈奴在鲜卑的压迫下，只好进一步南迁，最后到达晋陕高原的北部，并在山西离石的左国城建立单于的庭帐。从此，南匈奴与汉族的关系更加密切。

东汉末年，黄巾起义爆发，东汉政府想调集匈奴人去镇压农民起义。大部分匈奴人不愿离家远征，就杀了与东汉政府合作的单于羌渠，另立须卜骨都侯为单于。羌渠子于扶罗求救于东汉政府，但此时东汉政权自顾不暇，没有能力干预匈奴族的内部事务。于是于扶罗率领跟随自己的匈奴人起兵，并与当地的农民军联系并合兵一处，纵横在东汉王朝的北部今山西、河北一带，兵锋所及，对黄河以南地区也构成了一定的威胁。

三国时期，匈奴族内迁至中原地区的有三万余落。曹操见匈奴族势力过于强大，对中原地区的统治稳定构成了威胁，便采取分化的措施来削弱他们的力量。曹操将这些内迁的匈奴族共分成五部，每部都设置一帅，以后又改为都尉。五部之间不相统属。其中左部都尉居故兹氏县（今山西临汾市南），统领匈奴人万余落。右部都尉居祁县（今山西祁县东南），统领匈奴六千余落。南部都尉居蒲子县（今山西隰县），统领匈奴三千余落。北部都尉居新兴县（今山西忻州），统领匈奴四千余落。中部都尉居大陵县（今山西文水东北），统领匈奴六千余落。经过曹操的这一分化，匈奴族的威胁大大减弱。同时，曹操还派汉人为司马去监督他们。三国时期，曹魏政权能对内迁的匈奴人采取有效的管理，匈奴人"服事供职，同于编户"①。

西晋统治期间，匈奴人进一步越过长城，大量南迁。这些内迁的匈奴人，当时共有十九种，有数十万人之多。他们仍保留着氏族社会的一些生活习惯，按部落居住一起。

二　乌桓

早期乌桓人主要居住在今内蒙古东部的老哈河流域，他们也被称作乌丸。匈奴全盛时，乌桓被匈奴击破，只好臣属于匈奴。两汉时期，在中原王朝与匈奴的战争中，乌桓站在汉族政权的一方。因此，在匈奴被击败之后，乌桓人获得汉王朝的同意，徙居上谷、渔阳、右北平、辽东、辽西等五郡。他们同时肩负着为汉朝侦察匈奴行动的责任。

乌桓人移居到汉王朝的北部边境之后，接受了汉族的先进文化，势力也逐渐壮大起来。他们开始掠夺与侵扰汉王朝的东北部边疆。东汉时期，匈奴人一部分南迁，一部分西迁，乌桓人趁机向西迁徙，逐渐占领了东汉王朝的北部边境一带。当时，从今天的辽宁向西，经河北、山西，一直到内蒙的包头地区，都是乌桓人的活动区域。

东汉灵帝时期，居住在王朝北部及东北部的乌桓人大体可以分成四部。其中上谷郡（今河北怀来东南）一带，住有乌桓九千余落，由难楼统治。辽西郡（今辽宁义县西）一带，有乌桓五千余落，由丘力居统治。辽东郡（今辽宁辽阳北）一带，有乌桓一千余落，由苏仆延统治。右北平郡（今辽宁凌源西南）一带，有乌桓八百余落，由乌延统治。四部乌桓一万六千余落，其人口则在二十万人以上。

四部乌桓中以辽西部势力最大，190年，辽西部首领丘力居死，从子蹋顿继立后，遂总领辽西、辽东及右北平三郡乌桓，势力进一步加强。此时正值中原军阀混战，蹋顿率领三郡乌桓不断侵扰中原北部地区。蹋顿曾破幽州，一次就掳去汉民达十万余户之多。袁绍为了与中原军阀争战，与乌桓结盟，借以巩固自己的后方。袁绍失败后，其子依乌桓势力继续与曹操对抗。207年，曹操率大军征讨乌桓，在柳城（今辽宁朝阳南）一战中大破乌

---

① 《三国志·魏志·梁习传》。

桓，临阵斩杀蹋顿。战后，一部分乌桓人北迁，后来被鲜卑人同化。另一部分乌桓人则被曹操迁入塞内，接受曹魏政权的管理。他们还参与了曹操与中原诸侯的争战，因为骁勇善战，而被称为"天下名骑"。

西晋统治期间，迁居塞内的乌桓人仍保持着聚族而居的生活形式，成为晋末政治舞台上一支重要的少数民族力量。

三 鲜卑

鲜卑人最早居住在蒙古高原东部的西拉木伦河流域以北一带。他们与乌桓人在生活习俗及文化方面十分相似，社会性质也大致相同。相对来说，乌桓人居住地偏南，而鲜卑人居住地则偏北。

匈奴人从蒙古高原迁走之后，鲜卑人与乌桓人一样，都趁机向西部迁徙。乌桓人因为住地偏南，所以他们主要占据了蒙古高原的南部与中原接壤的地区。鲜卑人因为住地偏北，所以他们主要向蒙古高原的腹地进军。鲜卑人进军蒙古高原之时，这一地区还剩有散居的匈奴余众十余万落。但这些匈奴人与新来的鲜卑人之间并没有发生激烈的冲突，而是主动加入鲜卑族，"皆自号鲜卑"①。这样，鲜卑的势力一下子就壮大起来。到东汉中后期，鲜卑人在漠北的势力，已经达到"东接辽水，西当西域"②的程度，而且与原来的匈奴人相比，军事力量的强大是有过之而无不及。

鲜卑人在向蒙古高原推进的时候，内部的组织机构与管理机构逐渐发展起来。一开始，鲜卑人分成好几个强大的部落，每个部落都推举本部落的最高军事首领——王。到公元150年左右，檀石槐被鲜卑各部落共推为最高军事首领，鲜卑势力开始团结并走向统一。檀石槐统治鲜卑期间，仿照匈奴旧制，将鲜卑也分成东、中、西三部。从右北平以东至辽东，东联夫余、涉貊，为鲜卑东部。从右北平向西至上谷郡一带，为鲜卑中部。从上谷往西至敦煌，西接乌孙，为鲜卑西部。每部各置一军事首领，三部首领最后则归檀石槐统制。檀石槐自己将政治中心设在高柳以北三百余里的弹汗山(今河北尚义大青山)附近。檀石槐统治时期，有控弦之士十万，军事力量极其强大。鲜卑人的势力"东西万二千余里，南北七千余里"③，所控制的

---

① 《后汉书·鲜卑传》。
② 《三国志·魏志·鲜卑传》注引王沈《魏书》。
③ 《三国志·魏志·鲜卑传》注引王沈《魏书》。

疆域，东接夫余、西连乌孙、南临东汉、北至丁零。

檀石槐统治时期，是鲜卑的全盛时期。檀石槐死后，鲜卑人的势力开始衰弱。到了首领轲比能统治时期，鲜卑势力又开始发展。这一时期，中原地区军阀争战激烈，不少汉人逃到塞外，鲜卑人开始大量接受汉族先进文化，学会了制造兵器和铠甲的方法。轲比能还率领鲜卑部众参与了中原地区的争战，他曾协助曹操征讨马超。从此，鲜卑势力逐渐南下。到三国时期，轲比能也拥有控弦之士十余万，势力从云中至五原，一直发展到辽水地区，成为塞北蒙古高原最重要的军事力量。

轲比能死后，鲜卑人进一步向中原地区迁徙。其中东部有慕容氏、宇文氏及段氏，他们主要向辽水流域迁移。中部主要有拓跋氏，他们向山西、河北一带拓展。西部有拓跋氏的支族秃发氏与乞伏氏则向陕甘地区发展。到西晋晚期，今辽宁西部、河北、山西、陕西、宁夏、甘肃及青海等地，都有鲜卑人的势力存在。他们在西晋灭亡后迅速走上中原地区的政治舞台，并扮演了极其重要的角色。

四　羌

羌族是中国历史上的古老民族之一，在商代的甲骨文中，就有关于羌人的记载。羌人最早居住在青藏高原的东端，今青海、甘肃一带，所以也称作西羌。羌人的势力后来逐渐扩大，发展到今天的四川及云南等地。羌族内部区分为一百五十多种。其中居住在川滇边境的牦牛种，称越巂羌；居住在四川西北部的白马种，称广汉羌；居住在甘肃南部武都地区的参狼种，称武都羌；居住在湟水、青海湖一带的研种，则称湟种羌。

两汉时期，羌人与中原王朝曾经发生过不少次战争。西汉将领赵充国、冯奉世曾先后率军击溃过入边侵扰的羌人。西汉末至东汉初，羌人开始向东部迁徙。隗嚣割据陇西的时候，曾调发羌人充军。东汉初，羌人已经遍布于现今的甘肃西南一带。东汉时期，王朝军队又数次击败羌人。为了防止羌人再度作乱，朝廷往往将击溃的羌人徙至内地。如马援击破先零羌后，将他们迁移到天水、陇西及扶风三郡。公元 58 年，东汉军队攻破烧当羌之后，将其中的七千余人迁到关中的三辅地区。公元 2 世纪初，东汉王朝再徙烧当羌六千余人于汉阳（今甘肃甘谷）、安定（今甘肃镇原）及陇西一带。

到东汉末年，羌人已经遍布关陇各地。这时，东汉王朝的军事力量日益下降，不能再有效地控制羌人，羌人为患的现象日趋严重，对东汉王朝的西部及西北部安全构成重大威胁。东汉王朝先后数次调集大军与羌人作战，虽然将羌患平定，但东汉王朝的国力也因此遭受重大损失。据《后汉书·西羌传》记载："羌叛十余年间，兵师连老不暂宁息。军旅之费，转运委输，用二百四十余万亿，府帑空竭，延及内郡。边民死者不可胜数。"

三国时期，居住在关陇地区的羌人也加入军阀混战之中。马腾、韩遂与曹操相拒，他们的部下，很多就是羌人。马腾的母亲就是羌人。诸葛亮数伐曹魏，都曾与关陇地区的羌人联络。羌人也因此大量进入汉族聚居地区。到西晋时期，关中的冯翊、北地、新平、安定等郡内，居住着大量的羌人，在当地的政治斗争中起着举足轻重的作用。

五　氐

氐人自称是盘瓠之后。盘瓠是南方少数民族神话传说中的一种神犬，因此氐人可能与南方以犬为图腾崇拜对象的少数民族有某种亲缘关系。氐人最早分布的地区，在今四川、甘肃及陕西等省的交界地带，与夷人及羌人混居在一起。西汉时期，氐族共分十几个部落，其中以白马氐的势力最为强大。

西汉武帝时期，倾力经营西域，汉王朝的势力因此进入氐人居住的地区。公元前 111 年，汉武帝置武都郡（今甘肃成县西），对氐人进行管理。由于氐人变成了西汉王朝的编户齐民，所以他们得以自由地向汉族聚居地迁徙。西汉时期，氐人由于不堪王朝的繁重赋役，曾发起多次反抗，但都遭到镇压。

自汉武帝设武都郡对氐人进行管理之后，氐人与汉人相互杂居，他们的生产、生活方式发生了巨大的变化，由原来擅长畜牧业而改变为以农业为主要的生产方式，此外还学会了纺织。氐人有自己的语言，但是因为与汉族杂居，所以也学会了汉语。他们的姓氏也与汉族很相似，都是单缀语。两汉以来，氐人的汉化程度越来越深。不过，在氐人聚居的地区，仍保留着较多的民族文化与风俗。氐人之间相互沟通，仍使用本族的语言。汉王朝对氐人的统治，也采取国家设置郡县与承认氐人自治的方式并行。王朝一方面派官吏向氐人征收赋役，另一方面也封授氐人贵族为王侯，由他们统领氐人。汉族人根据氐人喜欢的衣服颜色，分别称他们为青氐、白氐或蚺氐。

东汉末年，王朝中央失去了对于各地的控制能力，氐族的一些地方势力趁机获得发展。其中百顷氏王杨千万与兴国氏王阿贵，都各有部属万余家。213 年，曹操征马超，杨千万与阿贵联兵抗拒曹操，被击破。以后，曹操又分别击败武都郡诸氏，并将氏人五万余落迁徙至扶风、天水等地。三国时期，曹魏政权又数次将氏人迁至关陇一带。到西晋建立的时候，关陇的天水、南安、扶风、始平及京兆等郡，居住着大量的氏人。

六 巴

巴人从先秦时期开始，就一直居住在嘉陵江的上游地区。他们很早就出现在中国古代的政治舞台上。春秋时期，巴人的贵族首领也称姬姓，他们可能与西周王朝的姬姓统治集团有一定的亲缘关系。春秋以至战国，巴人经常与楚及蜀处于战争状态。秦惠王灭蜀后，又派兵攻打巴人，不久便将巴人也置于秦国的统治之下，并在巴、蜀地区设置了郡县。

楚汉相争时期，巴蜀为汉王刘邦的根据地。刘邦由汉中出兵，进攻三秦，巴人也随汉军一起出征作战，为刘邦平定三秦立下功劳。秦、汉王朝对于巴人都采取较为特殊的统治政策。西汉王朝规定，巴族的罗、朴、昝、鄂、度、夕及龚等七姓，不需要向朝廷交纳田租及服劳役，但每户每年要按人口数向朝廷交纳口赋四十文。巴人呼赋为"賨"，所以这种口赋被称作"賨钱"，巴人也因此被呼作"賨人"。巴人喜持板楯作战，善射白虎，所以也被称作板楯蛮或板楯七姓，并号白虎复夷。

两汉时期，巴人居住的地区，已经普遍设置郡县进行管理。巴人长期与汉人杂居，汉化程度很深，他们自己的语言也被汉语所取代。但是，巴人仍保留着聚族而居的生活习俗，在他们的聚居地，巴人与氏人一样，仍由他们自己的贵族王侯来统领。

东汉中后期，在与西羌人的战争中，汉政权屡次依靠巴人的力量才最后在战争中获胜。板楯七姓，因此获得了"神兵"的称号。但是，东汉政府并没有给予巴人任何政治及经济上的优待，反而加重对他们的盘剥，这激起了巴人的反抗。

东汉末年，张鲁在汉中传五斗米道，得到巴人的崇拜。很多巴人迁往汉中的杨车坂居住，因此被称作"杨车巴"。曹操将张鲁击败后，张鲁投奔巴人，依附于板楯七姓。张鲁后来投降了曹操，巴人也随其依附于曹操。曹操于是任命巴人贵族朴胡为巴中太守，杜濩为巴西太守，任约为巴郡太守，意图用巴人牵制蜀汉的刘备。曹操军队在汉中被刘备击败，只好放弃汉中，汉中的巴人随曹军一同撤退。曹操后来便将汉中的巴人全部迁移到陇右的略阳及天水郡。这一带本氐人居住的地区，氐人内迁至关中地区后留下了大量弃置的土地，正好为新迁至的巴人所利用。迁居到此地的巴人，也因此被称作"巴氐"。

西晋末年，一部分巴人趁流民四处迁徙的机会，返回老家巴蜀，另一部分则继续留在陇右地区。

七　民族矛盾的激化

从两汉时期开始，一直到西晋建国，大量少数民族内迁到中原地区。此外，还有不少居住在与中原王朝交界的边境一带。根据《晋书·文帝纪》的统计，仅魏末晋初之际，少数民族内迁人口总数就高达 870 万之多。这一数字未必准确，但在反映少数民族大量内迁的事实方面，还是有说服力的。当时的基本格局是，匈奴居山西西部及陕西北部；氐人及羌人主要居住在陕甘一带；乌桓居住在辽西及河北的北端；鲜卑族则遍布中原北端的草原地带，东起辽东，向西一直到达青海境内。中原王朝的统治区域内，以西北地区的郡县迁入的少数民族最多。

随着内迁少数民族人口的增加，他们的政治影响力也日渐扩大。东汉末年，中原王朝的军事力量大为削弱，不足以抵御一些少数民族的入侵，因此就采取了以戎制戎的方针，利用一部分内附的少数民族为王朝作战，如乌桓、匈奴、羌及氐、巴等就都曾被王朝征调从军。三国时期，中原的诸侯为了征战的需要，往往利用这些内迁的少数民族充实自己的军事力量，如袁绍就曾从三郡乌桓中挑选精锐骑兵，征战中原。曹操曾迁徙五万余落氐人至秦川，以防备蜀汉的进攻。诸葛亮曾与鲜卑首领轲比能联络，利用他们骚扰曹魏的北部边境。邓艾准备伐蜀，也曾招募数万鲜卑人来充实军队。由于汉末及魏晋时期的政府在军事方面十分倚重于少数民族力量，这就极大地提高了他们的政治影响力。

中原地区经过长期的战乱，大量人口死于战争，社会劳动力严重匮乏。因此王朝政府与世家大族，都倾向于招徕少数民族人口来弥补劳动力的不足。许多少数民族人口或者成为国家的编户齐民，或者成为世家大族的佃客。这样，少数民族在社会经济中所发挥的作用也越来越大。

随着少数民族的大量内迁，民族矛盾日益加深。少数民族人口受封建国家及世家大族的无情压榨与剥削，怨恨的情绪日趋激烈。匈奴人刘宣就曾说："晋为无道，奴隶御我。"①世家大族为了增加自己的劳动人口，往往掠夺少数民族人口为奴隶。西晋贵族东瀛公司马腾曾派将军郭阳与张隆掠取大量胡人，将他们贩卖为奴。在去冀州的路上，为防止胡人逃跑，便用一枷将两个胡人锁在一起，情状十分凄惨。匈奴人石勒，就是这样被司马腾卖给了茌平大地主师欢。所以当时有人说，少数民族的怨恨之气，已经"毒于骨髓"，在某些地区，胡汉之间的矛盾已经达到"户皆为仇"②的程度。

　　而汉魏以来内迁的少数民族，大多仍保留以往的部落群居方式。西晋时期，政府对于这些少数民族，也只是要求能交纳赋税，提供劳役，一般不干预他们的生活方式，因此并没有将他们完全转化为国家的编户齐民，或建立起其他有效的管理机制。这为西晋王朝的统治稳定埋下了巨大的隐患。当时的形势是，关中作为西晋统治中心的西大门，人口有百余万人，其中一半为内迁的少数民族。而西晋的首都洛阳，距离内迁匈奴族的中心平阳（今山西临汾），则仅三四天的骑兵路程。因此从魏末开始，到西晋时期，已经有不少有识之士敏锐地察觉到这一问题的严重性。魏末邓艾、西晋郭钦及江统等人，都纷纷提出了"徙戎"的建议，即主张将少数民族迁回他们原来居住的地方。江统曾作《徙戎论》，主张利用西晋统一天下之后比较有利的政治局势，对内迁的少数民族采取温和的手段，"廪其道路之粮，令足自致，各附本种，反其旧土"。③ 但是，这一主张并没有得到晋武帝的认同。

　　《徙戎论》之所以没有得以实施，除了晋武帝主观认识不足外，也是客观历史条件所致。从东汉末年起，中原地区经过百余年的战乱，人口大量死亡，社会劳动力严重不足。少数民族的大量内迁适应了中原地区社会经济恢复与发展的需要。不仅西晋王朝要依赖于这些少数民族人口提供的赋税与徭役，内地的大土地所有者，也普遍使用匈奴、氐、羌等各族人口为田客或奴婢，一旦将他们迁出，西晋王朝的社会经济恐怕就难以维持。另外，少数民族是西晋王朝的重要兵源之一，西晋分封的地方诸侯王，为了扩大自己的实力，也大量招募少数民族人口从军。他们自然也不愿将这些人迁出内地。所以魏末晋初兴起的"徙戎"，表面上看起来有先见之明，但实际上是无法实施的空想。事实上，这种割绝汉族与少数民族的做法，也

---

① 《晋书·刘元海载记》。
② 《晋书·江统传》。
③ 《晋书·江统传》。

是不利于中华民族进一步发展的历史需要的。

第三节　西晋灭亡

一　统治集团的腐朽

西晋是通过篡夺曹魏政权建立起来的一个王朝，由于缺乏一场巨大的社会运动从根本上荡涤旧政权内部存在的种种腐败，并解决存在已久且日益激化的社会矛盾，因此西晋王朝从建立之初，统治集团的腐朽就达到了十分惊人的地步。

作为西晋王朝的开国之君，晋武帝本人即缺乏开拓进取的精神。他在政治、经济方面所采取的各项措施，大多是继承曹魏政权行之已久的政策。他所实施的一些新的举措，其目的也仅是为了照顾世家大族的利益，并非从西晋王朝的长治久安出发。至于采取分封体制赋予诸侯王很大的军事权力，更是对王朝的统治造成巨大的隐患。由于晋武帝本人缺乏进取精神，所以西晋初年的王朝政坛很少有人愿为王朝的未来图谋，大家都沉迷于一时的安逸生活之中。晋武帝的大臣何曾描述西晋初年的王朝政治说："吾每宴见，未尝闻经国远图，唯说平生常事。"[1]君臣们谈论的，都是平常生活中的琐屑之事，这种开国气象，在中国古代的历代王朝中是相当少见的。

晋武帝在政治上不仅不进取，连最起码的公正也不能维护。他对臣下的不同意见，往往不分是非曲直，大和稀泥。大臣贾充反对征伐东吴，他却命贾充为征讨东吴的统帅。而贾充在晋军已经取得重大突破的关键时刻，仍然还想撤回军队，还要杀掉主战的将军张华。东路军统帅王浑胆小怯战，不敢渡江与东吴水军交战。将军王濬经过苦战，击败东吴水军主力，并率先攻入东吴首都。王浑不仅没有提出赞扬，反而派人责让王濬不受节度，擅受孙皓的投降，要将王濬锁进槛车问罪。平吴之后，晋武帝对贾充、王浑及张华、王濬等人都大行封赏，将各人的功过都用胜利一笔抹掉。

晋武帝的个人生活也十分荒淫。273 年，他为了扩充自己的后宫，特地下诏，上至公卿，下至普通百姓，一律禁止婚嫁，要等自己的后宫选拔结束后，民间才可从事正常的婚嫁活动。朝廷大臣如司徒李胤、镇军大将军

---

① 《晋书·何曾传》。

胡奋及廷尉诸葛冲等许多官僚世家的女儿，都被选入宫中。281年，西晋灭吴后，晋武帝又将孙皓后宫嫔妃五千多人，尽行纳入自己的后宫。这样，晋武帝后宫的人数，竟达到了近万人的规模。对于这么多的妃嫔，晋武帝也无所适从，因此就乘坐羊车，不做主张，羊将自己拉到哪个妃嫔的住所，他就在那里宴寝。一些妃嫔为了争宠，就利用羊的饮食爱好，"取竹叶插户，以盐汁洒地，而引帝车"①。

为了满足自己的私欲，晋武帝还通过卖官鬻爵来聚敛钱财。有一次，他问大臣刘毅，自己可以比作哪位汉代的皇帝。刘毅也不客气，说，可以比作东汉后期的桓帝和灵帝。桓帝与灵帝是东汉两位著名的昏君，晋武帝听了，很是不满地说，我虽然德行不及古代的圣王，但是统一了天下，怎么能比作这两位昏君呢？你这不是太过分了吧！刘毅说，桓帝与灵帝卖官鬻爵，所得的钱归国家所有；而您卖官鬻爵，所得的钱却进了自己的私囊，从这方面看，我觉得您还赶不上桓帝与灵帝呢！连皇帝都公然卖官鬻爵，可以想象西晋王朝的政治在建立伊始就已经败坏到什么样的程度。

上行下效，晋武帝如此腐败荒淫，西晋王朝的大臣们更是竞相奢侈淫逸。大臣何曾每日的饮食需要花费一万钱，但还经常感叹没有地方下筷子。他的儿子更加奢侈，每天仅饮食所费就需钱二万。晋武帝的女婿王济，饮食所用的器皿都由琉璃制成，侍女百余人，都穿着绫罗绸缎。武帝曾在王济家中宴饮，吃到一种蒸制的猪肉异常肥美，就问如何制成？王济告诉说，这种猪是由人乳喂养大的，因此口味不同寻常。最能反映西晋统治阶级腐烂生活的故事是王恺与石崇比富。王恺用麦芽糖洗锅，石崇就用蜡烛来做炊；王恺用紫丝布作步障四十里，石崇就用上等的锦缎作步障五十里。石崇与王恺，还都用十分名贵的椒与赤石脂来涂抹墙壁。王恺是晋武帝的宠臣，晋武帝暗中相助王恺，赐给他一棵高达三尺的珊瑚树。王恺高兴地拿出来让石崇观看，以为这下压住了石崇；可是石崇根本不在意，还用手中的铁如意一下将珊瑚树击碎。王恺既惋惜又生气，以为石崇嫉妒自己才将它击碎，便怒气冲冲地责问石崇。石崇说，用不着这样生气，我现在就还给你珊瑚树，于是命令手下取来各色各样的珊瑚树，其中有"三尺、四尺，条干绝世，光彩溢目者六七枚"②，与王恺被击碎的珊瑚树差不多大小的更是比比皆是。

---

① 《晋书·胡贵嫔传》。
② 《世说新语·汰侈》。

为了满足腐朽生活的需要，西晋王朝的大大小小统治者们，都想尽一切办法聚敛财产。竹林七贤之一的王戎，后来做到西晋的宰相，位极人臣，他"广收八方园田，水碓周遍天下，积财聚钱，不知纪极"，仍然不知足，还常常在家中"自执牙筹，昼夜计算"①，生怕自己的钱不够用。他家种植的李树，品种优良，为防别人得到自家李树的种子，王戎在卖李子之前，要将每个李子的果核都用铁钻钻破。而大多数西晋王朝的官员，更是依靠非法手段积聚大量不义之财。如石崇做荆州刺史时，就在当地抢劫"远使商客"②，由此积累钱财巨万。西晋的统治阶层，都将钱财视作至高无上的追求目标，社会风气极度败坏。王衍的妻子郭氏，命人用钱将自己的床围住，这样才能睡得安稳。黄门侍郎和峤视钱如命，被时人呼作"钱癖"③。南阳人鲁褒因此作《钱神论》，描写当时的官僚阶层拜金如命，视钱如神，"钱之所佑，吉无不利，何必读书，然后富贵"！又刻画钱的作用，是"危可使安，死可使活，贵可使贱，生可使杀"，因此"洛中朱衣，当涂之士"，这些官僚士人，莫不将钱"视为神物"。鲁褒最后总结说："凡今之人，唯钱而已。"④《钱神论》是西晋统治阶层腐朽衰败风气的生动写照。

西晋的统治阶层不仅生活腐朽，而且十分残暴，对待被统治阶级，视生命如草菅。王恺请人宴饮，席间有女伎吹笛，偶尔忘记了曲调，王恺听到后，立命人在庭外阶下将她活活打死。听到女伎的凄惨呼号，王恺居然仍能做到"颜色不变"⑤。石崇请客人饮酒作乐，喜欢叫漂亮的婢女劝酒，客人如果饮酒不尽，他就会将劝酒的婢女杀死。一次，王导与王敦同去石崇家饮酒。王导虽然酒量有限，也不得不勉强饮尽，结果喝得大醉；而王敦则坚决不饮，石崇已杀三位婢女，王敦仍然颜色如故，不为所动。王导看不过去，就暗地里埋怨王敦，王敦居然说："自杀伊家人，何预卿事！"⑥

西晋统治集团的腐朽与残暴，使王朝内部的社会矛盾变得空前尖锐。西晋统一天下之后所取得的经济繁荣与社会稳定，很快就被严重的社会政治动荡所取代。

---

① 《晋书·王戎传》。
② 《晋书·石苞传子崇附传》。
③ 《晋书·和峤传》。
④ 《晋书·鲁褒传》。
⑤ 《世说新语·汰侈》。
⑥ 《世说新语·汰侈》。

二　贾后干政与八王之乱

290 年，晋武帝司马炎病死。他的儿子司马衷继立，是为晋惠帝。晋惠帝是个白痴。他曾在华林园中听到蛤蟆叫，就问身边的人蛤蟆叫是为官还是为私？身旁的人无奈，只好敷衍他说，在官地叫的就是为官，在私地叫的就是为私。西晋王朝发生灾荒，老百姓大量饿死，他竟然说，既然没有粮食吃，为什么不去吃肉糜？晋武帝知道他无知，就打算废掉他，另立自己的弟弟司马攸为继承人。司马攸本是司马昭的次子，是晋武帝司马炎的弟弟。因为司马师没有儿子，就将司马攸过继给司马师为子。司马昭继司马师掌权，认为自己的天下是以兄长司马师那里继承来的，所以对司马攸非常宠爱。司马昭临死时，嘱咐司马炎与司马攸两人要相互友爱。是以司马炎称帝后，即封司马攸为齐王。司马攸很有才能，在西晋王朝的大臣中有一定的声望。当时国家统一未久，政治还不稳定，大臣们都知道太子司马衷"不慧"，而晋武帝的其他儿子又都很年幼，因此大臣们都希望司马攸能够继承皇位。晋武帝想废掉太子司马衷，但是遭到司马衷的母亲杨皇后的反对，她搬出了"立嫡以长不以贤"的古训，晋武帝也就不好坚持己意。另外，武帝宠信的大臣荀勖等人，都党附于太子衷。他们担心太子衷被废后自己的政治利益受到损害，也就竭力阻止晋武帝废掉太子衷另立司马攸。不仅如此，他们还借口为防止司马攸生出异心，因此主张晋武帝命令司马攸回到自己的封地去。司马攸也就在这种政治排挤中抑郁而死。

晋惠帝没有治理国家的能力，但他的皇后贾南风却极有政治手腕。贾后是西晋开国功臣贾充之女。晋武帝为太子司马衷选妃时，曾听说贾充之女贾南风长得不好看，而且还心胸狭窄，就想聘另一大臣卫瓘之女为太子妃。贾充夫妻二人就游说杨皇后及朝廷大臣，说贾南风虽然不好看，但是很有才能，并且十分贤惠。最终，晋武帝还是聘贾南风为太子妃。司马衷弱智，与贾南风成婚以后，自然一切都听从贾南风的安排。

晋惠帝继位之初，太后杨氏的父亲杨骏以太尉都督中外诸军事、侍中、录尚书事，统揽朝政。这引起了晋宗室及很有政治野心的贾皇后的不满。291 年，贾后与掌握禁军的晋宗室楚王司马玮及东安公司马繇等人合谋，杀掉了太尉杨骏以及他的两个弟弟杨珧及杨济，并将依附于杨氏的党羽一网打尽，被处死者竟有数千人。太后杨氏也被废掉，并囚禁起来，次年即饿死。政变之后，西晋朝廷共推汝南王司马亮（司马懿第四子）为太宰，元老大臣卫瓘为太保，共同辅政。因此贾后还不能完全控制朝政。这时，楚王司马玮因杀杨骏有功，又掌握着禁军，不服管制，还擅立威刑，骄横跋扈。司马亮与卫瓘怕他有异心，就共同谋划将晋的宗室王都遣归封国，以此夺司马玮的兵权。司马玮知道后，就向贾后反诬司马亮与卫瓘欲私行废立，将对惠帝的政治地位构成重大威胁。惠帝为太子时，卫瓘曾劝武帝废掉太子，另立贤能的继承人，贾后对此一直耿耿于怀，听了司马玮的诬告后，即让惠帝下诏杀掉司马亮与卫瓘。杀掉司马亮与卫瓘，贾后又担心司马玮一人独掌重权，于是就对朝廷大臣称司马玮篡改惠帝诏书，擅杀朝廷重臣，将司马玮也处死掉了。这样，西晋王朝的大权便完全落在贾后的手中。

贾后统揽大权后，除主要依靠自己的亲属如族兄贾模、内侄贾谧、母舅郭彰等人外，还任命了一些有才能而又不对自己构成威胁的人执掌机要。如庶族出身的大名士张华，"儒雅有筹略，进无逼上之嫌，退为众望所依"①，因而被任命为侍中、中书监。此外，裴颜被任命为尚书仆射、侍中，裴楷被任命为中书令，王戎被任命为司徒。这四人都有不错的政治经验，他们与贾模一起，同心辅政，共管王朝机要。从291年到299年，西晋王朝的政治没有发生重大的动荡；与此同时，贾后的内侄贾谧，虽然依仗贾后势力骄纵不法，但是却酷爱文学，当时的一些名士如欧阳建、潘岳、左思、陆机、陆云、挚虞等人，都与贾谧有密切的往来，被当时人称作"二十四友"，他们经常在一起谈文论道，成为一时盛事。不过，表面的社会稳定与粉饰太平是不足以彻底改变西晋王朝岌岌可危的政治局势的，短暂的风平浪静之中，是更大的政治危机在迅速酝酿。

晋惠帝只有一个儿子，名叫司马遹，是他的后宫谢氏所生，贾后无子。所以惠帝继位后，便立这位独生子为太子。太子与贾谧有深刻的矛盾，贾氏亲族很害怕一旦太子继位，将对他们的利益构成巨大的危害。于是他们力劝贾后废掉太子遹，"更立慈顺者以自防卫"②。这样，贾后便于299年诬陷司马遹要杀害惠帝与她自己，将司马遹废为庶人，并囚禁在金墉城，第二年便将他处死。太子蒙冤而死，引起了朝臣的极大不满。禁军统帅赵王司马伦本是依靠贾后才得以执掌朝廷重权的，被人目为贾氏之党。这时却利用朝中的不满情绪，与梁王司马肜合谋举兵废杀贾后。贾后统治时期执掌机要的大臣张华、裴颜等都被杀害。贾谧及其党羽也都被尽行诛灭。之

---

① 《晋书·张华传》。
② 《晋书·愍怀太子传》。

后，赵王司马伦自封为相国，都督中外诸军事，控制了西晋王朝的大权。赵王伦是个政治野心家，并不满足已经获得的权力。301 年，他废掉晋惠帝，干脆自立为西晋皇帝。

赵王司马伦自立为帝的行为，引起了其他晋宗亲王的不满。镇守许昌的齐王司马冏首先起兵，他联系成都王司马颖及河间王司马颙一起进军晋都洛阳。司马颙一开始还想助司马伦，当他率兵到达华阴时，见司马冏与司马颖兵势浩大，便转而助司马冏。司马冏与司马颖率兵攻入洛阳，杀掉了司马伦，并帮助惠帝恢复了帝位。齐王司马冏于是以大司马都督中外诸军事之职，掌握了西晋王朝的大权。

齐王司马冏沉迷于酒色，西晋王朝的统治更加腐朽。与此同时，西晋王朝宗亲贵族之间的矛盾也愈演愈烈。司马冏为了独掌西晋大权，立惠帝弟清河王司马遐之子、年仅 8 岁的司马覃为皇太子，使原来有可能成为皇太弟的司马颖及司马乂等人都失去了继承的机会。302 年，河间王司马颙联合长沙王司马乂，起兵攻打司马冏。司马乂当时任西晋王朝的骠骑将军，将军府就设在洛阳。因此司马乂与司马冏之间首先展开了激烈的战斗。不久，司马乂获胜，杀司马冏。惠帝因而命司马乂为太尉，都督中外诸军事，西晋政权又落在司马乂的手中。河间王司马颙本来以为司马冏的势力强于司马乂，司马乂与司马冏战，必然落败被杀，这样，司马颙自己就可以借机兴兵讨伐，灭司马冏之后，再废惠帝，而立成都王司马颖为帝，自己则做宰相，统揽朝政。不想司马乂取得了胜利，而且获得了王朝大权，自己的计划落了空。在这种情形下，司马颙只好撕破脸皮，与成都王司马颖联合，攻打司马乂。从 303 年 8 月到 10 月，司马颙与司马颖合兵与司马乂激战数月。司马颙与司马颖数次被司马乂击败，损失了六七万人，只好准备撤军。这时，东海王司马越与禁军将领朱默等秘密联合，用计将司马乂擒住，并将他送给司马颖的部将张方，张方将司马乂杀死。

司马乂死后，司马颖以皇太弟的身份任宰相，都督中外诸军事。但他并没有去西晋王朝的首都洛阳，而是仍住在自己的老家邺，遥控指挥朝政。河间王司马颙任王朝太宰，他也仍住在自己的根据地长安。东海王司马越杀死了司马乂，却没有得到什么实际的权力，但他住在洛阳，于是他假称惠帝的旨意攻打司马颖，并且强迫惠帝随军从征。司马越与司马颖战于荡阴，被打得大败，连惠帝也被司马颖俘虏到邺。司马越只好逃到自己的东海封国。司马颙的部将张方，乘洛阳空虚，攻占了洛阳。随后，安北将军王浚与司马越的弟弟东瀛公司马腾，联合进攻司马颖的邺城。司马颖战败，只好挟持惠帝逃到洛阳。张方又逼迫惠帝与司马颖一起退往司马颙占据的长安。司马颙控制了晋惠帝，自任为都督中外诸军事。

305年，东海王司马越又起兵攻打河间王司马颙。这时，邺城的守将、原司马颖的部下汲桑及公师藩等乘虚起兵，司马颙只好命司马颖再镇邺城。司马颖走到半道，就被捕送到邺，随后即被部将缢杀。306年，司马越大败司马颙，并攻入长安。司马颙逃往太白山。司马越拥惠帝重回洛阳，并召司马颙入朝为司空，但在途中即将他处死。司马越自任为太傅，并录尚书事，总揽了西晋王朝的大权。不久，司马越毒死惠帝，立晋武帝司马炎的第二十五子、惠帝的弟弟豫章王司马炽为帝，是为晋怀帝。西晋宗室内部的厮杀，至此才算结束。从291年贾后杀杨骏开始，至306年惠帝重回洛阳，前后共历16年的战乱与社会动荡，这就是历史上所称的西晋末年的"八王之乱"。八王之乱中的八王，分别是汝南王司马亮、楚王司马玮、齐王司马冏、赵王司马伦、成都王司马颖、河间王司马颙、长沙王司马乂及东海王司马越。事实上，卷入这场旷日持久战乱的，远不只这八个宗亲王。西晋末年的宗室混战，加速了王朝灭亡的步伐。唐初编定《晋书》，将此八王合为一传，指出："西晋之政乱朝危，虽由时主，然而煽其风、速其祸者，咎在八王。"所论是很有见地的。

八王之乱的原因，首先在于惠帝的暗弱与无能，导致外戚集团势力的膨胀，并直接诱发了晋宗室内部对于最高权力的普遍觊觎。而混乱之所以持续这么长的时间，则在于西晋王朝所推行的分封体制，赋予地方诸侯王以较多的政治及军事权力。更重要的是，西晋王朝往往任命诸侯王为地方重镇的都督，从而使他们把握了重大的兵权及地方行政权。如汝南王司马亮都督许昌，楚王司马玮都督荆州，赵王司马伦与河间王司马颙先后坐镇关中，等等。这些出镇的诸王，都既握有重兵，又同时掌握地方行政权力，最后导致对地方的割据，并演化成相互之间的混战。

八王之乱，对当时的社会稳定造成了巨大的破坏。一方面，人民大量死亡，如赵王司马伦起兵仅六十日，因战争而被杀害的民众即多达十万；另一方面，是社会经济遭受巨大的破坏。例如，河间王司马颙部将张方与长沙王司马乂激战，张方决开堤坝阻击司马颙，结果导致河流干涸。司马越与司马颖、司马颙争夺洛阳与长安，对这两个两汉以来的社会经济中心都造成了巨大的破坏。八王之乱，还促使西晋王朝的统治迅速走向崩溃。从东汉末年以来，内迁的少数民族势力迅速发展，一旦西晋政权丧失了对他们的控制能力，这些少数民族势力很快就发展成为颠覆中原政权的巨大力量。

三　流民起义

西晋王朝的腐朽统治导致了深刻的社会矛盾，八王之乱更加重了这一社会危机。西晋末年，大量百姓无法维持生计，只好离乡背井、四处流浪。流民问题是西晋王朝末年最大的社会问题，最后演化成波及全国的流民起义。

西晋末年，各地都有巨大的流民群。例如，颍川、襄城、汝南、南阳及河南等地，有数万家来自于河东、平阳、弘农及上党的流民。荆、湘地区，则有来自巴蜀的流民四五万家。氐族齐万年起兵反晋，使关中地区出现大饥荒，于是导致十余万口流民进入汉川地区。略阳、天水等六郡百姓，因为土地连年干旱，大量流入蜀地。由于战乱的原因，并州老百姓二万余户流入青、冀等州。这些大规模的流民群来到异地，对当地老百姓的社会造成巨大的影响，引起当地人对外来流民的排斥。因此，流民常与当地百姓发生冲突。例如，巴蜀流民到达荆襄后，就因为受到当地人的侵犯，而"并怀怨恨"[①]；河东流民到达河南后，也为当地人所"不礼"[②]，怨气很大。当流民与原住民发生纠纷时，当地政府一般都尽力维护原住民的利益，对流民采取压制的态度，甚至于狂捕滥杀，使得流民问题及其所引发的社会矛盾更加尖锐，最终导致流民不得不揭竿而起，以武装的形式群起反抗。

西晋末年的流民起义，规模浩大的分别有李特起义、张昌起义、王如起义、杜弢起义及李洪起义等。

李特本是賨人，先世居于巴西宕渠（四川渠县东北），后因信奉张鲁在汉中所传的五斗米道而移居汉中。曹操定汉中，李特的祖父北迁到略阳。此处原为氐人所居，所以这些后迁入的賨人，也被人称作巴氐。

晋惠帝末年，略阳、天水等郡的老百姓，因为连年灾荒及战乱，不得不流入汉中就食，并从汉中再进入蜀地。李特、李流兄弟也在这一流民群中。当时的益州刺史为赵廞，见晋末大乱，便想割据益州。李特等人因为勇武有力，都被他收为部下。赵廞拒绝了朝廷调遣他入京任大长秋的命令，

①　《晋书·杜弢传》。
②　《晋书·王弥传》。

并击败了西晋派来的刺史耿滕，将他杀死。随后，赵廞感觉李特等人势力太大，害怕威胁到自己的利益，就杀死了李特的弟弟李庠等人。李特于是率兵攻打赵廞，并夺下成都。赵廞在逃跑的途中也为部下所杀。

赵廞死后，西晋政府另派罗尚为益州刺史。302 年，罗尚到任后，不仅不安抚流离失所并群情激昂的流民群众，反而限定时间，要求这些流民必须在七月前离开蜀地，返回故里。这些入蜀的流民，大多为当地人佣耕，七月尚未到秋收，因此都无法积蓄足够的回乡之资，遂"人人愁怨"①。李特兄弟向罗尚请求等到秋收之后再遣返流民，却被罗尚拒绝。在这种形势下，流民遂都聚集在李特周围，公推他为镇北大将军，李特的弟弟李流为镇东将军，反抗罗尚的命令。这时，他们还未公开反对晋王朝的统治，所以仍是"承制封拜"②，即仍以晋王朝的皇帝为最高统治者。

李特起兵后，首先击败了广汉太守辛冉，随后攻打成都，并进而自称持节大都督镇北大将军。李特与蜀人约法三章，同时"施舍振贷，礼贤拔滞"③，他所率领的流民军队纪律严明，因而也受到蜀地原住民的欢迎。303年，李特攻入成都小城，罗尚仍据守着成都大城。这时，李特产生骄傲情绪，于是将军队遣散到各地的村堡，对罗尚不加防备。虽有李流、李雄等人的不断劝谏，但都没有发挥作用。罗尚趁机率兵偷袭李特，这时晋王朝的援军也到达，在两军的合击下，李特战败被杀。李特死后，其弟李流继续统领流民与西晋王朝军队作战。不久，李流病死，李特子李雄继立。

李雄于 304 年最终攻下成都。之后李雄自称为王，国号大成，年号建兴。306 年，李雄进一步称帝，改元晏平。至此，李特、李雄领导的流民起义转化为西晋末年的一个地方割据政权。

李雄称帝后，推行了一系列缓和社会矛盾的政治措施，使蜀地得以在西晋末年的战乱中仍保持了相对的社会稳定。史载李雄统治下的蜀地，"事少役稀，民多富实。乃至闾门不闭，路无拾遗，狱无滞囚，刑不滥及"④。

李雄死后，李氏家族陷入争夺最高权力的冲突之中。首先是李雄之兄李荡之子李班继位，不久李雄子李期杀李班自立。后李特弟李骧之子李寿又杀李期自立，并改国号为汉，史称成汉。李寿死后，子李势继立。347

---

① 《晋书·李特载记》。
② 《晋书·李特载记》。
③ 《晋书·李特载记》。
④ 《华阳国志》，卷八。

年，李势投降东晋桓温，成汉最终亡于东晋。

张昌是义阳蛮人。李特领导蜀地流民起义时，他在荆州一带已经开始暗中聚集流民，准备起义。西晋政府为了镇压李特的流民起义，下令征调军队入蜀作战。老百姓不愿从征，纷纷逃亡。303 年，江夏地区因为年丰，引来大量流民前来就食，张昌于是趁机发动起义。流民及避戍役的老百姓，多往从之。江夏太守弓钦派兵前往镇压，被张昌击败。张昌趁势追击，一举攻克江夏郡。江夏一直是军事重镇，张昌攻克江夏后，获得大批军事物资，势力大增。张昌推山都县吏丘沈为天子，改名为刘尼，假称汉室后裔。张昌则改名为李辰，任相国。之后，张昌以江夏为根据地，攻取了宛、襄阳、长沙、武陵等郡，并委派官员到各地去统治，声势大振。但是，这支流民起义军军纪不肃，逐渐失去了老百姓的支持。此时，西晋政府派出镇南将军都督荆州诸军事兼荆州刺史刘弘、威远将军兼豫州刺史刘乔进攻张昌。刘弘派南蛮长史陶侃、参军蒯桓率军进攻张昌据守的竟陵。张昌战败逃走，并于第二年被捕杀。这支流民起义很快就失败了。

王如是京兆新丰人，后来因关中动乱而迁移至宛地。西晋晚年，王朝鉴于流民造成巨大的社会危机，因此下诏要求流民都归还故乡。但是流民往往因为故乡残破而不愿返回，于是政府就派军队强迫将他们遣返，这引起流民对政府的怨恨。310 年，征南将军山简、南中郎将杜蕤等人派兵押送宛地的流民回归关中。王如就联合此地的流民，趁夜偷袭了负责押送的军队。在他的号召下，宛地的关中流民纷纷响应，起义军很快就发展至四五万人。王如遂自号大将军，并兼司州及雍州州牧。随后，王如率军南攻襄阳。襄阳为西晋王朝军事重镇，征南将军山简在此据守。起义军攻城不利，粮食又发生短缺。这时，起义军内部矛盾加剧，开始相互攻击，很快就溃不成军。312 年，王如投降王敦，后为王敦所杀。

杜弢本蜀郡成都人，其祖父与父亲都曾在晋王朝为官。杜弢自己也曾在当时被举为秀才。西晋末年，李特与李流兄弟的流民起义使蜀地出现大乱，大量蜀地原居民因而出逃荆湘。杜弢也在这个流民潮中流徙到了南平，并一度担任过醴陵县令。当时荆、湘一带来自巴蜀的流民多达数万家，他们受到原住民的欺压，怨恨很大。311 年，蜀中流民李骧等人在乐乡起兵，荆州刺史王澄派兵前往征讨。李骧等人遭围困后向王澄投降。王澄假意受降，但却趁机偷袭，将八千余名降者投入江中淹死，并将他们的妻子作为赏赐品封赏给有功的将士。这引起巴蜀流民的强烈愤恨。这时，巴蜀流民杜畴、蹇抚等人又起兵，荆、湘官员对巴蜀流民的戒心也日益加深。湘州参军冯素与同僚汝班有私怨，汝班是蜀人。冯素就向湘州刺史荀眺造谣，说巴蜀流民都要造反。荀眺听信冯素谣言，想杀尽当时流落在巴蜀的流民。巴蜀流民听说此信后，群情恐慌，又十分愤怒，"四、五万家，一时俱反"①。因为杜弢在流民中素有威望，所以推弢为首领。杜弢于是自称梁、益二州州牧及湘州刺史，派兵攻克了长沙，并俘获了刺史荀眺。随后，杜弢先后击败广州刺史、荆州刺史派来镇压的军队，并进一步占领零陵及武昌，声势浩大。

西晋政府派荆州刺史陶侃前往镇压。陶侃原为南蛮长史，因镇压张昌流民起义而获升迁。他素有机谋与武略，与杜弢交战数十次，使杜弢的军事力量遭受巨大损失。杜弢向晋请降，遭到拒绝，只好写信给晋南平太守应詹，说明流民造反实属不得已。杜弢还表示，如果西晋政府答应请降，他愿意率部征讨巴蜀李雄，为西晋王朝建功立业。应詹将杜弢的信转给琅琊王司马睿，司马睿派属下王运前往受降，并任命杜弢为巴东监军。然而陶侃等人，并不理会司马睿的受降，继续率军攻打杜弢。杜弢一怒之下，杀死前来受降的王运，并集中军队与陶侃决战。不久，陶侃攻下杜弢的根据地湘州，杜弢出走，病死途中，起义遂告失败。

除在流民比较集中的蜀、汉、荆、襄一带爆发了大规模的起义外，青、冀、兖、豫地区也有流民起义。如王弥在青、徐、兖的起义，势力很大，一度向西攻打到襄城、汝阳及南阳等地，对西晋王朝的统治核心造成巨大的震撼。王弥后来想联系刘渊与石勒，被石勒所杀，起义军也随而溃散。

西晋末年各地的流民起义，除巴蜀的李特与李雄建立并巩固了政权外，其余的起义都没有坚持很长的时间即告失败。但是，这些流民起义极大地动摇了西晋王朝的统治基础，西晋王朝的统治，已处于风雨飘摇之中。

四　西晋灭亡

统治阶层的极度腐朽与无能，宗亲王之间的长期混战，以及爆发于各地的流民起义，使西晋王朝基本失去了控制国家的能力，这给予一些少数民族政治野心家以可乘之机。与此同时，社会矛盾的全面激化也使汉族与内迁各少数民族的矛盾日益加深。

早在晋武帝统治时期，鲜卑人秃发树机能、匈奴人刘猛就曾举兵反晋。

① 《资治通鉴》，卷八十七。

降至惠帝时期，又有匈奴人郝散、郝度元及氐人齐万年的起兵。这些军事活动虽然没有对西晋王朝的统治构成巨大威胁，但是消耗了王朝巨大的人力与物力。秃发树机能的起兵，西晋王朝前后历十年才最终平定。齐万年的起兵，前后也有四年之久。在镇压这些少数民族起兵的过程中，西晋王朝统治集团内部的腐朽与黑暗也暴露无遗。

八王之乱严重动摇了西晋王朝的统治基础，一些少数民族首领看到西晋王朝的统治极其腐朽与无能，就想趁机实现自己的政治野心。匈奴左贤王刘宣就说："今司马氏骨肉相残，四海鼎沸，兴邦复兴，此其时矣。"[1]与此同时，他们还利用少数民族对汉民族统治集团的痛恨，很快就在自己周围凝聚起巨大的军事力量。其中，以匈奴贵族刘渊的力量最为强大。

刘渊，字元海，是南匈奴单于於扶罗的孙子，其父为南匈奴左贤王刘豹。曹操分匈奴为五部，刘豹为左部帅。刘豹死后，刘渊继为左部帅。晋惠帝初年，杨骏执政时，刘渊升任五部大都督。八王之乱爆发，刘渊利用晋宗室之间的矛盾，在东瀛公司马腾与安北将军王浚合兵进攻成都王司马颖的时候，他以助司马颖抗击司马腾与王浚为借口，集中匈奴五部约五万之众，回到匈奴人在北部的根据地左国城，摆脱了晋王朝的控制。304年，刘渊在左国城自称大单于。东瀛公司马腾率军攻打刘渊，被击败，只好率并州二万余户人口南走山东，这使刘渊获得了巨大的发展空间。

刘渊势力的发展，吸引了其他少数民族军事力量的加入。鲜卑人陆逐延、氐帅大单于征等人都纷纷率兵归降，这使得刘渊的军事力量更加壮大。其中，羯人石勒的加入，更是极大地增强了刘渊的实力。石勒曾被东瀛公司马腾执卖给茌平人师欢为奴，后来以十八骑起兵，以后投魏郡牧帅汲桑。石勒之名，就是汲桑替他取的。不久，汲桑与石勒攻杀司马腾。在汲桑为晋军所杀后，石勒又投奔了刘渊。石勒在刘渊手下，实力迅速发展，到攻打冀州时，已经有众十余万。石勒虽然出身草莽，但是颇有统帅之能。他将部众中的士人集中起来，成立君子营，这些人实际成为他的智囊，为他出谋划策。

刘渊势力日益壮大，最终对西晋首都洛阳形成包围之势。308年，刘渊称皇帝，国号为汉，并将都城迁到平阳（今山西临汾），并命子刘聪与王弥进攻洛阳。洛阳遭到刘渊主力的进攻，但是执掌西晋大权的东海王司马越，却以讨伐石勒为名，于310年将晋军主力调出洛阳，东进至项地驻扎。司马

---

[1] 《晋书·刘元海载记》。

越这样做，实际上是想拥兵自保。洛阳守备空虚，形势极其危险。但也正是在这一年，刘渊病死，长子刘和继立，刘聪为争帝位，便从洛阳回师，杀刘和自立为帝之后，才继续攻打洛阳。这样，洛阳才没有立即被攻破。

311 年，司马越在项地病死，太尉王衍率军护其灵柩，准备向东进入司马越的封国将他安葬。大军行至中途，被石勒大军包围并击败，晋军损失有十多万人。太尉王衍及晋宗亲四十八王，都做了石勒的俘虏，随后被处死。至此，晋军主力全部被歼，再也没有对抗刘聪的能力。同年，刘聪派刘曜与王弥攻下洛阳，晋怀帝被俘。怀帝被俘后，豫州刺史阎鼎与雍州刺史贾疋等人，在长安拥立晋武帝之孙司马邺为皇太子. 313 年，晋怀帝被刘聪处死后，司马邺即在长安称帝，是为愍帝。刘聪派刘曜进攻长安，316 年，愍帝出降刘曜，西晋王朝灭亡。西晋王朝自 265 年晋武帝代魏自立，到此年亡国，共历 51 年。

第三章　东晋十六国

西晋灭亡后，司马氏及中原侨姓大族南渡建立东晋王朝，从此偏安江南一隅，北方则陷入各族割据政权的相互混战之中。东晋始建于317年，止于420年刘裕灭晋建宋，前后一百年有余。北方的混乱从西晋末年就已开始，到439年北魏统一中国北方，也有一百余年的时间。从4世纪早期至5世纪早期，是中国历史上的东晋十六国时代。

第一节　东晋的政治与经济

一　东晋王朝的建立与巩固

316年，晋愍帝出降刘曜，西晋王朝灭亡。317年，司马睿在江东的建业（今江苏南京）称晋王。318年，愍帝司马邺的死讯传到江东，司马睿于是正式称帝。国号仍为晋，史称东晋。历史上一般以司马睿称晋王的317年为东晋的建立之年。

司马睿是司马懿的曾孙，从他的祖父开始，世任琅琊王，势力及影响主要在东南一带。晋惠帝时，晋宗室内部爆发八王之乱，各地的流民起义此起彼伏，少数民族势力也在王朝北部虎视眈眈。一些有识之士感觉到深刻的社会危机，便纷纷寻找新的出路，力图能在乱世达到自保的目的。琅琊大族出身的王导便是其中之一。他很早即与司马睿相识，两人对于时局有共同看法，相互契重。"导知天下已乱，遂倾心推奉，潜有兴复之志。帝（司马睿）亦雅相器重，契同友执。"[①]王导认为北方大乱的局面已不可挽回，因此力劝司马睿返回自己偏居东南的封国以图大事。307年，晋怀帝命司马

---

① 《晋书·王导传》。

睿为安东将军、都督扬州江南诸军事，镇建业。从此，司马睿在王导等人的帮助下，积极在江东为立国做准备。

江东的士族，早在东汉末年就有了很大的发展。三国时期，东吴能在江东立国，很大程度上依靠的是顾、陆、朱、张等当地世家大族的支持。这些世家大族通过支持东吴政权，也在政治上取得进一步的发展，成为士族统治阶层。东吴末年，孙氏皇权极度膨胀，逐渐失去江东士族的鼎力支持，终于灭亡。西晋灭吴后，看到当地的士族势力盘根错节、势力雄厚，而这些士族对代吴而立的晋政权也并没有什么抵触之意，于是就认可了这些江东世家大族势力的存在。所以在西晋统治时期，江东的世家大族，不仅仍拥有规模庞大的庄园经济，而且大多还保留了相当规模的家兵武装，他们在当时的社会政治生活中仍拥有巨大的影响力。西晋末年，天下大乱，江东的世家大族正是凭借自己的力量，使江东地区与中原地区及巴蜀荆湘一带相比，社会秩序要稳定得多。周玘三定江南，就反映了江东世家大族的政治及军事能力。张昌在荆州地区领导流民起义时，曾派部将石冰领兵东下，攻取扬、徐二州，兵锋所至，西晋的州郡武装皆望风而溃，江东局势十分危急。304年，周玘起兵抗击石冰，先击杀石冰所置吴兴太守区山，又与陈敏联合在建业击败石冰，迫使石冰不得不北逃投降徐州的封云，后被晋军所杀。这是一定江南。陈敏击败石冰后，拟据江东以自有，但他十分残暴，导致江东地区社会矛盾日益激化，危机四伏。这引起了江东世家大族的不满。307年，周玘再度起兵讨伐陈敏，他与顾荣、甘卓等江东世族一起进攻据守在建业的陈敏，将他擒杀。这是二定江南。310年，吴兴人钱璯起兵自立，司马睿派郭逸等人领兵前往讨伐。郭逸兵少不敢前进，周玘于是再次聚合"乡里义众，与逸等俱进，讨璯斩之，传首于建康"①。这是周玘三定江南。

因此，司马睿要在江东地区站住脚跟，首先必须取得江东世家大族的支持。但是司马睿初到建业时，一方面是因为晋王朝在江东地区的影响力一直有限；另一方面也因为司马睿本人有懦弱少断的名声，因此江东的世家大族对他的政治前途并不看好，"居月余，士庶莫有至者"②，情况很是不妙。在这种情形下，王导劝说司马睿要礼贤下士，主动与江东的世家大族接触。王导还献计说："顾荣、贺循，此士之望，未若引之以结人心。二子

① 《晋书·周处传附周玘传》。
② 《晋书·王导传》。

既至，则无不来矣。"又说："顾荣、贺循、纪瞻、周玘，皆南士之秀，愿尽优礼，则天下安矣。"①司马睿虽然没有突出的政治才能，但是谦逊礼让却是他的优点。于是他命王导去拜会顾荣、贺循等在江东有影响的士人，将他们都招到自己的府中。顾荣还向司马睿推荐了江东一带的知名士人数十人，这些人也都得到了司马睿的礼遇与任用。经过这些工作，司马睿总算取得了江东世家大族的信任与支持，在当地站稳了脚跟。

司马睿对待江东士族，主要致力于获得他们的认可与支持，这样就能在江东立足。他要巩固自己的统治地位，确立自己的统治威信，还必须将从中原流徙到江东的世家大族势力牢牢地团结在自己的周围，这些士人集团才是其实现在江东地区统治的政治及军事基础。这是因为司马睿本属北人，对于江东世家大族而言，他永远是一股外来的政治势力。这个外来的政治势力如果自己没有雄厚的政治及军事实力，江东的世家大族显然就不可能拥立他为皇帝。退一步说，即使司马睿被拥立为皇帝，但他如果不能有效地控制住江东地区的世家大族，他也不可能对这一地区实行长期的有效统治。而司马睿要拓展自己的政治及军事势力，也只能依靠同为从中原流徙来的北方士人阶层。

以王导、王敦为首的琅琊王氏家族，是司马睿统治集团的核心力量。王导素有机谋，常替司马睿出谋划策，并利用自己的社会威望出面拉拢江东的士族。王敦则有军事才能，负责在外领兵，是司马睿的得力干将。王导后来成为东晋王朝的宰相，王敦则都督江、扬、荆、湘、交、广六州军事，握重兵于长江中游的武昌。正是依靠王氏家族的支持，司马睿才得以树立统治威信。司马睿初到建业的时候，不受当地士人重视，王导与王敦便选择士人聚会的一个节日，带领诸名流骑马簇拥着司马睿的车驾招摇过市。这一行动立即产生了巨大的社会影响，一些江东士人，看到司马睿颇有实力与基础，便纷纷前来归附。

洛阳被刘聪攻占后，西晋王朝覆灭，引发中原人口大批南迁。史载"中州士女，避乱江左者十之六七"。王导见北方流徙到江东的士人越来越多，其中有不少智能之士，因而力劝司马睿要"收其贤人君子，与之图事"②。正是在这种策略指导下，一大批从中原地区南迁的士人，都被司马睿笼络在自己的身边，这极大地拓展了司马睿的政治实力。这些世家大族包括汝南

---

① 《晋书·王导传》。
② 《晋书·王导传》。

的周氏及应氏、范阳的祖氏、平原的华氏、太原的温氏、高平的郗氏、彭城的刘氏、渤海的刁氏、琅琊的刘氏及诸葛氏、颍川的钟氏与荀氏、河东的郭氏、河南的庾氏、谯国的桓氏、太原的王氏、南阳的范氏、陈留的蔡氏、陈郡的殷氏与袁氏、平阳的邓氏及陈国的谢氏等。后来在东晋历史上出现的重要大臣，大多出自于这些南来的中原世家大族之中。

这些南来的世家大族，由于失去了原有的经济与政治基础，面对势力庞大的江东世家大族，不免生出非常深重的生存危机感。因此他们也将自己家族的利益与司马睿的东晋偏安王朝紧密地联系在一起，从而极大地增强了司马睿统治集团的实力。谯国桓彝初到江东见东晋朝廷软弱，便对从汝南来的周顗感叹："我以中州多故，来此欲求全活，而寡弱如此，将何以济！"等到他见到王导之后，深为王导的政治才能所折服，于是又对周顗说："向见管夷吾，无复忧矣。"①他将王导比作管仲，对东晋王朝产生了很大的信心，自然也就会对东晋王朝尽自己的一份能力了。

司马睿的东晋王朝，正是在江东世家大族与中原南迁世家大族的共同支持下才得以建立的。司马睿初镇建业的时候以王导为主要谋士，同时以江东的士人顾荣为军司马，加散骑常侍；另一江东士人贺循则任为吴国内史，"凡军府政事，皆与之谋议"②。317年司马睿称晋王时，则以王敦为大将军，王导领中书监录尚书事，王氏兄弟执掌朝廷内外。而贺循则被任为太常，在当时的朝廷中也堪称是职高望重。

中原及江东世家大族共同构成了司马睿东晋王朝的政治基础，在新兴王朝中都取得了很高的政治地位。其中以琅琊王氏家族在东晋王朝的创立过程中所建功业最大，因此在新王朝中的政治地位也最为显赫。当时甚至流传有"王与马，共天下"③的谚语。这本身也说明在东晋王朝的政治结构中，中原南迁的士人集团应占有更为主要的位置。

司马睿之所以能在江东立国，除取得江东及南下世家大族的支持之外，还有一些重要的因素在起作用。一是江东地区经过数百年的开发，社会经济有了巨大的发展。西晋讨灭东吴，战事进展很快，江南的经济并没有受到很大的破坏。西晋中晚期的八王之乱及流民起义，也没有对这一地区的

---

① 《晋书·王寻传》。
② 《资治通鉴》，卷八十六。
③ 《晋书·王敦传》。

社会经济造成重大的影响。"荆扬宴安，户口殷实"①，这是东晋王朝得以立国的经济基础。

二是东晋开国君主司马睿本人能够做到谦逊礼让，宽厚待人。司马睿在西晋的皇室宗亲中并不居于核心地位，这使得他较少有西晋皇室直系宗亲的骄奢与淫逸。他对股肱之臣王导的意见都能虚心接受。在他镇守建业的时候，他不仅"宾礼名贤，存问风俗"②；并且能够做到"俭以足用，以清静为政"③，因此在他的统治期间，确实达到了"江东归心"的统治效果。这为新王朝的建立奠定了较好的基础。

三是有王导等名臣为新王朝的草创出谋划策。王导等人都经历过西晋王朝的腐朽与黑暗，对于西晋王朝的灭亡教训有着极其深刻的亲身感受。例如，他们知道西晋王朝引起社会矛盾激化的主要原因是公卿大夫的豪奢与骄横，因此在东晋立国之初便大力倡导节用，并能带头履行。王导作为东晋王朝最重要的大臣，平时生活只穿练布单衣，完全没有西晋贵族的那种气派与铺张，对整个官僚阶层的良好风气的形成产生了一定的影响。东晋初立战乱频仍，但王导从王朝长治久安的目的出发，在建业重设太学，积极为王朝统治培养人才。这些措施为东晋王朝的建立与巩固发挥了重要的作用。《世说新语·言语》篇中记录王导这样一件事迹："过江诸人，每至美日，辄相邀新亭，借卉饮宴。周顗中坐而叹曰：'风景不殊，正自有山河之异！'皆相视流泪。唯王丞相愀然变色曰：'当共戮力王室，克复神州，何至作楚囚相对！'"从这个故事可以看出王导作为东晋开国重臣具有不同寻常的政治气质。桓彝将王导比作管仲，以此也足见他在当时官僚阶层中的声望与地位。

正是在君臣的共同努力下，从 307 年司马睿受命镇建业开始，经过十年的创业到 317 年，东晋王朝最终得以建立。之后东晋政权也在较短的时期内即得到巩固与加强。

二　北伐中原

东晋王朝的官员中很多出身于南迁的中原世家大族，他们当然怀念北

---

① 《晋书·王导传》。
② 《晋书·元帝纪》。
③ 《资治通鉴》，卷八十六。

方的故土，所以在东晋王朝建立后，便不断有北伐之举。东晋王朝的北伐，主要发生在王朝统治的早中期。其中比较有影响的几次，分别是祖逖北伐、庾氏兄弟北伐、褚裒北伐、殷浩北伐及桓温北伐。晚期以后，由于东晋王朝内部社会矛盾日益激化，便无暇再进行北伐了。

1. 祖逖北伐

祖逖，字士稚，家为范阳世族，世代为二千石的高官。父祖武，曾为西晋上谷太守。祖逖年轻时曾被地方举为孝廉及秀才，在当地拥有较高的社会声望。祖逖与后来曾为并州刺史的刘琨是很好的朋友，两人曾同被共寝。一天夜里祖逖被荒地里传来的野鸡鸣叫声惊醒，便推醒刘琨说："此非恶声也。"[1]因起舞剑，这就是流传千年之久的闻鸡起舞的故事，说明祖逖在年轻时就有很高的政治理想。

西晋末年，中原地区战乱频发，祖逖便率领亲党数百家，向南避祸到达淮泗一带。一路上，他让老弱病残乘坐自己的车马，而自己则一路步行。所带的衣食药品，也都拿出来与大家共享。到达泗口的时候，时任琅琊王的司马睿任命他为徐州刺史，随后又调他为军咨祭酒，驻扎在京口。

祖逖在南方安顿下来后，即积极筹划北伐中原的事业，他招募了不少勇士每日操练，同时上书司马睿提出北伐建议。当时司马睿在江东地区还没有完全站稳脚跟，因而顾不上北伐之事，只能于313年任祖逖为奋威将军兼豫州刺史，送给他一些粮食与布匹，"给千人廪，布三千匹"[2]作为北伐的后勤供给。但是司马睿并没有向祖逖提供军队及必需的军事物资，而是让他自行招募士兵，进行北伐。

在这种困难的条件下，祖逖并没有泄气。他率领追随自己南迁的部曲百余家渡过长江实施北伐计划。船渡到长江中流，祖逖击楫而誓曰："祖逖不能清中原而复济者，有如大江！"[3]随行的人都为他的英雄气概所感动。祖逖渡江后，屯兵于江阴，并在当地自行冶铸兵器，还招募训练了一支约二千余人的军队。当时中原的黄淮地区，有许多汉族武装据守的坞堡。这些军事力量据坞堡以自守，抵御少数民族的劫掠，同时也不服从晋王朝中央的统治。这些军事力量既能成为北伐的有力支持，也可能成为北伐道路上的重大障碍。祖逖对这些地方军事力量，采取两手策略：一方面，尽量说

---

① 《晋书·祖逖传》。
② 《晋书·祖逖传》。
③ 《晋书·祖逖传》。

服这些坞主听从自己的指挥调遣，支持自己的北伐；另一方面，个别的坞主如果坚持对抗，则坚决把他消灭掉。以此在黄淮一带树立军事威信。祖逖先后击杀了张平、樊雅等坞主，同时又将李矩、郭默等坞主说服并听从自己的指挥。

祖逖待人宽厚，部下一旦立下功劳便很快就能获得奖赏，"赏不逾日"。而他自己则十分俭约，也不蓄资产。他对待自己的子弟十分严格，要求他们必须参加农业劳动，"负担樵薪"。对待穷苦的百姓，祖逖又往往给予经济资助，还为他们"收葬枯骨，为之祭醊"。因此所属将士都十分爱戴祖逖，奋勇杀敌。归附的坞主也对祖逖表示心悦诚服，并积极协助祖逖北伐。"诸坞主感戴，胡中有异谋，辄密以闻"，所以祖逖的北伐进展十分顺利。他屡次击败石勒及石虎率领的军队，先后收复了谯郡、雍丘等地，很快就使得黄河以南的地区，大多重回至晋的统治之下。祖逖的北伐，符合中原广大汉族人民的利益，因而得到了他们的热烈欢迎。一些耆老见到祖逖还感叹说："吾等老矣！更得父母，死将何恨！"①北方的石勒见祖逖势力迅速壮大，就写信给祖逖要求互通使者并进行边界贸易。祖逖视石勒为自己北伐中原的对象，当然不能同意他互通使者的请求，但认为通过边界贸易可以为自己获取丰厚的经济利益，有利于组织北伐，因此就对南北双边的贸易往来采取听之任之的态度。果然，通过与北方的边界贸易，不仅一般的老百姓得到了好处，祖逖也获得了很大的收益。他利用这些经济收入，招兵买马，势力更加壮大。

正当祖逖北伐进展顺利之时，晋元帝派戴渊为都督兖豫等六州军事并司州刺史，镇合肥。祖逖也在他的指挥之下。祖逖认为戴渊是吴人，虽有声望但并没有实际才能，更没有收复中原的志向与决心。这时，祖逖又听说东晋王朝内部矛盾重重，自己的北伐事业恐怕难以实现，在郁闷之下，于321年感愤而死，时年仅56岁。祖逖死后，他所收复的河南之地，不久便再度落入北方少数民族的军事控制之下。

2. 庾亮、庾翼北伐

庾亮，字符规，其妹为东晋明帝的皇后。晋成帝时，他与王导共同受遗命辅政。后来主动请求调外效力，担任征西将军都督江、荆、豫、益、梁、雍六州军事并领江、荆、豫三州刺史，坐镇武昌。333年，后赵石勒去世引发其统治集团内部的动荡，庾亮认为这是收复中原的大好时机，便开

① 《晋书·祖逖传》。

始积极筹措北伐事宜。

庾亮派征虏将军毛宝与西阳太守樊峻领精兵一万人驻邾城，派中郎将陶称率部曲五千人驻沔中，任命武昌太守陈嚣为辅国将军并梁州刺史进军子午谷。同时，命自己的弟弟庾翼镇守江陵，自己则进军襄阳为各路军队的后援。与此同时，他还派一路军队攻入蜀国，擒住蜀荆州刺史李闳及巴郡太守黄植，将他们押解到东晋的首都建康（即建业，因避晋愍帝司马邺之讳而改称建康）。

庾亮已经做好北伐的准备，但是东晋朝廷对于他北伐的计划却有不同的意见。例如，郗鉴认为东晋立国不久，各方面条件都不成熟，不能贸然大举北伐。蔡谟则更认为东晋与后赵一南一北。南方惯于水战，北方惯于陆战，"胡若送死，则敌之有余；若弃江远进，以我所短，击彼所长，惧非庙胜之算"[1]。主张依仗长江天险自保，反对劳师北伐。蔡谟的意见在朝廷中得到多数大臣的赞成。恰在此时邾城遭后赵石虎进攻，毛宝与樊峻二人都战死，东晋军队遭受较大损失，于是这更成了不可劳师远征的证明。在这种情况下，庾亮的北伐还未大举实施，便被终止。庾亮本人也因为北伐之计未被采纳，于 340 年忧愤而死。

庾亮死后，东晋用庾翼都督江、荆、司、雍、梁、益六州军事、安西将军、荆州刺史，代其兄庾亮坐镇武昌。庾翼有相当高的政治及军事才能，他代兄都督六州军事后，"戎政严明，经略深远，数年之中，公私充实"[2]，积蓄了较为雄厚的经济实力与军事力量。在这种条件下，他也开始积极筹划准备，欲图北伐。

343 年，庾翼上疏晋康帝请求北伐。得到准许后，他亲率大军四万进驻襄阳，并派桓宣进攻后赵的丹水。但是桓宣首战不利影响了士气。第二年，晋康帝病死，庾翼只好从襄阳退回夏口。他在此地仍然为北伐积极准备，"缮修军器，大佃积谷，欲图后举"[3]。但仅过了一年，庾翼即因病而死，他的北伐计划当然也就付诸东流了。

庾氏兄弟的北伐，虽很有声势但都因小战即败，加上其他一些客观原因的作用，因此都并没有形成大规模的北伐行动。

---

① 《资治通鉴》，卷九十六。

② 《晋书·庾翼传》。

③ 《资治通鉴》，卷九十七。

3. 褚裒、殷浩北伐

褚裒，字季野，为晋康帝献皇后之父，少有"简贵之风"①，在东晋朝臣中享有盛名。349年后赵石虎死，北方出现大乱。褚裒时为征北大将军，上表请求北伐。褚裒率众三万进军彭城，受到北方汉族士民的欢迎。但是他的北伐进展并不顺利，代陂一战褚裒大败于后赵大将李农，死伤众多，只好率军退守广陵。将军陆遂听说褚裒败走，也将储存在寿春的大量军事物资烧毁并回撤。这次北伐东晋王朝损失惨重。褚裒回到京口后还经常能听到代陂之役死难将士的家属哭声，褚裒也因此惭愧而死。此外褚裒进驻彭城时，北方中原士民二十余万人欲随之南下江东。因为褚裒撤军过速，这些士民都没能跟上，结果"皆为慕容儁及苻健之众所掠，死亡咸尽"②。

殷浩，字深源，陈郡长平人。父殷羡，曾为豫章太守。殷浩少年时即负盛名，善玄谈，被当时人比作历代名相管仲与诸葛亮。庾翼死后，桓温被授予都督荆、司、雍、益、梁、宁六州军事并荆州刺史，据重兵于武昌，引起了朝中大臣的忌惮，他们希望借助殷浩的盛名来与桓温抗衡。这引起了桓温与殷浩的不和。桓温早有北伐之意，但东晋朝廷在褚裒失败后却不用桓温，而命殷浩为中军将军假节都督扬、豫、徐、兖、青五州诸军事，筹划北伐事宜。352年，殷浩率军北伐军出寿春。安西将军谢尚部下降将张迁临阵又投降苻健，在许昌附近的诚桥将谢尚击败。谢尚损失了一万五千余人，只好逃奔淮南。前锋受到如此重创，殷浩也只好返兵寿春。353年，殷浩再次以七万之众兵出寿春举行北伐。但军行至山桑又遭羌族降将姚襄叛变，遇袭大败并损失万余人及全部辎重后，败退到谯城。

殷浩两次北伐均损失惨重，这里面固然有他缺乏指挥才能的个人因素使然，但桓温握重兵于武昌不予配合与支持，也是重要原因之一。桓温见殷浩数战皆败，不仅不加吊恤，反而趁机落井下石，上表晋穆帝要求处罚殷浩。殷浩因此被贬为庶人，并发送到东阳，数年后即郁闷而死。

褚裒与殷浩的北伐，与中原割据政权确实进行了大规模的作战，但不仅没有获得成功，反而使东晋遭受了重大的损失。

4. 桓温北伐

桓温，字符子，为宣城太守桓彝之子。桓温生未满周岁，"太原温峤见之曰：'此儿有奇骨，可试使啼。'及闻其声曰：'真英物也！'"因为得到温峤

①　《晋书·褚裒传》。
②　《晋书·褚裒传》。

的激赏，桓彝便以温字为其名。桓温姿貌伟岸，勇武而有谋略，深得庾翼重视，并被选为晋明帝驸马，后累迁至徐州太守。庾翼死后，桓温继庾翼为都督六州军事，据武昌，成为东晋王朝最有实力的重臣。

桓温坐镇武昌，常有平蜀与北伐之意。346 年，桓温上表请求伐蜀。当时的蜀汉正在李势的统治之下。李势骄奢淫逸，导致国内社会矛盾日益尖锐。桓温率军进攻蜀汉，很快就兵临成都。第二年，桓温攻陷成都，李势投降，蜀汉被灭。平蜀之后，桓温声势日盛。东晋君臣对桓温产生了戒心，不用他北伐而用殷浩来与其抗衡，引起桓温的极大不满。及殷浩北伐失败，桓温才得以掌握东晋内外大权。

354 年，桓温率大军四万，自襄阳北伐前秦苻健。东晋军队进展顺利，很快攻至上洛，俘获了前秦将领荆州刺史郭敬，随后又在蓝田大败苻健，进军灞上，威逼长安。此时苻健守卫长安军队仅六千余人，但桓温却并不立即渡水进攻长安，因而贻误战机。苻健采取坚壁清野战略使桓温军粮发生困难。这时，苻健援兵赶到，双方战于白鹿原，桓温失败并损失一万余人，只好退兵，并携关中三千多人口而归。此次北伐，桓温已经深入关中取得了较大的胜利，但结局却是无功而返。其中的原因，识者多认为桓温心有异志，欲挟兵以自重，所以屯驻灞上，迟迟不愿进兵，终于丧失战机，导致失败。当桓温驻扎在灞上的时候，王猛见到他就曾指出："公不远数千里，深入敌境，今长安咫尺，而不渡灞水，百姓未知公心，所以不至"[1]。不过这次北伐，毕竟极大地鼓舞了中原汉族百姓的士气。当桓温到达灞上时，关中百姓"持牛酒迎温于路者十八九，耆老感泣曰：'不图今日复见官军！'"[2]。这就为以后的北伐创造了比较好的客观环境。

356 年，桓温被东晋政府任为征讨大都督，都督司、冀二州诸军事，再次举行北伐。桓温从江陵出发渡过淮水与泗水，8 月在伊水击败姚襄取得大捷。驻守洛阳的周成率军投降了桓温，晋军于是攻占了旧都洛阳。进驻洛阳后桓温并没有以洛阳为基地进一步扩大战果，而是将洛阳草草修缮，随后奏请东晋政府迁都北还洛阳故都。桓温想通过迁都洛阳的方式彻底控制东晋王朝，当然引起了东晋朝廷大多数君臣的戒心。孙绰上表认为还都的时机并不成熟，主张先派得力将军镇守洛阳，一方面"扫平梁许，清一河南"；另一方面致力恢复当地经济并开凿漕运，加强与江东的经济联系，然

---

① 《资治通鉴》，卷九十九。

② 《晋书·桓温传》。

后才可迁都洛阳。桓温虽然很不高兴，但是迁都之事也只能就此作罢。

桓温迁都洛阳的计划没有实现，他没有继续留在洛阳，也没有调集东晋军事力量进一步北伐。这时前燕慕容氏的势力不断向南扩张，他们的进攻矛头首先指向了洛阳。359 年，前燕军队先后击败东晋将领诸葛攸、郗昙及谢万。攻占了许昌、颍川、谯及沛等地，洛阳成了孤悬敌境的危城，至此不断受到前燕的进攻。364 年，前燕将领慕容恪再率大军进攻洛阳，东晋守将陈佑战至粮绝，等不到东晋的援兵，只好放弃洛阳。前燕军队占领洛阳，守将沈劲被俘，不屈而死。会稽王司马昱与桓温准备组织北伐收复洛阳，恰遇晋哀帝病死，只好停止。

洛阳失守后，桓温移住姑熟，369 年，桓温自任为徐、兖二州刺史，控制了十分有战斗力的北府兵，并于这年四月率五万晋军再度进行北伐。桓温此次北伐，主要从水路进军，他命人开凿巨野泽三百里，引汶水入清水，大军得以沿清水乘舟直达黄河。桓温的军事行动一路进展顺利，先后俘燕将慕容忠，败傅颜于林渚，最后到达枋头，并直逼前燕都城邺。前燕君臣受桓温进逼，一方面调遣军队迎战；另一方面准备北撤。当此前燕军队军心动摇之机，桓温又没有抓住时机，一鼓作气直下燕都邺城，而是派人进攻谯、梁等地，准备打通荥阳的石门，将黄河水引入汴渠以保证水运的畅通。然而这一作战计划一直迁延到 9 月也没有得以实现。此时，仗偏师直下邺城的战机已经失去。而水运不通并且军粮供应也告断绝。再加上士兵长期征战，十分疲惫，终于难敌燕军的进攻。桓温为免全军覆没，只好丢下辎重物资，焚烧战船，沿陆路狂奔而回。燕将慕容垂率八千轻骑沿途追杀，晋军大败，损失惨重。

桓温枋头之败，与第一次北伐的灞上之败，多有相同之处。最主要的原因是坐失战机，给敌军以补充再战的时间。而己军劳师远征，优势不能持久而终致失败。桓温之所以屡次错过战机，不能说不是他立威心切，好为将来篡晋自立做准备所使然。此外，桓温势力越来越大，东晋君臣都不想看到他北伐成功，必然会在诸事上加以牵制。这在一定程度上也对桓温北伐的进展带来消极的影响。当桓温进军至枋头时，前燕大臣申胤就已经预测了桓温必败："晋室衰弱，温专制其国，晋之朝臣，未必皆与之同心。故温之得志，众所不愿也，必将乖阻，以败其事"，而桓温本人也是"欲望持久，坐取全胜"，因此，"若粮廪衍悬，情见势屈，必不战自败"①。分析

---

① 《资治通鉴》，卷一〇二。

可谓一针见血，十分透彻。

东晋的北伐，庾亮、庾翼、褚裒及殷浩都未取得胜绩。或小败辄止，或大败而还。只有祖逖与桓温取得了一些胜绩。但是祖逖所取得的胜利，还没得到巩固，就因祖逖身死而尽行丧失。桓温本来可以借北方中原割据势力的混战之机取得更大的成绩，然而他用意不在北伐，而是借北伐欲图在东晋朝廷树立自己的政治威信，是以指挥作战便不能透视并抓住稍纵即逝的战机，所以虽然他的三次北伐各有很大斩获，但最后还是要以失败而告终。

三　侨置州郡县与推行土断

1. 侨置州郡县

东晋统治时期，北方陷入各少数民族割据势力的相互混战之中，社会极度动荡。此外，少数民族政权往往对汉族百姓采取歧视政策，他们甚至称呼汉人为"汉狗"或"贼汉"①。在这种形势下，中原地区广大汉族人民的生命、财产安全根本得不到保障。从西晋末年开始，就有大量中原汉人为避祸乱而向江东地区迁徙。

中原汉人到达江东，主要居住在荆、扬、梁、益等州。据统计，从西晋怀帝永嘉年间开始到南朝宋为止，一百余年的时间里，从中原迁徙到江东的人口达九十万之多，占当时东晋政府实际控制人口的六分之一，同时约占北方人口总数的八分之一强。② 并且，这一数字是根据东晋政府所控制的人口数计算出来的，实际上，还有不少随同世家大族南迁或受他们荫庇的人口，这些南迁人口不受东晋政府的控制，自然也就不在上述数字之内。

大量中原人口的南迁，就要求东晋政府能够采取适当的办法对他们进行管理。西晋末年人口大范围迁徙，由于政府应对不善而最终酿成规模巨大的流民起义。东晋政权建立不久，如果不能妥善处理这些南下中原百姓，政权的稳定就要受到巨大的威胁。东晋政府采取的办法便是侨置州郡县。所谓侨置州郡县，就是在江东地区有北方侨民聚居的地方，根据他们原来所属的州、郡、县设置同一名称的州、郡、县，以方便管理。"（晋）元帝寓

---

① 《北史·恩幸·韩凤传》。
② 王仲荦：《魏晋南北朝史》，上册，第345页，上海：上海人民出版社，1979年。

江左，百姓自拔南奔者，并谓之侨人。皆取旧壤之名，侨置郡县"①。这条材料只谈到了侨置郡县，而从当时的实际设置看不仅郡县有侨置的，北方的州也有不少被侨置在江东。例如，东晋侨置于江东的州，分别有司州、南兖州、豫州、雍州、徐州、青州、冀州、幽州、并州等。郡县侨置的现象当然就更加普遍。如在侨置雍州之下便设京兆、始平及扶风等七个侨置郡。而在侨置河东郡之下又设侨置县有八个之多。东晋政权之所以要采取侨置郡县的办法来安置北方来的侨民，一个重要原因是这些侨民南迁之后，为了生存的需要，大多仍保持着原来的郡县关系。因此，侨置郡县并使用原来的郡县名称，有利于迅速地组织起对他们的管理。另外，魏晋以来的世家大族，为了标明自己的身份，往往要向他人展示自己的邑里阀阅，如所谓琅琊王氏、陈郡谢氏等等。邑里地望对于世家大族，具有重要的社会意义乃至于政治意义。因此，东晋政府要维护他们的利益，也需要将这些地名从北方搬到南方。

东晋政府在侨置郡县之初，对于注籍于侨置郡县户口簿上的中原百姓，采取了免除或减轻调役等优惠政策，从而吸引了大量流徙于江东的人口纷纷到侨置郡县去登记，这显然有利于社会秩序的稳定与东晋政权的巩固。

侨置州郡县的地点往往并不固定。如侨置豫州，州治一开始设置在芜湖，后来又移居姑熟，以后还数次迁移。兖州也是一开始设在京口，后来则迁居广陵。

2. 土断

侨置州郡县在最初安置南下中原百姓时发挥了重要的作用，但随着时间的推移，这种行政管理形式的问题也暴露得越来越多。除了上述侨置州郡县的地点屡有变更之外，还因为北方的移民迁居在南方各州郡县的人数并不相当。例如，青、徐、兖、豫等州南下人口较众，所以各设侨置了州一级的地方机构。而幽、冀、并等州的南下人口较少，无法设置州，便只能侨置郡或县一级的地方行政管理机构。由于东晋在地方采取的是州、郡、县三级管理体制，这些没有侨置州的郡县就只好划到本来并不所属的州中去管辖。例如，南徐州所辖，就有原属于徐、兖、幽、冀、青、并等各州的郡县。此外，由于侨置郡县过多，往往江东地区的一个郡内就设置了几个甚至十几个侨置郡，一个县内也有可能侨置了几个中原的县。这种名实不符与过多过滥的现象对东晋的地方管理体系造成了极大的混乱。"版籍为

---

① 《隋书·食货志》。

之混淆，职方所以不能记。"①另外，侨置州郡县一开始只是为了暂时安置与管理南下的中原人口，但是并不实际给予它们以一定的管辖区域，所以东晋政府规定，侨置州郡县的百姓不负担正常的课役。即使负担，也较正常的课役要轻得多。但是，随着南下人口在江东地区的定居，他们开发的土地越来越多，再不对他们征收赋税徭役，显然就不符合东晋王朝统治的长远利益了。正是在这种情形下，东晋政府开始推行土断。

所谓土断，就是将北方侨人的户口一律登入所在各州郡县之中，使他们与江东原住民一样承担东晋王朝的赋税与徭役。东晋时期的土断，开始于晋成帝咸和年间（326～334 年）。最有名的一次土断，开始于晋哀帝兴宁二年（364 年）三月初一庚戌这一天，所以也被称作"庚戌土断"。这次土断因为由桓温主事，所以推行得比较彻底。东晋最后一次大规模土断在晋安帝义熙八、九年间（412、413 年），这次土断由刘裕主事，所以也完成得比较好。

最初的土断，中原侨人虽然与江东原住民同编入地方户籍，但在户籍上还是有所区别的。原居民编入黄籍，侨人则编入白籍。这种户籍上的差别，只是东晋政府为区别不同人口的需要而设定的，它的意义并不大。实际上，只要征收赋役有了保障，也就达到了东晋政府推行土断的最主要目的。因此后来东晋推行的土断，就将侨人与土著的户籍统一起来，不分黄籍与白籍。最后，经过多次土断，白籍逐渐取消，侨人与土著一样，成为东晋王朝控制下的编户齐民，承担完全一样的赋税徭役。

需要指出的是，东晋推行土断并不是将所有的侨置州郡县都撤销。也有一些侨置州郡县在土断过程中变成了有实际辖地的地方管理机构，而有些江东固有的州郡县反倒因此失去了辖地，并被取消。如当涂县本属淮南郡，后来随着淮南郡南迁，在于湖县内设置了侨置当涂县。后来，于湖县被取消，当地改称为当涂县。也就是说，侨置当涂县挤占了于湖县，成为当地实际的地方行政管理机构。

经过数次大规模的土断，东晋政府才最终将南迁人口的管理置入正常的轨道。

3. 南方经济的发展

南渡人口的大量增加，为江东经济的发展注入极大的活力。东晋政府所推行的有效管理，也使得南渡人口的劳动力得到了积极地利用。东晋时

---

① 《宋书·律志·序》。

期，江东地区的社会秩序相对稳定，没有旷日持久的大规模战争。这些积极的因素，共同为南方社会经济的发展提供了有利的条件。

东晋政府为了巩固政权，推行了一系列有利于农业发展的政策。对于地方官员的考核，以发展农业作为一项重要的指标，"二千石长吏以入谷多少为殿最"[①]。318年，晋元帝司马睿还下令在徐、扬二州推广种植冬小麦，"投秋下种，至夏而熟，继新故之交，于以周济，所益甚大"[②]，即可以解决春季粮食短缺的问题。此外，东晋政府还极其重视水利工程的建设。经过一百余年的发展，南方的农业获得了很大的发展。史载东晋孝武帝司马曜统治的末年，"天下无事，时和年丰，百姓乐业，谷帛殷阜，几乎家给人足矣"[③]。

东晋统治时期的南方，工商业也有了很大的发展。当时的织布业、造船业、制盐业及陶瓷业等手工业部门都非常活跃。尤其是瓷器制作已经达到相当高的水平。南方的商业也获得了较大的发展。东晋首都建康，沿秦淮河，有大小市场十余所。对外贸易也相当活跃，海外的林邑、扶南、大秦及波斯等，都与东晋有贸易往来。

四　统治集团内部的矛盾

东晋王朝是依靠中原世家大族与江东世家大族的共同支持才得以建立的。在对抗北方少数民族割据政权威胁方面，南北两系世家大族具有共同的利益，这是他们得以联合的政治基础。而在东晋王朝内部，这两系世家大族为了各自的经济利益与政治利益，也存在着十分尖锐的矛盾。比较而言，中原世家大族在东晋王朝中的政治地位，要高于江东土著世家大族。这是因为东晋王朝的司马氏统治集团，本身即是从中原迁居到江东的。司马氏政治集团要壮大自己的力量，巩固自己的统治基础，便只能依靠同属侨居江东的中原世家大族。由于中原世家大族在东晋政权中占据主要方面，所以他们内部为争夺最高权力的斗争也就表现得更加激烈。东晋统治集团内部的矛盾，便主要是由南北两系世家大族之间及北方世家大族内部的争斗构成。

---

① 《晋书·食货志》。
② 《晋书·食货志》。
③ 《晋书·食货志》。

1. 江东士族与东晋政权的矛盾

东晋建立之初，南北世家大族之间的矛盾十分突出。司马睿初到江东，为站稳脚跟，不得不对江东世家大族曲意迎合。他派王导亲自去拜会江东显族的名流顾荣及贺循等人，又接受顾荣推荐的大量江东士人，都不能不说其中有委曲求全的成分。司马睿初镇建业的时候为笼络江东人心，使用了大批江东士人，其中不少都被委以实际的重任。如顾荣为军司马，贺循为参佐及吴国内史，纪瞻为军祭酒，周玘为仓曹属等。这些人为司马睿在江东建立自己的统治做出了重要的贡献。然而当司马睿在江东的统治得到巩固以后，江东士人就很难取得顾、贺、纪、周等的政治地位了。此四人中，顾荣死于司马睿称帝之前，纪瞻虽受晋元帝重视，但长年有病居家。周玘因为谋乱事泄，也病死于司马睿称帝之前。只有贺循在司马睿称帝时，被授予太常一职。太常在秦汉被尊为九卿之首，然而从东汉时起，这一官职的重要性已远不如新兴起的尚书台诸职，变成了位高任轻的虚职。反观中原流徙到江东的士人，则占据了司马睿政权的绝大多数重要职位。如王导领中书监录尚书事，王敦为大将军，刁协为尚书左仆射，周顗为吏部尚书，刘隗为御史中丞，刘超为中书舍人等等。民间歌谣所传"王与马，共天下"，更是集中反映了中原侨居世家大族在东晋王朝中所拥有的崇高地位。这种现象当然引起江东世家大族的不满，"亡官失守之士，避乱来者，多居显位，驾驭吴人，吴人颇怨"[①]。

正是在这种普遍怨恨的情绪下，313年，还在司马睿称帝前，江东士族周玘就与王恢共同策划了一场并未成功的反抗。三定江南的周玘，在江东地区拥有极高的社会威望，"玘宗族强盛，人情所归"[②]。周玘被司马睿任为吴兴太守后，治理吴兴也颇有成绩，然而司马睿对他颇有猜忌，始终未获升迁。周玘与中原士族刁协矛盾很大，于是联合王恢策划共同举事。并约定事成之后，由周玘及戴渊等江东士人共同秉政。事谋败落后，周玘杀王恢以灭口。由于周玘在江东势力很大，所以晋元帝司马睿没有对周玘做出直接的惩罚，但加强了对他的控制。晋元帝先授命他为镇东司马，欲将他调到建业。在他未到建业的时候，又改任他为荆州的南郡太守。周玘刚走到芜湖，晋元帝又派人将他召回任军咨祭酒。周玘"忿于回易，又知其谋泄，遂忧愤发背而卒"，时年56岁。临死前，他嘱咐自己的儿子周勰说：

---

① 《晋书·周处传附周勰传》。
② 《晋书·周处传附周玘传》。

"杀我者，诸伧子，能复之，乃吾子也。"①伧，是吴人对中原人的称呼。于此可见他对中原世家大族的愤恨之情。315 年，周勰试图发兵讨伐王导与刁协，但也归于失败。

2. 王敦之乱

江东世家大族的势力遭到普遍压制，中原世家大族之间的矛盾开始日益尖锐。统观东晋王朝的历史，几次重大的政治动荡都是中原世家大族为争夺最高权力所挑起的。其中以王敦之乱及苏峻、祖约之乱造成的破坏最为巨大。此外，桓温父子的擅权对于东晋政权的稳定也产生很大的负面影响。

王敦是西晋末太尉王衍的同族。西晋末年，王衍见中原局势不保，为狡兔三窟之计，便以其弟王澄为荆州刺史，而以王敦为青州刺史，后来又调其为扬州刺史。王敦与东晋名臣王导也是从兄弟，他与王导在助司马睿建国江东的过程中立了大功，因此在东晋王朝建立后都取得了很高的政治地位。王导主内，负责联系江左才俊。王敦主外，主要为司马睿剪除异己力量。例如，西晋末，华轶为江州刺史受洛阳指挥，不听从司马睿的调遣，司马睿就命王敦攻杀华轶。后来，王敦又受司马睿之命镇压了荆湘地区由杜弢领导的流民起义，由此得任镇军大将军，都督江、扬、荆、湘、交、广六州诸军事并江州刺史，成为长江中游最主要的军事力量。"（敦）素有重名，又立大功于江左，专任阃外，手握强兵"②，从此威权日重，甚至自行任命将官及地方官员。司马睿称帝建康后，王敦升任大将军、侍中，王导领中书监录尚书事，王氏兄弟控制了东晋王朝的内外大权。

王氏兄弟权位太重，引起晋元帝司马睿的疑惮。东晋建国后，司马睿开始疏远王氏兄弟，他用刁协为尚书左仆射，周顗为吏部尚书，刘隗为御史中丞，戴渊为中护军、尚书，对王导加以牵制。这引起了王敦的极度不满，他上表为王导申诉，言辞激烈，使司马睿君臣更加担心。在这种局势下，刘隗上书晋元帝建议派出心腹出任地方重要官职，并控制东晋在各地的军事权力。321 年，晋元帝以北伐中原为名，任戴渊为征西将军都督司、兖、豫、并、冀、雍六州诸军事及司州刺史，坐镇合肥。刘隗为镇北将军都督青、徐、幽、平四州诸军事及青州刺史，坐镇淮阴。实际上这样的任命，就是为了对抗盘踞在长江中游的王敦。但是东晋布置在长江下游的军

---

① 《晋书·周处传附周玘传》。

② 《晋书·王敦传》。

事力量本来并不强盛，虽然有了这些任命，还不足以在军事上真正达到与王敦相抗衡的目的。于是东晋政权开始在扬州一带积极招募兵马扩充军队。如戴渊就曾"发投刺王官千人为军吏，调扬州百姓家奴万人为兵，配之"①。晋元帝也曾释放从中原流落到扬州一带而为人奴婢的老百姓"以备征役"②。

对于晋元帝君臣的积极备战，王敦当然不能坐以待毙。322年，他以征刘隗为名首先在武昌起兵。他的党羽沈充也在吴兴发兵响应。晋元帝于是急招刘隗与戴渊率军拱卫建康，并以王导为大都督率军队迎战王敦。同时，晋元帝还命陶侃、甘卓等人，率所部攻打王敦后方。然而，王敦军队进展特别迅速，很快就兵临建康，前锋进抵捍卫建康的要塞石头城。此时，都督石头城水陆诸军事的是周札。周札为三定江南的周玘之弟，对"崇上抑下"③的刁协等人本有很深的仇怨，因此打开大门迎王敦大军入城。王敦占据石头城，扫清了进军建康的障碍。晋元帝派刘隗、戴渊及周顗反攻石头城，皆被击败。王敦率大军兵临城下，东晋朝廷人心涣散。见大势已去，刘隗与刁协逃出建康渡江北奔。刁协在半路上为人所杀，刘隗则投附石勒。王敦领军进入建康，将戴渊及周顗也都杀掉了。

王敦占领了建康，但他篡位自立的条件还不成熟。于是他自命为丞相、都督中外诸军、录尚书事，控制了东晋王朝的内外权力，便回师自己的老家武昌去了。晋元帝司马睿虽然没有被王敦弑杀，但是忧愤难当，也在此年病死。其子司马绍继立，是为东晋明帝。晋元帝临终前仍遗命王导辅政。王导是东晋开国功臣，政治才能卓越。王导虽与王敦有共同的政治利益，但是他为人比较谦和大度，而且也没有篡逆之心。另外，授命王导辅政，可以达到更好地牵制王敦的目的。因此，他是比较合适的辅政大臣人选。从这一点看，晋元帝司马睿还是相当知人善任的。

王敦虽然回师武昌，但东晋王朝的大权都在他的遥控之下。他安排自己的亲戚及心腹为朝廷重臣，"改易百官，及诸军镇，转徙黜免者以百数"④。323年，为了加强对建康的控制，他移镇姑熟（今安徽当涂），自领扬州牧，并任命自己的兄长王含都督扬州江西诸军事，将势力逐步向长江下游地区渗透。此外，从弟王舒被任命为荆州刺史，王彬被任命为江州刺

---

① 《晋书·戴若思（渊）传》。
② 《晋书·元帝纪》。
③ 《晋书·刁协传》。
④ 《资治通鉴》，卷九十二。

史，王邃被任命为徐州刺史。他的这种垄断东晋政治利益的行为，当然引起了绝大多数世家大族的不满。所以表面上看王敦的势力极度膨胀，但实际上这已经埋下了他未来失败的祸根，"士庶解体，咸知其祸败焉"①。

东晋明帝与其父亲相比更有胆略，并敢于决断。他知道王敦的篡逆之心迟早还会爆发，所以即位之后便积极做军事准备，准备解决王敦这个危害王朝统治安全的祸乱。324 年，晋明帝任王导为大都督，领扬州刺史，将王敦从京师北防重地扬州逐走。命亲信大臣温峤与卞敦共同守卫石头城，防止王敦再次突破这道建康的最后关隘。命应詹、郗鉴、庾亮、卞壶等人共同组织建业的防卫。又调兖州刺史刘遐、徐州刺史王邃、豫州刺史祖约及临淮太守苏峻等人，率军队入守建康。此时的王敦也已经病重，他知道自己一旦死掉，无人能继承自己的权力，必将使自己乃至整个家族都面临灭顶之灾，所以也加快了篡权的步伐。

324 年 7 月，王敦命兄王含为统帅，领钱凤、邓岳、周抚等将领，率五万大军迅速攻至秦淮河一带。吴兴太守沈充也再次起兵响应王敦。苏峻与刘遐率军与王含军队决战，击败王含与沈充。王敦听说王含失败的消息后随即忧惧而死。他的亲信王含、沈充、钱凤等人，也都先后被晋军捕杀。王敦之乱，至此才全部平定。

2. 苏峻、祖约之乱

晋明帝在位仅两年多一点就因病而死。他的儿子司马衍继位，是为晋成帝。晋成帝继位时年仅 5 岁，所以由司徒王导、尚书令卞壶以及郗鉴、庾亮、陆晔、温峤等大臣共同辅政。其中护军将军庾亮，是明帝皇后的哥哥、成帝的舅舅，所以控制了实际的权力。

苏峻为中原庶族地主，西晋末年战乱时聚众屯守，后归顺东晋政权。祖约为祖逖的弟弟，祖逖北伐卒于豫州刺史任上，东晋命祖约代兄祖逖继为豫州刺史、平西将军。二人在平定王敦之乱中都立了大功，苏峻因此被进封为使持节冠军将军、历阳内史等职；祖约则受封为侯，并进封镇西将军。然而在明帝死后，他们却并没有获得辅政的机会，所以他们对庾亮等人的执政深有怨恨。"(约)自以名辈不后郗(鉴)、卞(壶)，而不豫明帝顾命。又望开府，及诸所表请，多不见许，遂怀怨望"②。

327 年，庾亮召苏峻入朝为大司农，希望通过明升暗降的手段削夺苏峻

---

① 《晋书·王敦传》。
② 《晋书·祖约传》。

的兵权。当时东晋朝中大臣都认为此举只能激起苏峻起兵造反，但庾亮并没有听从大家的意见，对建康的防务也没有给予特别的重视。果然，苏峻拒绝了庾亮的征召，联合祖约，以诛讨庾亮为名起兵。328 年春，苏峻与祖约攻入建康。卞壶战死，庾亮、庾翼兄弟逃到镇守武昌的江州刺史温峤的军中。

苏峻攻入建康后，又先后攻占了宣城、义兴及晋陵等地。他所到之处，烧杀抢掠，对各地的社会经济造成了巨大的破坏。他攻占建康后四处放火，结果使东晋政府的"台省及诸营寺署，一时荡尽"。东晋政府府库所藏二十万匹布、数万匹绢、五千斤金银及亿万之钱，都因此次苏峻、祖约之乱而损失殆尽。

此时，江州刺史温峤联合陶侃，以陶侃为盟主，反攻苏峻、祖约。328年秋，两军会战于石头城，苏峻临阵被斩。329 年，苏峻弟苏逸也被斩杀。祖约见败势不可挽回，便北投石勒，后来全家也都被石勒所杀。苏峻、祖约之乱，至此也被平定。

3. 桓氏父子的擅权

东晋王朝统治期间，持续时间最长并且对王朝影响最大的是桓温、桓玄父子的擅权及所引起的政治动荡。

桓温灭成汉，三次北伐中原，是东晋中期王朝最重要的大臣，也是北伐名将。但是他一直有不臣之志，对外用兵只是为了博得更多的政治资本。因此屡次北伐，均因为过多考虑自己的政治利益而贻误战机导致失败。最后一次北伐大败于枋头，使他的北伐威名受到很大的损失，从此，桓温不再北伐，而主要将精力放在篡权夺位的政治斗争上。他曾说："既不能流芳后世，不足复遗臭万载耶！"[1]370 年，他废晋帝司马奕为海西公，立司马昱，是为晋简文帝。他还杀害了朝中与己政见不一的庾倩、殷涓、曹秀等人，独揽大权。侍中谢安为了不得罪桓温，见到他很远就施拜见礼。简文帝受桓温威势逼迫，在位仅两年，即忧愤而死。

373 年，司马曜继位，是为晋孝武帝。桓温辅政，他想效当年司马昭的故事，让孝武帝加赐他"九锡"。但这时桓温已经重病在身，吏部尚书谢安及侍中王坦之等人便故意拖延时间。7 月，桓温病死，他篡位的企图也告结束。

桓温死后，幼子桓玄继承了桓温的爵位与封地。东晋政府因为桓温的

---

① 《晋书·桓温传》。

擅权，所以对桓玄一直采取压制的态度，桓玄只好辞官回家闲居。但桓氏家族在东晋政府中的势力仍然很大，桓温的许多兄弟侄辈在各地仍握有军政大权。孝武帝晚年，会稽王司马道子与王国宝等人把持了东晋王朝的大权，名相谢安被排挤，忧郁而死。孝武帝害怕司马道子及王国宝等人权大难制，就命令王恭及殷仲堪两人分镇京口及江陵，来牵制朝中擅权的司马道子等。但不久孝武帝病死，子司马德宗即位，是为晋安帝。王国宝为尚书左仆射，他为了加强自己的权力就借口各领军将领权力过重，因此主张"削弱方镇"，想以此来剥夺王恭及殷仲堪的军事权力。在这种情形下，397 年，桓玄向都督荆、益、梁三州诸军事的殷仲堪建言起兵讨伐王国宝。桓玄想利用殷仲堪的兵权，殷仲堪想利用桓氏家族的政治影响，因此两人一拍即合，同时联合都督青、兖、幽、并、冀五州诸军事的王恭等人，共同起兵讨伐王国宝。司马道子为了平息驻外将领的怨恨，杀掉了王国宝等人，殷仲堪与王恭等人失去了口实，也只好就此罢兵。桓玄在此次起兵中得到了最大的好处，他被命为都督交、广二州诸军事及广州刺史，重新回到了东晋政治的前台。

398 年，王恭、殷仲堪与桓玄再度联手，进攻王国宝的弟弟江州刺史王愉。司马道子命其子司马元显迎战。桓玄等人虽然击溃了王愉的军队，但王恭却因为部下刘牢之的临阵倒戈而战死。在这种局势下，桓玄与殷仲堪只好撤回军队。司马道子为了削弱方镇的军事力量采用调防的办法，命殷仲堪镇广州，桓玄镇江州，杨佺期镇雍州。三人皆不受命，在寻阳结盟，共推桓玄为盟主对抗东晋王朝。司马道子没有办法，只好收回成命。399 年，桓玄趁殷仲堪与杨佺期不备袭杀二人，都督荆、襄、雍、秦、梁、益、宁、江八州诸军事兼荆州刺史，从此将长江中上游全部纳入自己的势力范围。而东晋王朝实际控制的地区，只是三吴之地而已。

402 年，控制着东晋王朝实际权力的司马元显，趁桓玄在长江中上游立足未稳之机，自任为骠骑大将军、征讨大都督并都督十八州诸军事，以北府兵将领镇北将军刘牢之为前锋，沿江而上征讨桓玄，桓玄也发兵顺江而下迎战司马元显。两军在姑熟会战，桓玄派人游说北府名将刘牢之，促使他再次临阵叛降，司马元显大败。桓玄乘胜进军一举攻克东晋都城建康，司马道子与司马元显父子二人皆被斩杀。桓玄自命为都督中外诸军事、丞相、录尚书事、扬州牧，领徐、荆、江三州刺史，兼统西府及北府兵。从此，桓玄完全控制了东晋王朝的大权。刘牢之被桓玄削夺了兵权，改任为征东将军会稽太守，不久被迫自杀。

403 年，桓玄称大将军、楚王，并于是年底称帝，国号为楚。404 年，北府兵将领刘裕、刘毅等人起兵讨伐桓玄。桓玄战败，只好挟持东晋安帝司马德宗西奔自己的根据地江陵。到达江陵后，桓玄"大修舟师"，再沿江而下，与刘毅大战于峥嵘洲（今湖北鄂县境）。桓玄新败，斗志不足。刘毅乘风放火，大败桓玄。405 年，刘毅率军攻入江陵尽灭桓氏一族，并迎晋安帝回到建康。至此，桓玄之乱才告平灭。

从王敦之乱到桓玄之乱，权臣当道的政治局面几乎与东晋王朝的统治相始终。之所以出现这种历史现象，是因为司马睿建立东晋王朝，靠的就是以王氏为代表的世家大族的鼎力相助。在后来巩固王朝及对抗北方少数民族割据政权的过程中，也是依靠这些世家大族的力量。世家大族势力过大，自然就会削弱皇权的力量。不过，也正是因为世家大族势力的相互牵制，才使得东晋王朝在这些大族势力相互斗争的夹缝中苟延残喘，延续有一百余年之久。

第二节　北方割据政权的混战

西晋末年，北方陷入割据政权的相互混战时期。这些割据政权，历史上统称为十六国，实际上存在的割据政权不止十六个。除去合于十六国之数的前凉、汉（前赵）、后赵、前燕、前秦、后凉、后秦、西秦、后燕、西燕、南凉、北凉、西凉、夏、北燕、南燕十六国之外，还有冉魏、成汉、代及后来的北魏等。十六国时期的历史纷乱芜杂，是中国古代史的学习难点之一。不过，这段历史也还是有特点的，它大致可以 383 年淝水之战为限划作两个阶段。前期有前赵与后赵的相继、前燕与前秦的对抗，再加上避居西部的汉族割据政权前凉，主要有五个割据政权。淝水之战后，北方再度陷入分裂状态，先后兴起了十一个割据政权，最后则由北魏统一北方，结束了十六国的混乱局面。十六国之数，则为一夏、二赵（前、后）、三秦（前、后、西）、五燕（前、后、西、南、北）、五凉（前、后、西、南、北）。

一　前赵

1. 刘渊建汉

前赵的前身是匈奴贵族刘渊所建立的汉政权。刘渊，字符海。他"猿臂善射，膂力过人"①，很受匈奴人的推崇。刘渊虽是匈奴人，但他受汉文化的影响相当深。他曾拜汉人学者崔游为师，学过《毛诗》《京氏易》《马氏尚书》及《左传》等儒家经典，还曾学习过孙吴兵法，对于诸子著作及《史记》《汉书》等汉人史籍，也无不综览。刘渊文武全才，受到西晋部分统治者的猜忌，他们想杀掉刘渊又找不到合适的借口，就将刘渊控制在西晋的都城洛阳。

西晋晚期，八王之乱暴发，此时的匈奴族五部大都居住在晋阳汾涧之滨。匈奴贵族目睹司马氏统治的腐朽，就想乘中原大乱之际起兵，重建匈奴族自己的国家。匈奴左贤王刘宣就说："今司马氏骨肉相残，四海鼎沸，兴邦复业，此其时矣。"②于是他们共推刘渊为大单于，并派呼延攸到洛阳与刘渊联系，叫他以归葬的名义离开洛阳，但被成都王司马颖拒绝。刘渊无法回到匈奴本部，就遥控指挥，将散居五处的匈奴先行集中起来，并广泛联合宜阳一带的胡人，表面上称声援成都王司马颖，实际上是为起兵做准备。

成都王司马颖与东瀛公司马腾及安北将军王浚作战不利，刘渊乘机游说司马颖，要召集匈奴五部前来助援司马颖。司马颖在惊慌失措之时同意了刘渊的建议，命他为北单于参丞相军事，前往调集匈奴人马。刘渊刚一回到匈奴本部所在地左国城（今山西离石县北），就被刘宣等匈奴贵族奉为大单于，并在短短二十天左右的时间里，聚集了五万人的军队。304年，刘渊自称汉王，以刘宣为丞相，崔游为御史大夫，刘宏为太尉，正式建国并定都于离石。

并州刺史东瀛公司马腾听说刘渊起兵，就派将军聂玄领兵攻打刘渊，但很快就被刘渊击败。司马腾听说匈奴势大，惊慌之下率领并州二万余户人口逃往山东，并州地区遂大部为刘渊所占。西晋政府继命刘琨为并州刺史，刘琨击败刘渊进驻晋阳。刘渊在并州为刘琨所困，便向南发展，先后攻取了河东、平阳及蒲子等地，势力进一步发展到中原腹地。此时，四部鲜卑陆逐延、氐酋大单于征及王弥、石勒等人，都归附刘渊，刘渊的力量因此迅速发展。308年，刘渊称帝，国号仍为汉，并迁都平阳。

---

① 《晋书·刘元海载记》："汉高祖以宗女为公主，以妻冒顿，约为兄弟，故其子孙遂冒姓刘氏。"（刘元海即刘渊，唐人编《晋书》时为避高祖李渊之讳，故称其字为刘元海。）

② 《晋书·刘元海载记》。

2. 刘聪的统治

310 年，刘渊病死。刘和继立，不久，刘和的弟弟刘聪杀和自立为帝。刘聪为刘渊第四子，曾随刘渊长期居住在洛阳，因此学过不少汉人典籍，对汉族文化也有很深的了解。刘聪继位后，以其子刘粲都督中外诸军事，与王弥、刘曜等人南下进攻西晋王朝的政权中心洛阳。同时，他派石勒领兵向东进攻山东、河北等地。王弥及刘曜在梁、陈、汝、颍之间进展迅速，先后攻陷一百多个垒壁，使晋都洛阳陷入孤立无援的境地。执政的东海王司马越见洛阳难保，就率晋军主力精锐出洛阳东进，想回到自己的封国自保。结果这支军队在行军途中遭到石勒的包围。311 年，石勒在东郡境内消灭了这支晋军主力。于是石勒与王弥、刘曜合兵进攻洛阳，很快将洛阳攻陷。刘曜放火烧毁了洛阳，并将正逃往长安的晋怀帝俘获，送到平阳。

314 年，刘聪在平阳"大定百官"，中央设丞相、太师、太傅、太保、大司徒、大司空及大司马等七公，为朝廷最高官员。又设辅汉、都护、中军、上军、抚军等十六大将军营，每营有兵士两千人。刘聪对汉人及胡人采取分而治之的办法，分别设置统治机构进行管理。对汉人，刘聪采取汉族政权的传统方式进行管理。他置左、右司隶，各领户二十余万。司隶之下设内史，每一万户设一内史。当时共设有四十三名内史。对待汉人以外的少数民族，则设置大单于为最高管理官员。大单于下设置单于左、右辅，各统率"六夷"①十万落。之下再设都尉，每名都尉统率一万落。这种胡汉分治的方式，对于稳定匈奴族在中原的统治，有一定的积极意义。

洛阳失陷后，晋愍帝司马邺在长安称帝。刘聪续命刘曜进攻长安。316 年，长安外城被刘曜攻破，晋愍帝出降，西晋灭亡。

刘聪攻灭了西晋王朝后，除司马睿与中原渡江士人在江东建立东晋王朝，局势稍微稳定以外，整个中原地区形势十分混乱。刘聪实际能够控制的地区，主要是包括洛阳及长安在内的晋南、豫北及渭水一带。刘聪的后方并州地区，仍为晋并州刺史刘琨所占。石勒在攻陷洛阳之后，诱杀王弥，他的势力主要在河北。王弥的都将曹嶷则占据山东。二人皆有割据自立的野心，"石勒潜有跨赵魏之志，曹嶷密有王全齐之心"②。此外，鲜卑慕容氏自东北内迁，拓跋氏也进逼至代北，对中原地区虎视眈眈。

---

① 《资治通鉴》卷八十九"晋纪"第十六，胡三省注："六夷盖胡、羯、鲜卑、氐、羌、巴蛮，或曰乌丸，非巴蛮也。"

② 《晋书·刘聪载记》。

　　然而，刘聪并没有充分认识到所面临威胁的严重性，他的统治危机重重。刘聪十分残暴。他对待大臣不仅是毫无恩义，而且还经常任情杀戮。其弟刘乂在他杀刘和自立后被立为皇太弟，领大单于、大司徒，失宠后即被杀掉，同时遇害者还有士卒一万五千余人。其他大臣如綦母达、公师彧、王琰、朱诞等人，也都先后被刘聪诛杀。刘聪还十分荒淫。他先后立三个皇后，最后甚至达到"佩皇后玺绶者七人"①的程度。他纳中常侍王沉养女为后，又收中护军靳准二女为后妃，将朝政委托给二人，使得"朝廷内外，无复纲纪，阿谀日进，货贿公行"②。与他的荒淫生活相对比，则是老百姓的苦难生活。首都平阳发生灾荒，大量百姓不得不向外逃亡，其中一次流徙到冀州投奔石勒的就多达二十万户。在他的统治下，甚至连军队也是饥疫不断。

　　3. 刘曜的统治及前赵的灭亡

　　318 年，刘聪死，子刘粲立。他以刘景为太宰、刘骥为大司马、刘颢为太师、朱纪为太傅、呼延晏为太保、靳准为大司空。刘粲继立后也十分荒淫。靳准之女本刘聪后妃，为刘粲母辈，也同样被刘粲宠爱有加。妻后母虽是匈奴旧俗，但刘粲祖刘渊及父刘聪等人，都身受儒家文化熏陶很深，刘粲在这样的家族背景中仍做出了妻后母之事，不能不说是他自己荒淫无道所致。靳准因其女受宠于刘粲，遂把持汉政权。他诬告刘景欲图谋反，使刘粲杀刘景、刘颢、刘骥等人，逼得朱纪、呼延晏、范隆等人只好投奔镇守长安的刘曜。等到刘粲众叛亲离，靳准便发动政变。他杀刘粲，自号大将军、汉天王。同时遣使至东晋称藩，想获得东晋政权的支持。

　　刘曜是刘渊的族子，时为汉相国、都督中外诸军事。他听说靳准政变后立即率军从长安赶往平阳，并在中途称帝。与此同时镇守河北诸郡的石勒也领军乘势西进，想夺取汉的最高政权。靳准控制的平阳在受到两面夹击的形势下，内部发生激烈的政治动荡。靳准的部下杀死靳准，推靳明为主。靳明派人向刘曜请降，并将象征最高权力的传国玉玺送给刘曜。石勒听说此事，便加紧了对平阳的进攻。靳明守不住平阳，只好率军弃平阳投奔刘曜，石勒遂占领平阳。

　　319 年，刘曜迁汉都于长安，并改国号为赵。同年，石勒也在襄国（今河北邢台）称赵王。为了区分两赵政权，后人便称石勒所建为后赵，而将从

---

　　①　《晋书·刘聪载记》。

　　②　《晋书·刘聪载记》。

刘渊所建的汉政权到刘曜所建的赵政权，统称为前赵。

刘曜在关中，先后击败了关陇地区的巴人徐彭库、杨难敌及秦州刺史陈安，并迫使前凉政权张茂向自己称藩纳贡。前赵军队进攻前凉时有戎卒二十八万五千，"临河列营，百余里中，钟鼓之声，沸河动地，自古军旅之盛，未有斯比"①。这是刘曜统治下前赵势力发展的鼎盛时期。当时关中地区因为连年的灾荒与疾疫，人口死亡近半，刘曜便迁氐、羌等少数民族人口二十余万来充实长安。刘曜巩固关中的军事行动基本上顺利，但他在与石勒的战争中却遭受了大败。

325 年，石勒的部下石他率军自雁门出上郡，袭击了前赵安国将军北羌王盆句除，俘羌人三千余落并掳走大量牲畜。刘曜听说后立即派中山王刘岳领兵追杀石他，将被掳人口及牲畜全部夺回。随后，刘曜命刘岳进攻后赵军事重镇洛阳。石勒派石虎援助洛阳守将石生，与刘岳在洛水西岸发生激战。刘岳战败，被围在石梁后不久粮食断绝，只好杀马充饥。刘曜亲率大军援救刘岳，驻扎在洛阳近郊的金谷。然而不知何故，军队在夜里突然自相惊扰，引起士兵的溃散。刘曜只好率军退驻渑池，立足未稳，竟于当夜又再次发生士兵惊扰事件。刘曜知道军心已乱，不可大战，便率军匆匆退回长安。不久，石梁被石虎攻克，刘岳及其部将数十人全部被俘，前赵士兵被坑杀者达一万六千余人。此次前、后赵之间的战争，虽然没有发展到举国相争的规模，但前赵军队的士气几乎丧失殆尽。

刘曜败归长安后一度痛定思痛，下令公卿推举博识直言之士改革政治，朝政又有了一定的起色，并击败了前凉政权的进攻。328 年，石勒再派石虎率兵四万从轵关出发西攻刘曜。后赵军队长驱直入，一直进攻到蒲坂，前赵统治下的河东地区，降于石虎者达五十余县，前赵政权遭受巨大威胁。刘曜遂率全部精锐自潼关渡河救援。石虎见刘曜军队强大，不敢应战，向东退却。刘曜率军追击，两军在高侯（山西闻喜）发生激战。后赵军队大败，大将石瞻临阵被斩，石虎狂奔至朝歌。前赵军队趁势追杀，从高侯至朝歌的二百余里道路上，到处是后赵士兵的尸体。刘曜取得高侯之战的胜利后，并没有趁势进攻后赵国都襄国，而是自大阳关（今山西平陆茅津渡）渡河南下，围攻后赵洛阳金墉城。此时，后赵荥阳太守尹矩、野王太守张进等相继投降刘曜。石勒见洛阳危在旦夕，认为前赵一旦攻占洛阳，必然还会乘势进攻襄国，于是石勒也亲率步卒六万及骑兵二万七千于此年 12 月渡过黄

---

① 《晋书·刘曜载记》。

河，前往救援洛阳。

　　石勒对此次大战十分重视，在出发前他对双方的军事形势有非常详细的分析。他估计刘曜有三种部署的可能，一是据守成皋关（今河南荥阳西北），此为上计；二是依洛水阻击后赵军队，此为中计；三是坐守洛阳，此为下计。等到石勒率大军逼近成皋关时，发现刘曜没有派一兵一卒据守，"大悦，举手指天，又自指额曰：'天也！'"①于是他命令军队卷甲衔枚，由巩县迅速潜行到洛阳附近。刘曜听说石勒自率大军来援，便撤出包围金墉的部队，列阵于洛阳西部。石勒见刘曜基本上按自己所预料的下策布置军队后十分高兴，对部下说："可以贺我矣！"于是率军进入洛阳，与石虎合兵一处。

　　与石勒的精密布置相比，刘曜显然对这场大战的战略意义没有充分的认识，他的战争准备也极不充分。首先，他的战略意图极不明确。刘曜在高侯之战胜利后，若有意与石勒决战并一举将对手消灭，就应乘胜直接进攻后赵首都襄国，逼迫石勒在没有大战准备的情况下仓促应战，从而取得战略优势。若无意与石勒决战，刘曜就应乘胜势退兵长安，而后赵大败之后显然不能立即组织新的进攻，这样他就可利用这段时间休养生息，另寻有利时机再与石勒决战。但他既不进攻襄国，也不退回长安，而是率军南渡，进攻守卫坚固的洛阳，劳师远征又久无战功。最后在石勒率军前来的情况下，自己不得已只好与石勒进行战略决战。显然，刘曜在高侯之战胜利后的军事行动，并没有明确的战略意图。其次，在军事部署上，刘曜也有重大的失误。他没有充分利用关口（成皋关）及有利地形（洛水），将石勒的援军牵制在洛阳外围，或至少使石勒的援军在到达洛阳前就遭受较大的损失，反而让石勒长驱直入，十分顺利地就达到了赴援洛阳的目的。从战争的前期准备及部署上看，刘曜已经完全处于劣势。此外，刘曜还十分好酒，虽然大战在即，他仍是终日沉湎于饮酒与博戏，完全不体恤士兵的甘苦，因此前赵军队的士气也十分低落。

　　大战的那一天，石勒命石虎率三万步卒，从城北出发向西，进攻刘曜的中军。另派石堪与石聪各率八千精锐骑兵从城西出发，向北进击刘曜的前锋，并在西阳门与前赵军队发生激战。石勒自己则率军从洛阳阊阖门出发夹击刘曜的军队。而此时的刘曜居然大醉如泥，连战马都无法乘骑，更遑论指挥战斗。"将战，饮酒数斗。常乘赤马，无故而局顿，乃乘小马。比

---

① 《晋书·石勒载记》。

出，复饮酒斗余。"前赵军队因而大败，刘曜昏醉退走，马陷石渠之中，自己则跌落在冰上，"被疮十余，通中者三"①，最后为石堪所擒。此次大战，前赵军队被斩首者达五万人之多，主力已基本被消灭。

刘曜被俘后不久即被石勒处死。329 年，刘曜子刘熙、刘胤等人放弃长安，逃奔上邽，石生遂率后赵军占领长安。之后，石勒又命石虎攻陷前赵政权残余势力盘踞的上邽，俘杀刘熙、刘胤兄弟及前赵公卿大臣三千余人。至此，前赵政权灭亡。从 304 年刘渊称汉王，到 329 年刘熙、刘胤兄弟被杀，前赵立国仅 26 年。

二 后赵

1. 后赵的建立

后赵建立者石勒，字世龙，羯人。羯人高鼻深目多须，原居于中亚一带，崇信祆教。石勒的祖先可能是都于柘折城（即今新疆塔什库尔干）的石国人，移居中原后便以石为姓。② 石勒的祖父耶奕于、父周曷朱都曾为羯人部落的小帅。石勒出生于上党郡武乡县。14 岁时石勒随同邑中人"行贩洛阳"，长啸于洛阳上东门，恰好被晋王衍见到。王衍认为石勒将来一定会扰乱天下，就派人去捉拿他，但石勒早已混入人群中逃走。③ 石勒成人之后，壮健有胆力，雄武好骑射，代父为部帅，深得部下敬爱。邬人郭敬与阳曲人宁驱非常看重石勒，对石勒多加资赡并结为好友。

西晋末年，并州地区发生重大灾荒，石勒与部族众人分散，只好暂时依附友人宁驱与郭敬。当时并州刺史、东瀛公司马腾派将军郭阳及张隆掳掠群胡至山东充军，石勒也在被掳之列。当时两人共一枷，从冀州步行至青州，一路上备尝艰辛。石勒后来被卖给茌平人师欢为奴。师欢也奇其状貌，将他放免为佃客。西晋末年，天下大乱，石勒于是招集王阳等八人为盗，不久，又有郭敖等十人参加，号十八骑。石勒先是依附汲桑及公师藩，二人败亡后石勒便率部依附了已经称汉王的匈奴贵族刘渊。石勒归附刘渊后，设计招降乌丸伏利度，因而被刘渊命为督山东征讨诸军事，并统率原伏利度部属二千余人。

---

① 《资治通鉴》，卷九十四。
② 王仲荦：《魏晋南北朝史》，上册，第 241 页，上海：上海人民出版社，1979 年。
③ 《晋书·石勒载记》。

当刘渊及继任的刘聪命刘曜、王弥等人渡河围攻西晋首都洛阳地区时，石勒则主要活动在黄河中下游各地以为牵制。他先后攻克魏郡、汲郡及顿丘等地世家大族及百姓自行组织的壁垒五十余座。石勒所率军队纪律很好，"军无私掠，百姓怀之"①。石勒授予归降的垒主以将军、都尉等名号，既减少了相互之间的对抗，也将这些地区有效地控制在自己的手中。与此同时，石勒还从这些地方武装中选拔强壮者来充实自己的军队。309 年，石勒的势力进一步发展到钜鹿、常山及冀州一带，部众发展至十余万人。311 年后，石勒将晋东海王司马越所率西晋精锐十余万人围困在项，随后在苦县的宁平城将西晋王朝这一支最后的军事力量予以全歼，并捕杀王衍为首的西晋公卿大臣数十人。之后，石勒挥师西进会同刘曜及王弥等人，很快就攻下了西晋首都洛阳并俘获晋怀帝。

攻陷洛阳后，刘聪续命刘曜西进攻打长安，石勒则受命向南进攻豫州诸郡。在此期间，石勒用计诱杀王弥，势力更加壮大。312 年，石勒领兵进驻葛陂（今河南新蔡北），在此地大造舟船准备进攻占据建业的晋琅琊王司马睿。司马睿听说石勒来犯也大集江东之众，命纪瞻为扬威将军进驻寿春迎敌。此时，江淮地区连续三月淫雨不止。石勒所率的北方士兵，因水土不服而发生大规模的疾疫，兵无斗志。这时，粮食供应也出现短缺。是继续南下江东，还是北还中原，石勒的部下意见极不统一，甚至还有主张投降司马睿的。最后，石勒采取谋士张宾的意见，决定退据邺郡，先行经营河北并以河北为根据地，再进一步图谋天下。

石勒退还邺郡后，分别于 314 年及 316 年击败幽州王浚及并州刘琨，并占据襄国，巩固了自己在河北的地位。318 年，刘曜平灭靳准之乱，称帝，次年迁都长安，改国号为赵，史称前赵。石勒也于此年在襄国称赵王，建立了后赵政权。330 年，石勒称赵天王，随后改元建平，称皇帝。

2. 石勒的统治

石勒作为后赵的创立者，对于后赵政权的巩固与政治的发展做出了重要的贡献。

首先，石勒继承了匈奴刘氏政权的胡汉分治策略，在后赵国内也推行同样的管理体制。他在魏郡、汲郡、中山、上党、渔阳、渤海等三十四郡内设置内史，由他们统治这些地区的广大汉族百姓，而另设大单于统辖胡人。胡人的辞讼，有专职的官员进行管理。这种管理方法，有利于适应胡

---

① 《晋书·石勒载记》。

汉之间不同的民风与习俗，但是也容易形成胡汉之间的隔阂与矛盾。

石勒统治下的后赵，胡人与汉人之间既存在着对立与仇视，也存在着利用与融合。石勒年轻时曾饱受汉人欺压，甚至被卖身为奴，历尽千辛万苦，九死一生。所以他起兵后，对汉族有仇视心理，杀死了不少西晋王朝的王公卿士及世家大族。他因为"胡"是汉人对北方少数民族的一种蔑称，所以就下令严禁汉人称羯人为胡人。有犯禁者就会受到严惩。因此在后赵国内，羯人都被称作国人，而汉人则被称作赵人。但是，石勒知道要图谋天下，没有汉族士大夫的支持是难以达到的，所以他对归降的汉族士大夫又往往能做到以礼相待。早在309年，当他还在河北转战的时候，即将归附的汉族衣冠士人集中在一起，称为"君子营"。他还曾命张离、张良及刘群等人"司典胡人出内，重其禁法，不得侮易衣冠华族"①。石勒的第一谋士赵郡张宾，就是当石勒早年在冀州一带活动的时候归附他的。张宾是赵郡中丘士人，胸有韬略机谋，常自比汉初名臣张良而恨不遇汉高祖。见到石勒后认为他可成大事，便提剑诣石勒军门请求一见。起初石勒对他并不重视，但当张宾屡献奇计之后，石勒便对他另眼相看。张宾果然为石勒立下了汗马功劳，"成勒之基业，皆宾之勋也"②。石勒十分尊重张宾，呼其为右侯，而不直呼其名。张宾早死，石勒十分伤心，感叹说："天欲不成吾事邪，何夺吾右侯之早也。"③除张宾之外，后赵政权中，还有一大批汉族士人被石勒所用，如裴宪、傅畅、杜嘏、续咸、庾景、任播等汉族儒生，都被石勒委以重任。不过，石勒对于汉族的重视仅限于能为他出谋划策的士人，在后赵国内，羯人的社会地位要普遍高于汉人。汉人的财产经常受到羯人的侵夺，石勒的参军樊坦就说自己"遭羯贼无道，资财荡尽"④。因此汉人与胡人之间的敌对心理仍是十分强烈。

其次，石勒十分重视发展农业生产。十六国时，中原地区战乱频仍，粮食供应出现严重短缺。石勒为了战争的需要，也曾经让士兵掠夺百姓的粮食，如他在河北时就"分遣诸将，收掠野谷"⑤。但他知道靠掠夺只能解决暂时的困难，要从根本上解决军粮问题，必须发展农业生产。他称赵王后，

① 《晋书·石勒载记》。
② 《晋书·张宾传》。
③ 《晋书·张宾传》。
④ 《晋书·石勒载记》。
⑤ 《晋书·石勒载记》。

即命右散骑常侍霍浩为劝农大夫，与典农使者朱表等人循行州郡，核定户籍，劝课农桑。"农桑最修者，赐爵五大夫。"①314年，他攻下幽州后，开始在国内推行户调制，规定每户出帛二匹、谷二斛。这一赋税率，比西晋实施占田法之后推行的谷四斛、绢三匹、绵三斤要低不少。显然，这有利于提高农民的生产积极性，恢复饱受战乱破坏的农业生产。

进入中原的诸胡，大都有饮酒的习俗。很多胡人贵族都嗜酒如命，前赵刘曜与石勒大战，居然还喝得烂醉如泥。酒的酿造，需要消耗大量的粮食。石勒为了节约粮食，便改正胡人风俗，下令禁酿。"（石勒）以百姓始复业，资储未丰，于是重制禁酿，郊祀宗庙，皆以醴酒，行之数年，无复酿者"②。这一措施，显然是符合广大百姓的利益的，对于后赵国内统治的稳定也有积极意义。

第三，石勒对于政治体制的建设非常重视。在选拔人才方面，他沿用了魏晋以来的九品中正制度。他曾以张宾领选，清定五品。后来又续定九品，以张班为左执法郎，孟卓为右执法郎，专职选举之任。除通过九品中正制选拔人才外，他还下令中央官员及各州郡长官，每年必须向国家推举秀才、至孝、廉清、贤良、直言、武勇之士各一人。此外，公卿大臣也可以不受限制地直接向他荐举贤良方正，经过策问，第一等的拜授议郎，第二等的授中郎，第三等的授郎中。这些中第者，还可以递相荐引，推举人才。

为了培养人才，石勒还十分重视学校制度的建设。在取得襄国后，石勒即设立太学，挑选明经善书之吏，为他们分设官署（文学掾），然后再选派将佐子弟三百人入太学学习。他在襄国城的四门分别设置了宣文、宣教、崇儒及崇训等小学十余所，命令羯人贵族及公卿大臣们送自己的子弟入校学习。后来又在襄国城西设置明堂及辟雍。他在后赵控制的各郡国内也设置学校，每郡置博士祭酒二人为学官，各领弟子一百五十人学习。这些弟子经过三年共三次考试，成绩优良者即可推举到中央或各级地方，破格录用。

针对西晋末年以来政府律令滋烦、难以推行的问题，石勒还简化并重新制定了国家律令。他命法曹令史贯志，制定《辛亥制度》，仅五千余字，在后赵推行达十余年之久。此外，石勒还非常重视国家典志的修订及撰写。

---

① 《晋书·石勒载记》。
② 《晋书·石勒载记》。

他命程机等撰《上党国记》，中大夫傅彪等撰《大将军起居注》，参军石泰等撰《大单于志》等。这些意识形态领域的建设，使后赵政权显示出十六国时期大多数少数民族政权所不具有的较高的政治文明。经过这些制度建设后，石勒政权的"威仪冠冕"，便"从容可观"了。①

除上所述各种制度及措施外，石勒本人还展现出卓越不凡的政治品德及才能，这在十六国时期是不多见的。石勒的个性粗豪坦荡，不计前嫌，同时还能做到虚己待人。他待谋士张宾只称右侯，不直呼名，便是很好的例子。石勒年轻时与邻居李阳经常因为争夺麻地而发生斗殴。在襄国称王后，石勒召请故乡父老至襄国欢宴，发现李阳未至，石勒便说："李阳，壮士也，何以不来？沤麻是布衣之恨，孤方崇信于天下，宁仇匹夫乎！"意思是说自己作为帝王，当然不能记匹夫之仇。便派人将他召来，与其酣饮戏谑，还抓住李阳的胳膊说："孤往日厌卿老拳，卿亦饱孤毒手。"②当日欢宴极盛，并授李阳参军都尉。

石勒为羯人，最恨汉人称他为羯胡，所以下令禁止称羯人为胡人，只称国人，犯禁者要受到严厉的处罚。参军樊坦为官廉正，家庭清苦，石勒听说后派他去章武任内史。樊坦向石勒辞行，石勒见樊坦衣冠弊坏，虽然早有耳闻但仍十分吃惊，便问："樊参军何贫之甚也？"樊坦是个直率诚朴之人，没有心机，便回答说："顷遭羯贼无道，资财荡尽。"不仅直呼称羯，还在后面加上个"贼"字。石勒听了并没有生气，反而开玩笑说，既然你遭羯贼的暴掠，那我这个羯贼之首，今天就全部赔偿你吧。樊坦此时才意识到自己闯下了天大的口祸，"大惧，叩头泣谢"。石勒仍然没有责怪樊坦，反而安慰他说：我的那些律令是禁止那些俗士的，"不关卿辈老书生也"。于是赐给樊坦车马衣服及钱三百万，用以奖励以清苦自守的方正之士，贬斥贪婪的社会风气。③

石勒不识字，与刘渊、刘聪父子饱读汉人典籍相比，知识修养方面有较大的欠缺。但是，石勒非常清楚汉人流传的典籍文献对于治理国家的重要意义，所以他常常让人为他朗读史书，从中汲取治国的经验教训。石勒虽不识字，但他亲身历尽战乱动荡，所以对历史上的成败也有着惊人的识鉴。一次，有人为他读《汉书》，当读到郦食其劝刘邦立六国之后时，石勒

① 《晋书·石勒载记》。
② 《晋书·石勒载记》。
③ 《晋书·石勒载记》。

大惊说："此法当失，何得遂成天下！"随后读到留侯张良谏止了这一成议，石勒这才放心地说："赖有此耳！"①

石勒为人粗豪，同时又十分精细，因而对臣下的意见往往能做出自己的判断，从不人云亦云。312年，石勒屯兵葛陂，准备进攻江东司马睿，逢霖雨三月不止。右长史刁膺劝石勒归降司马睿，夔安则劝石勒就高避水，石勒都不满意。武将孔苌、支雄等人，则请各率三百步卒，连夜攻打司马睿的兵营，要尽取司马家儿辈。石勒笑说：这是勇将的计谋，对他们的请战精神给予充分的肯定，各赐铠马一匹。但并不采用他们的计策。最后则用张宾之计，退还邺郡，经营河北，终于取得成功。

石勒还非常有自知之明。一次，他问大臣徐光：我与历代开国君主相比，能在哪一等？徐光对石勒大肆阿谀："陛下神武筹略，迈于高皇；雄艺卓荦，超绝魏祖；自三王以来，无可比也，其轩辕之亚乎！"将石勒与传说中的黄帝视为一等。石勒笑着说：我难道还不了解自己，你说得也太过分了。于是他接着说："若我碰上了高祖刘邦，就当北面而君事之，但还可与韩信及彭越之流一较长短。若我遇上了光武帝刘秀，就当与之并驱于中原，究竟鹿死谁手，那就不好说了。大丈夫行事应当光明磊落，像曹孟德、司马仲达那样欺负人家孤儿寡母，凭狡诈狐媚以取天下的事，我是不会做的。所以，我自认为能在二刘之间，哪里敢与轩辕氏相比呢！"②

上述记载反映出石勒作为一名开国君主，其政治才能在十六国时期，是高出于绝大多数少数民族君主的。是以后赵在石勒统治期间，其统治范围已扩大到西起河西、东濒大海、北尽燕代、南逾淮海、基本上统一了北部中原，远非前赵可比。可惜他的主要谋士张宾早逝，影响了后赵政治的进一步发展。石勒本人在称帝三年后于333年病死。石勒死后，后赵很快就陷入了最高统治集团内部的争斗与战乱之中，中原的形势又为之发生巨变。

3. 石虎的暴政

330年，石勒称帝，立子石弘为太子，引起了羯人贵族石虎的极大不满。石虎，字季龙，早年丧亲，为石勒母亲收养。石勒与石虎为叔侄，但有时也以兄弟相称。石虎骁勇善战，为后赵政权的建立与发展立下了汗马功劳。他曾对自己的儿子石邃说："吾躬当矢石二十余年，南擒刘岳，北走

---

① 《晋书·石勒载记》。
② 《太平御览》卷一二〇《偏霸部·后赵石勒》。

索头，东平齐鲁，西定秦雍，克殄十有三州，成大赵之业者，我也。"①虽然有所夸张，但也绝非凭空向壁虚造。石虎为人残暴，"降城陷垒，不复断别善恶，坑斩士女，鲜有遗类"②。一次，石虎受石勒之命攻打青州，攻克州治广固后，石虎将守卫广固的军士三万余人全部坑杀。对城中的平民百姓，石虎也想尽行杀戮。后来在石勒新任命的青州刺史刘徵的极力反对下，才放过男女仅七百余口没有杀害。石虎不仅残忍，还野心勃勃，后赵的大臣们对此都早有警觉。是以在石勒病重期间，大臣徐光与程遐等人就劝石勒先行除掉石虎，以免后患。但石勒认为天下未定，不宜诛戮功臣，没有听从。

石虎对石勒虽然有所怨恨，但还不敢轻举妄动。石勒一死，石弘即位，后赵政权中便再无人能够弹压住他。石虎首先杀程遐、徐光等人，自任为丞相、大单于，加九锡，将朝政完全控制在自己的手中。石勒妻刘氏与彭城王石堪合谋诛杀石虎，石堪前往兖州调兵，被石虎派人杀死。这时，在外领兵的后赵大将石生及石朗等人，也都纷纷起兵讨伐石虎，但很快就都被石虎平定。不久，石虎废杀石弘，又将石勒诸子尽行杀戮。335年，石虎自称居摄赵天王，改元建武，立子石邃为太子，并迁都至邺。

石虎初即位，还一度重视过国内政治及社会经济的稳定与发展。他以夔安为侍中、太尉、守尚书令，命郭殷为司空，韩晞为尚书左仆射，魏概、冯莫、张崇、曹显为尚书，又以申钟为侍中，郎闿为光禄大夫，王波为中书令，使后赵政权的统治迅速恢复正常。石虎对农业生产也十分重视。他下令各州郡，如果田畴不辟，农桑不修，就要对其地方官员进行处罚。与此同时，石虎还在后赵境内广泛推行屯田，来补充军粮的供应。他命典农中郎将王典，率军万余在海滨一带屯田，同时还在幽州自白狼一带大兴屯田。

然而，石虎在后赵的统治刚刚稳定后不久，其残暴贪婪的本性很快就暴露无遗。他是十六国时期最为著名的暴君。石虎迁都于邺之后，便在新都大兴土木，营造宫殿。他还将晋都洛阳的钟簴九龙及翁仲铜驼都迁到邺。他不仅在邺都营造楼台观阁四十余座，还在长安及洛阳修造自己的行宫，一次就征调劳役四十余万人。为修长安未央宫，他共征调雍、洛、秦、并州百姓共十六万人。为修洛阳官，他共征调了诸州劳役二十六万人。甚至

① 《晋书·石季龙载记》。
② 《晋书·石季龙载记》。

仅为修筑邺都的华林苑及北部长墙，他就征发了首都附近各郡劳役共十六万人，还征调了十万辆车。石虎为了满足自己的淫欲，征民间十三岁以上、二十岁以下未婚女子共三万人充实后宫。一些百姓不愿看到自己家的女儿被征入石虎的后宫，就赶紧择婿嫁人。地方官员为了取媚讨好，便将已婚而貌美的妇女九千余人也强行征入石虎的后宫。以致当时有"夺人妻女，十万盈宫"①的说法。这不仅对后赵国内的统治造成极大的混乱，对于中原地区人口规模的恢复也产生了十分恶劣的影响。

除大肆营造宫殿、强夺民女外，石虎还穷兵黩武，不断发动对外战争。为攻打辽西的慕容皝，他下令在司、冀、齐、幽、雍等州征调青壮男子参军服役。没有免役特权的人家，所有的壮丁都要入征。有免役特权的人家，也按五丁抽三、四丁取二的比率征调。这样，加上邺都旧有的军队，一次就征集了五十万人。石虎还下令河南四州负责准备南征；又命并、朔、秦、雍等州，负责准备西征。各地为了准备战争，仅日夜赶造铠甲的就有五十万人，建造船只的则有十七万人之多。受征调的百姓因不堪长期沉重的徭役，大量死亡。例如，修造船只的十七万人中，为水溺毙及因深山采木遭遇猛兽伤害而死者，高达三分之一。在修筑邺都华林苑时，因遇暴风大雨，也有数万人死亡。一些百姓不堪徭役的沉重，甚至以自杀相抗。一次，石虎要攻打东晋，下令征调士兵，并责成这些士兵五人要出车一乘、牛二头，另每人各出米十五斛及绢十匹。如果不能完成这些任务，就以斩首论处。贫穷的百姓即使卖儿卖女，也拿不出这些役调，只有自缢于道路。以至道路之上，死者相望。一些地方官员也乘机巧取豪夺，竞兴私利，遂致十室之中，竟有七室人家因不堪徭役的沉重而破产。

石虎攻城掠地，杀人如麻，已经残忍到极点。而他的太子石邃，则更加残忍无道、奢淫无耻。石邃曾"装饰宫人美淑者，斩首洗血置盘上，传首视之。又纳诸比丘尼有姿色者，与其交褻，然后杀之，合牛羊肉煮而食，亦赐左右"②，已经完全丧失了人性。

在这种情形下，不堪石虎暴政的百姓，只好揭竿而起，奋起反抗。349年，后赵爆发了梁犊领导的起义。梁犊自称晋征东大将军，很快就取得关中地区百姓的广泛拥护，起义队伍很快发展到十万人。起义军向东进攻，先后在长安、新安及洛阳等地击败后赵军队。最后，石虎只好调集羌人贵

---

① 《晋书·石季龙载记》。
② 《太平御览》卷一二〇《偏霸部·石虎》。

族姚弋仲及氏人贵族苻洪率军前往征讨，才将梁犊起义镇压下去。

石虎是靠弑君取得最高权力的，所以他的儿子们也都效法他的所作所为。石邃虽然被立为太子，但他夺权心切，竟密谋杀害父亲，早即帝位。石虎知道后，就将石邃及妻子儿女二十多人全部杀死，置于一棺之中埋葬。石虎另立子石宣为太子，同时又极其宠爱石宣的弟弟石韬。石宣害怕自己的政治利益受损，就派人杀死石韬，还想趁石虎临丧时将石虎也一并杀掉。石虎事先得知，便捕杀了石宣。东宫四帅以下三百人，宦者五十人，都被车裂处死。东宫所属军队十余万人也都因此发配凉州。这种父子相残，在中国古代的历代王朝中都是罕见的。石虎也不得不感叹忏悔说："吾欲以纯灰三斛，洗吾腹肠秽恶，故生凶子，儿年二十余，便欲杀公。"最后，石虎只好立最年幼的儿子石世为太子。石世时年仅十岁，石虎还安慰自己说："比其二十，吾已老矣。"①于此可见，后赵最高统治集团内部的危机已经达到无以复加的地步。

349 年，石虎死，年幼的太子石世继立，由太后刘氏临朝听政。后赵政权至此便陷入石虎诸子争立的战乱之中。石世在位仅 22 日，石虎的另一子石遵，便在姚弋仲及苻洪的支持下废杀石世，自立为帝。石冲听说石遵称帝，也在蓟城起兵反对石遵，不久兵败被杀。石虎的另一子石鉴，在石闵及李农的帮助下杀石遵后自立为帝，石遵在位仅 183 日。石鉴称帝后，用石闵为大将军，以李农为大司马、录尚书事。石鉴称帝后对掌握大权的石闵、李农等人心存畏惧，便想利用石苍等人除去石闵及李农，不料反被石闵、李农等人抢得先机，在称帝 103 日之后即被杀掉。石闵、李农杀掉石鉴之后，又尽杀诸胡，后赵至此灭亡。从 319 年石勒称赵王起，到 349 年石鉴被杀，后赵立国为 31 年。

三　冉魏与前凉

1. 冉魏时期的民族矛盾

冉魏的建立者冉闵，即石鉴所命后赵大将军石闵。石闵本姓冉，字永曾，原为汉人。其父冉瞻，年仅 12 岁时便弓马娴熟。石勒见而奇之，便命石虎收冉瞻为养子，因而改称石瞻。石瞻生子，也都姓石而不姓冉。石闵为石虎养孙，幼年时即显出不同一般的果敢气质，长大后不仅勇悍善战，

---

① 《晋书·石季龙载记》。

更善于临阵筹划决策。这在后赵将领中便显得尤为出类拔萃。石虎统治末年，石闵见后赵政治动荡，便尽散家产以树私恩，取得了很大的威信。石闵在李农的支持下杀掉石鉴后于350年称帝，国号大魏，改元永兴，并便用本姓，称冉闵，故史称其所建魏国为冉魏。冉闵以李农为太宰、领太尉、录尚书事，封齐王。并派使者通告东晋政府："胡逆乱中原，今已诛之，若能共讨者，可遣军来也。"①但因为冉闵已经称帝并且词语傲慢，所以东晋政府对冉闵的通使并没有给予积极的回应。

冉闵建立魏政权之后，采取了一些措施来巩固统治。他"清定九流，准才授任"，将大批出身世家大族的士人知识分子拉进自己的统治集团。为了争取民心，他还开仓赈民，将后赵政府库存的大量粮食散发给贫民。这些措施，对中原地区社会秩序的稳定起到一定的积极作用。但是，冉闵在处理民族矛盾方面举措失当，结果遭遇移居中原的少数民族势力的集体反抗，终于身死国灭。

石虎统治期间，胡、汉之间的民族矛盾十分尖锐。以石虎为代表的羯族统治者，对汉人肆意压榨与欺凌。曾有沙门吴进向石虎进言，说"胡运将衰，晋当复兴"②，因此建议石虎要苦役晋人，以压其气。石虎于是征发邺都附近男女人众十六万，车十万乘，运土筑华林苑及长墙，昼夜相继，结果导致数万汉人死亡。胡、汉之间的仇视到后赵统治末年，已经无以复加。是以冉闵建魏之后，面对羯人贵族的反对，便有意利用汉人对胡人的仇视心理来巩固自己的统治。他曾"宣令内外六夷，敢称兵仗者斩之"，结果导致胡人或斩关、或越城、纷纷逃走。冉闵还一度下令打开邺都所有的城门，宣布"与官同心者住，不同心者各任所之"③。结果百里以内的汉人都给纷涌进邺都，而城内所有的羯人却纷纷离城逃命。冉闵见羯人都不与自己同心，就下令捕杀羯人。通告后赵国内，汉人能斩一胡人首级送到凤阳门的便能得到重赏。是以羯人不分男女贵贱老幼，被杀者达二十余万之多。这些尸体都被抛弃在邺都城外任由野狗豺狼所食。甚至于一些高鼻多须之人，也被错认为是羯人而惨遭杀戮。十六国时期的中原，民族之间的仇杀往往惨绝人寰，史载"季龙之殪晋人，既穷其恶；永曾之诛羯士，亦歼其类"④。这

---

① 《晋书·石季龙载记下附冉闵载记》。
② 《晋书·石季龙载记》。
③ 《晋书·石季龙载记下附冉闵载记》。
④ 《晋书·石季龙载记下附冉闵载记》。

些都是在特殊历史背景下发生的人类悲剧。冉闵还想将移居中原的少数民族都驱逐出境，这更导致了规模巨大的灾难，"青、雍、幽、荆州徙户及诸氐、羌、胡、蛮数百余万，各还本土，道路交错，互相杀掠；且饥疫死亡，其能达者，十有二三"①，人口死亡大半。

冉闵的这种做法，直接的后果是使中原地区社会经济再遭重创，"诸夏纷乱，无复农者"②。此外，他的民族压迫政策固然能够取得相当多汉人的支持，但是也将众多的羯胡百姓推向自己的对立面，这对他的统治安全构成重大的威胁。例如孙伏都、刘铢等人，就曾集结三千羯人在胡天埋伏，想诛杀冉闵与李农。冉闵、李农得知后，斩孙伏都等。大批羯人也因而受到牵连，邺都自凤阳门至琨华门，横尸相枕、流血成渠。这次反抗虽然失败，但是已向冉闵表达出危险的信号。冉闵在邺称帝时，羯人贵族石祗在襄国城也称帝，他与羌人贵族姚弋仲及氐人贵族苻洪联手，共同反对冉闵。胡人握有兵权的，都纷纷起兵拥护石祗。冉闵击败了石祗部将刘国的进攻，但在襄国之战中被石祗联合羌人及鲜卑人组成的联军打得大败，除损失十万余人的军队外，冉魏政权中的一些著名人物，如石璞、徐机、胡睦、李琳、卢谌及王鬱等，都在此役中被诛杀。后冉闵利用石祗部将刘显，刺杀石祗，平定了羯人的大规模反抗。但此时氐人贵族苻洪、苻健父子已经在关中建立了秦政权，鲜卑慕容儁也率众进逼至幽、蓟一带，不断骚扰冉魏控制的冀州。冉魏政权岌岌可危。

352年，鲜卑大将慕容恪率军进攻冀州，冉闵领军前往迎敌。冉闵与慕容恪交战，连胜十仗，开始骄傲轻敌。他率轻骑出战，遭慕容恪重兵围困，终因寡不敌众，马死被俘，后被送至龙城斩首于遏陉山。慕容儁派慕容评攻破邺都，俘冉闵妻董氏、太子冉智及太尉申钟、司空条攸、中书监聂熊、司隶校尉籍罴、中书令李垣及诸王公卿士，皆送于蓟，冉魏灭亡。冉魏自350年建立，至352年败亡。

2. 前凉的偏安

前凉的建立者张轨，字士彦，为汉常山王张耳十七代孙。家世孝廉，以儒学显于世。张轨与当时著名学者皇甫谧相善，曾一同隐居于宜阳女儿山。西晋中书监张华曾与张轨讨论儒家经典及政事得失，对张轨十分钦佩，

---

① 《晋书·石季龙载记下附冉闵载记》。
② 《晋书·石季龙载记下附冉闵载记》。

因而品定张轨为"二品之精"①。后被任命为太子舍人，累迁至散骑常侍、征西军司。张轨见西晋统治腐朽黑暗，为避战乱，便图谋在河西发展。301年，张轨被任命为护羌校尉、凉州刺史。

当时的凉州，鲜卑人正在发动反叛，境内盗贼横行。张轨到达凉州后，对当地混乱的社会治安进行大力整顿，斩首万余级，很快就确立了威信。之后，张轨劝课农桑，发展经济，同时任用宋配、阴充、泛瑗、阴澹等人，征集各郡世族子弟五百人，开设学校推行儒家之教，使凉州在西晋末年的大乱中得以保持良好的社会秩序。中原士人，为避战乱，纷纷来到凉州。314年，张轨死，子张寔继任为凉州刺史。刘曜围攻长安，张寔派遣将军王该率军援救京城。晋愍帝出降刘曜之前，曾下密诏给张寔以嘱后事。司马睿在建业称帝后，张寔派人向司马睿称臣进表，但并不用晋元帝司马睿的年号，而仍用西晋愍帝的建兴年号。同时，张寔又与晋另一宗室南阳王司马保保持密切联系。司马保受刘曜逼迫投奔张寔，不久病死，所属士卒万余人都归附张寔。张寔在位6年，被部下谋害致死。寔子张骏年幼，遂由寔弟张茂代摄凉州政令。

323年，秦州刺史陈安起兵反对刘曜。刘曜率大军征讨陈安。击败陈安后，刘曜乘势进攻凉州。临洮县翟楷、石琮等人驱逐地方官员，响应刘曜，凉州境内为之大震。参军马岌劝张茂亲征，张茂于是率军进驻石头。刘曜因为关中之乱尚未平定，无力与张茂长期对峙，只好退兵。这次胜利不仅使凉州免遭中原战乱的破坏，张茂还趁机攻取了陇右的南安。当时的中原战乱频仍，凉州是北方最安定的地方，民间歌谣中即有所谓"秦川中，血流腕，唯有凉州倚柱观"的说法。张茂在位5年，病死无子，兄子张骏继立。

张骏统治凉州期间，是前凉最兴盛的时期。他曾派将军杨宣等人，领军攻取龟兹及鄯善，将西域置于前凉统治之下。史载张骏"尽有陇西之地，士马强盛，虽称臣于晋，而不行中兴正朔。舞六佾，建豹尾，所置官僚府寺拟于王者"②。张骏统治凉州的22年时间里，凉州境内已然称其为王。不过，虽有数次群臣上奏让他称王，但都被张骏拒绝，仍自称凉州刺史。张骏病死，世子张重华继立。

347年，即东晋永和二年，张重华始称假凉王。张重华在位共11年而死，子耀灵继立时年仅10岁。354年，张骏庶长子张祚废耀灵自立，称凉

①　《晋书·张轨传》。
②　《晋书·张轨传附张骏传》。

王，改元和平，并追崇曾祖张轨为武王，祖张寔为昭王，从祖张茂为成王，父张骏为文王，弟张重华为明王。356年，张瓘杀祚而立耀灵弟弟张玄靓。张玄靓废凉王之号，仍称凉州牧、西平公，并取消和平年号，仍用西晋愍帝建兴年号。张玄靓继位时年仅5岁，张瓘、宋混、宋澄、张邕等人先后执政。最后，前凉大权落在张玄靓叔父张天锡手中。363年，张天锡杀死张玄靓，控制前凉政权。不久，张天锡被东晋政府封为大将军、大都督、督陇右关中诸军事、护羌校尉、凉州刺史、西平公。

376年，前秦苻坚派军进攻前凉，张天锡出降，前凉灭亡。从张轨301年出任凉州刺史始，至此年张天锡出降，前凉政权共存在76年。

四　前燕

1. 前燕政权的早期发展

前燕的建立者慕容廆，鲜卑人。慕容氏是鲜卑人的一支。东汉末年，鲜卑大汗檀石槐将所辖领地分成东、西、中三部，慕容氏属中部，宇文氏属东部，拓跋氏属西部。慕容氏因为肤色较其他鲜卑为白，所以也被称为"白部鲜卑"。慕容廆的祖先世代为鲜卑慕容氏贵族。其曾祖名莫护跋，在曹魏初年率所部徙居辽西。后因跟从司马懿征讨公孙渊立下战功，而被封为率义王，至此始建国于棘城之北。294年，慕容廆迁居大棘城（辽宁义县西南），部族开始了定居农业生活。慕容廆还仿造西晋王朝的政治体制，加强了前燕政权的制度建设。迁居大棘城之后，是早期慕容氏政权获得发展的一个重要时期。

西晋末年以后，中原地区长期处于战乱之中。这一地区的世家大族及普通百姓，便纷纷离开中原四散逃亡。其中大多部分投奔了江东司马睿的东晋王朝，还有一部分投奔了河西张氏建立的前凉政权，也有一小部分逃至辽西一带。慕容廆对于流亡而来的汉人世族及平民百姓，采取积极收容的政策。一方面侨置郡县，安置流民。如为冀州人侨置冀阳郡，为豫州人侨置成周郡，为青州人侨置营丘郡，为并州人侨置唐国郡。另一方面，则从流亡而来的世家大族中提拔有能力的士人，充实自己的政权，如裴嶷、鲁昌、阳耽、逄羡、游邃、封抽、宋奭、裴开、封虞、宋该、皇甫岌、缪恺等人，都被吸纳到前燕政权当中成为慕容廆的谋士与股肱，并参与前燕政权的机要事务。慕容廆比较好地处理了中原流民的问题，前燕政权由此获得了进一步的巩固与加强。

东晋政权建立后，慕容廆听从其子慕容翰的建议，尊崇东晋王朝为宗主国。晋元帝于是封慕容廆为鲜卑大单于，这使得前燕政权在汉族士人中间产生了更大的影响。大量汉族百姓及士人纷纷逃至辽河流域，投奔慕容廆的前燕政权。在汉族士人的影响下，前燕政权的汉化程度也日益加深。来自平原的刘赞是著名的儒者，被慕容廆任命为东庠祭酒。慕容廆的世子慕容皝与其他慕容氏贵族子弟都前往受业，连慕容廆在览政之余，也亲临听讲。汉族士人的大量加入，为前燕政权日后向中原地区发展势力创造了有利的条件。

在迅速汉化的过程中，慕容氏政权的统治水平也迅速提高。慕容廆就提出过治理国家的四大要点，即慎刑、选贤、重农及戒酒色便佞，"狱者，人命之所悬也，不可以不慎；贤人君子，国家之基也，不可以不敬；稼穑者，国之本也，不可以不急；酒色便佞，乱德之甚也，不可以不戒"①。相较于前、后赵的统治者刘氏及石氏，慕容廆在治国理念上确实要高出他们不止一筹。333年，慕容廆死，第三子慕容皝继位，东晋王朝仍授予慕容皝以鲜卑大单于称号，337年，又进一步加封他为燕王。

慕容皝继位后，迁都龙城（辽宁朝阳）。在慕容皝统治期间，前燕国势进一步发展，先后击破夫余、高句丽及段氏，又灭鲜卑宇文部，还经常袭击后赵的幽、冀二州，并从这些部族及政权掠夺了数十万人口，将他们迁徙到前燕统治的辽河地区。

慕容皝统治时期，是前燕政治获得巨大发展的时期。慕容皝十分重视发展农业生产。他常亲自巡行郡县，"劝课农桑"。他罢去了所有的苑囿，将土地分给无田的农民，对于全无资产不能自存者，还各赐牧牛一头，帮助他们组织生产。在击败宇文归后，慕容皝将宇文部所属五万余落迁徙到昌黎实行屯田。一开始，他规定屯田者若使用官牛，需将收入的八成上交，自己只能留下二成；使用私牛的屯田者，则需缴纳收成的七成，保留三成。后来他又听从大臣封裕的意见，按照魏晋以来的成例，分别以使不使用官牛来确立六四分成及五五分成。为保障农业生产，慕容皝还责令地方官要加强水利的兴造。在政治上，慕容皝十分注意广开言路，他曾立纳谏之木，鼓励臣民向朝廷进言或提出建议，或指出自己的过失。慕容皝非常重视人才的培养与选拔。他曾亲自编纂教材《太上章》，来代替汉代流传下来的《急就》篇，又曾著《典诫》十五篇，来教育慕容氏贵族子弟。他还亲自主持过东

---

① 《晋书·慕容廆载记》。

序学生的考试，对于成绩优异的，就选拔来充任自己的近侍。

2. 前燕在中原地区的统治

348 年，慕容皝死，第二子慕容儁继位。349 年，东晋政权册封慕容儁为中外大都督、大将军、大单于、燕王。此时正值后赵政权分崩离析之际，慕容儁便积极准备征讨后赵，意图将前燕势力向中原一带进一步发展。石虎死后，诸子争立，冉闵趁乱称帝，驱杀胡人，中原地区一片大乱。慕容儁趁乱，便开始了向冉魏政权的进攻。前燕与冉魏的战争一开始并不顺利，但随着冉闵日渐骄傲轻敌，战争形势开始向有利于前燕军队的方向发展。前燕大将慕容恪充分利用冉闵的轻敌意识，将军队分成左、中、右三部。他以铁锁连马，派中军以方阵出战，诱使冉闵以轻骑前来冲击，然后从两翼对冉闵进行夹击。战斗一开始，冉闵力斩鲜卑三百余级，取得小胜。但慕容恪的左军及右军迅速从两翼进行包抄，将冉闵所率轻骑团团围住。冉闵寡不敌众，只好向东突围，终因马死而遭擒。

俘杀冉闵之后，前燕势力迅速发展至中原，淮河、汉水以北的地区，除关中被符秦占据之外，都被前燕占领。东晋听说前燕势力发展如此迅猛，便派使者出使前燕，想借机强调一下自己对前燕的宗主国地位。然而慕容儁却告诉使者说："汝还白汝天子，我承人乏，为中国所推，已为帝矣。"[1] 慕容儁称帝后，就将国都从龙城迁到了邺。

慕容儁占领中原后，便想趁势一举吞并江东与关中。他下令各州郡检校人丁，规定各民户除留一丁外，其余所有男子都要随军从征，想将前燕的军队扩充到一百五十万的规模。但是由于中原长期受战乱摧残，这一扩军计划根本无法完成。当然，他进攻江东的图谋也就没有实施。

360 年，慕容儁死，子慕容暐继位。慕容暐十分庸弱，他以慕容恪为太宰，以慕容评为太傅，朝政都委托二人负责。慕容恪死后，前燕朝政遂主要由慕容评控制。369 年，东晋桓温北伐，攻占了枋头，直逼前燕首都邺，引起前燕君臣的恐慌。慕容暐一度想将都城迁回龙城，以避开桓温的锋芒。大将慕容垂力主拒战，反对迁都，并以五万之众大败桓温，总算解决了前燕政权的危机。慕容垂的胜利引起了执政大臣慕容评的嫉妒。结果慕容垂不仅没有得到封赏，反而遭到无端陷害，只好投奔前秦符坚。

慕容评嫉贤妒能，在他的操纵下，前燕政权日趋腐朽黑暗。"评等贪

---

[1] 《晋书·慕容儁载记》。

冒，政以郁成，官非才举，群下切齿焉。"①一些无能的官员，靠有裙带关系就能很快获得升迁，而有才能没关系的官员，却无法获得升迁的机会。此外，前燕政权官僚重复设置的现象非常严重，这不仅降低了政府工作的效率，也增加了国家财政的负担。当时就有人主张要"并官省职，务劝农桑"②，但是并没有得到真正的实行。慕容评的个性极其贪鄙，他甚至通过"障固山泉，卖樵鬻水"③的办法，聚敛了大量财产。上行下效，在他的影响下，前燕的很多官员也都贪婪成性，拼命地搜刮百姓，中饱私囊。前燕皇帝慕容暐的生活也十分奢侈，他的后宫就有四千余人，加上负责各种杂事的僮仆厮养，则有数万人之多。这些人不仅不从事生产劳动，每日所费更是惊人。如此腐朽的政权，当然禁不起外部的军事冲击。370 年，前秦苻坚派王猛、杨安等人率众六万，进攻前燕。前燕军队大败。苻坚又自率十万大军，与王猛会师直逼前燕首都邺。慕容暐与慕容评弃城北窜，想逃回自己的老家龙城，于半路被前秦军队追获。前燕至此遂亡。

五　前秦

1. 前秦的建立与巩固

前秦创立者苻洪，又称蒲洪，氐族人。其祖先世为西戎酋长。据传其家池中生蒲，长五丈，有五节，如竹形，十分罕见，因此遂以蒲为氏。

西晋末年，天下大乱，蒲洪于是散尽家产，广召英才，以备战乱。同宗人蒲光、蒲突等人遂共推蒲洪为氐人盟主。刘曜将前赵国都迁到长安后，蒲洪率部归附刘曜被拜为率义侯。刘曜为石勒所灭，蒲洪退保陇山。后石虎率部进攻上邽，蒲洪又归附了石勒，并被拜为冠军将军。石虎统治后赵时期，蒲洪曾建议将关中豪杰及羌戎迁徙到邺，以充实京师防卫。从此深得石虎信赖，被拜为龙骧将军、流人都督，驻军于枋头。以后又屡立战功，晋封为西平郡公，其部下赐爵关内侯者达二千余人，势力十分庞大。冉闵曾建议石虎除掉蒲洪，石虎没有听从。石虎死后，石遵即位，听从冉闵建言，取消了蒲洪流人都督的称号。蒲洪于是遣使投降了东晋。当石虎诸子互相争战的时候，蒲洪的势力已经发展至十余万人。

---

① 《晋书·慕容暐载记》。
② 《晋书·慕容暐载记》。
③ 《晋书·慕容暐载记》。

350 年，东晋王朝命蒲洪为征北大将军、都督河北诸军事、冀州刺史、广川郡公。当时天下流传一句谶言，称"艸付应王"，"艸付"合在一起，便是"苻"字，苻与蒲音同，所以蒲洪便改姓苻氏，称苻洪。苻洪想占据关中为王，但认为中原指日可定，所以就没有立即进军关中。这时，羌人贵族姚弋仲也想割据关中，便派其子姚襄率军五万进攻苻洪，却被苻洪击败。351 年，苻洪遂自称大将军、大单于、三秦王，但不久就被后赵降将麻秋毒死。苻洪死后其子苻健继立。

苻健继立后，为防树大招风便取消了大将军、大单于、三秦王等名号，而仍以东晋所封爵位为称。此时，苻健还驻军在枋头，关中为雍州刺史杜洪所占。苻健为了麻痹杜洪，便在枋头督课兵士种麦，表示没有西进的打算，实际上却暗中调集人马突然进攻关中。苻健很快就击败了杜洪并攻占长安。攻克长安后，苻健还曾派使者到东晋献捷，表明自己仍是东晋的属臣。但当苻健在长安站稳脚跟后，便摆脱了与东晋的主藩关系，自称天王、大单于，并设置了百官。352 年，苻健又进一步自称皇帝，命其子苻苌领大单于一职。

354 年，东晋桓温北伐。这时苻健在关中统治尚未巩固，所以东晋大军很快就攻入关中腹地，并进驻灞上。当时，三辅一带的郡县，不少投降了桓温。而苻健派守长安的仅是六千羸兵，长安也是指日可下。但是桓温北伐另有自己的政治意图，所以并没有立即进攻长安，逐渐失去有利战机。而苻健在战争一开始的时候就采取了收麦清野的战术，这给桓温军队的粮食补给造成了巨大的困难。同时苻健派遣精锐三万为游军在长安外围不断袭击桓温，也使东晋军队疲于奔命。最后，前秦军队与东晋军队在白鹿原展开决战，东晋军队大败，桓温只得匆匆撤出关中。

苻健击败东晋桓温，外部压力暂时减轻，便积极着手国内政治的建设与经济的发展。他仿照汉高祖治理关中，也与百姓约法三章，因而迅速稳定了关中地区的社会秩序。他还在长安平朔门内建造了一座"来宾馆"，用以招徕四方贤才。为发展关中农业，他采取减免赋税的政策，对自耕农的利益进行保护。他还提倡节约，防止因百姓负担过重而引起社会矛盾的激化。苻健还在关中地区倡导儒学。他在杜门修筑了灵台，又在国内优待耆老，这些政策也有效地缓和了社会矛盾。在苻健的统治下，前秦政权获得了较大的发展。

355 年，苻健病死，时年 39 岁，在位仅 4 年。苻健死后，太子苻生继位。苻生生而有残疾，只有一目，但却勇武绝伦。不过，他的为人则过于刚戾残忍。据说其祖父苻洪有一次故意取笑他，说："瞎儿一泪，信乎？"左右近侍都随声附和。苻生于是自拔佩刀，刺面出血，并说，这不也是一条眼泪吗？苻洪要制止他这种自残，说："如果你再不停手，我就罚你为奴。"苻生却说："那样我不就与石勒一样了吗！"（石勒也曾为奴）①苻生即位为君后，他的残暴个性更是暴露无遗。他对待朝臣，经常任情杀戮。在他的朝廷上摆着锤钳锯凿等各种刑具，大臣稍有不如意者，就可能招来杀身之祸。尚书令辛劳一次在宴会中负责劝酒，席中有人饮而未尽，苻生就将辛劳射杀。"于是百僚大惧，无不引满昏醉，污服失冠，蓬头僵仆，生以为乐。"②对待自己的后宫，苻生也十分凶残，即使是自己宠爱的宫妃，稍有慢怠也会被杀掉，死后尸体还要被投入渭水。"既自有目疾，其所讳者不足、不具、少、无、缺、伤、残、毁、偏、只之言皆不得道，左右忤旨而死者不可胜纪，"③这样的残暴统治，必然导致众叛亲离，当然也就无法持续很久，357年，苻坚与苻法等人冲入宫中，苻生的侍卫们皆倒戈相助，将苻生捕杀。

2. 苻坚统治期间的前秦政治

苻生死后，苻坚继位，并改元永兴。苻坚，字永固，又名永玉，是苻洪少子苻雄之子。苻健入关时，苻坚被拜为龙骧将军。苻坚博学多才艺，早有大志，所以非常注意结交四方英豪。王猛、吕婆楼、强汪、梁平老等当世英才都被苻坚收拢在自己的门下。这些人当中尤以魏郡人王猛最为著名，也是苻坚最主要的谋士与助手。王猛，汉人，字景略。王猛家境极其贫贱，曾在洛阳以贩畚为业，但他却饱读历代兵书，学识、气度及个性均卓越不凡。354年，桓温北伐入关时，王猛曾登军门与桓温相见，虽然衣履残弊，但却气度飞扬，一边扪捉身上的虱子，一边纵论天下大势，深得桓温钦佩。桓温问他：我率大军入关，为百姓讨贼，但是三秦豪杰并不前来归顺，这是为什么？王猛说：你不远数千里，深入寇境。长安现仅在咫尺之间，举手可获。但你却驻军灞上不去攻打，因此"百姓未见公心故也，所以不至"④。毫不客气地指出桓温心中另有政治企图，所以人心不附。桓温因粮尽撤退时曾召请他一同去南方，但王猛一方面知道桓温有不臣之心，

---

① 《晋书·苻生载记》。
② 《晋书·苻生载记》。
③ 《晋书·苻生载记》。
④ 《晋书·苻坚载记附王猛传》。

难以共济大事；另一方面也知道东晋门阀专政，而自己出生寒门，将来必不受重用；所以就没有随其南行。苻坚很早就知道王猛的大名，便将王猛请到自己府中，对他言听计从。苻坚即位后，命吕婆楼为司隶校尉，命王猛、薛瓒为中书侍郎，命权翼为给事黄门侍郎，共同掌管国家机要。

苻坚在王猛等人的辅佐下，使前秦的政治获得巨大的发展。总观苻坚的各项作为，主要有以下三个方面。

首先是抑制氐族豪强势力。氐族进入中原后，仍保留较多的部族制残余，这些部落酋豪，固然在前秦创业时作出过重要的贡献，但同时对发展中央集权也构成较大的障碍。苻坚统治前秦期间，因为重用王猛，引起氐族豪强的普遍不满，双方矛盾非常尖锐。苻坚在王猛的帮助下，对氐人大族的豪强势力进行了坚决的打击。特进樊世，有大功于苻氏政权，因而负气倨傲，他不满苻坚对王猛的信任与重用，便当众辱折王猛，还放出狂言，要斩王猛并悬其头于长安城门，苻坚听说后就将樊世杀死。当时各氐族豪酋，见苻坚如此佑护王猛，就纷纷起而诋毁王猛。但苻坚坚决支持维护王猛，对氐人豪酋采取谩骂甚至当庭鞭挞的方式，终于抑制了氐族豪强的嚣张气焰，并在朝廷中树立了王猛的威信。苻坚后来又命王猛兼任京兆尹一职，专门打击京城的不法豪强。特进强德，是苻健的妻弟，仗势横傲不法，被长安老百姓视为大患。王猛就将他捕杀，还陈尸于市，以儆效尤。王猛的副手中丞邓羌，也是耿直不挠之士，他与王猛同心协力，制定严格的法规，仅数旬之间就诛死贵戚强豪二十余人。于是长安城内，百官震肃，豪右屏气，秩序井然。社会风气也因此大为好转，出现了路不拾遗的良好社会局面。苻坚也高兴地说："吾今始知天下之有法也。"[1]

其次是重视发展农业。西晋末年以来，中原长期战乱，社会经济严重凋敝。要想巩固割据政权，就必须重视发展地方经济。早在苻健统治前秦时期，就曾在丰阳（今陕西山阳）开通与南方的边口贸易，"引南金奇货，弓竿漆蜡，通关市，来远商，于是国用充足"[2]。苻坚即位后，对于社会经济发展更加重视，尤其重视农业的发展。他曾主持藉田，并亲自耕种。其皇后苟氏也到长安近郊组织植桑养蚕。为发展农业，苻坚还十分注意兴修水利。他曾调发三万人，凿山起堤，引泾水灌溉农田，使关中百姓大受其益。他还在国内推广先进的区种法，使农业产量有了显著的提高。为了减轻自

---

① 《晋书·苻坚载记》。

② 《晋书·苻坚载记》。

耕农的负担，苻坚积极倡导节约。他的后宫，"悉去罗纨，衣不曳地"。有一年，前秦国内发生重大旱情，苻坚"惧岁不登，省节谷帛之费，太官、后宫减常度二等，百僚之秩以次降之"①。他还禁止工商、皂隶、妇女，不得衣着金银锦绣，凡违反者一定给予重罚，以此培养整个社会的重农风气。在苻坚的统治下，前秦社会经济出现繁荣景象。史载"关陇清晏，百姓丰乐，自长安至于诸州，皆夹路树槐柳，二十里一亭，四十里一驿，旅行者取给于途，工商贸贩于道"②。所述虽不免夸张，但苻坚统治下的前秦，所取得的成绩较之他国，确实是比较突出的。

第三是重视教育，倡导文治。为培养与选拔人才，苻坚在京城及地方郡国都广兴学校，并大力提倡儒学。他要求公卿大臣们的子弟，都要去学校学习儒家经典，成绩优秀的就给予重奖。苻坚还曾亲临太学课考，并依各人的成绩优劣，品定太学生们的等级。苻坚甚至在后宫也选拔聪慧的阉人及女隶，从师学习儒家经典，至于禁卫军士，也常常在掖庭之中跟着学习，这种举国兴学的景象，在历史上是不多见的。经过苻坚的提倡，儒学在中原地区凋敝数十年之后，又开始活跃起来。

前秦所以能取得这样的成绩，当然与苻坚及王猛君臣二人的政治才干是分不开的。苻坚不仅知人善任，还很有知错改过的精神。他对待群臣，有时喜欢当庭谩骂甚至鞭挞。大臣权翼因此劝谏说："陛下宏达大度，善驭英豪，神武卓荦，录功舍过，有汉祖之风。然慢易之言，所宜除之。"③苻坚便坦然地向权翼承认了自己的错误。一次，苻坚在邺狩猎十余日，乐而忘返。他的伶人王洛劝谏说："陛下为百姓父母，苍生所系，何可盘于游田？"苻坚听从王洛的劝告，从此便不再狩猎。王猛更是胸有大才，苻坚经常将他与周代的开国功臣姜尚相比。前秦的内外朝政，事无巨细，都由王猛筹划举措。是以史家称，前秦"兵强国富，垂及升平，猛之力也"④。375年，王猛病死，年仅51岁。苻坚对失去这样一位股肱之臣十分痛心，对他的太子说："天不欲使吾平一六合邪！何夺吾景略之速也！"⑤

3. 前秦统一北方及加强对西域的控制

随着国内政治的巩固与发展，前秦在对外战争中也取得一系列的胜利。

---

① 《晋书·苻坚载记》。

② 《晋书·苻坚载记》。

③ 《晋书·苻坚载记》。

④ 《晋书·苻坚载记附王猛传》。

⑤ 《册府元龟》卷二二七《僭伪部·倚任》。

　　369 年，桓温北伐前燕进攻到枋头，前燕皇帝慕容暐向苻坚求援，答应前秦如果帮助自己击退桓温，就将虎牢以西的地方都割让给前秦。桓温从枋头大败而归后，慕容暐却没有履行割地的承诺。这给了苻坚伐燕一个很好的借口。370 年，苻坚派王猛、杨安、邓羌等人率六万大军征讨前燕。王猛烧毁了前燕军队的粮草辎重，燕军因而溃败，被前秦斩杀五万余人。苻坚听到前线大胜的消息，便又自率十万大军与王猛会师，直下前燕的首都邺，很快就攻陷了邺并俘虏慕容暐，后又在辽东将前燕大将慕容评捕获，灭掉了前燕。

　　前秦吞灭前燕，使自己的郡增加了 157 个，县则增加了 1579 个，国家控制的人户数增加了 2458969 户，人口数则更是一下子增加了 9987935 人，从此实力大增。灭掉前燕以后，苻坚命王猛为使持节都督关东六州诸军事、车骑大将军、冀州牧，加强对中原地区的控制。同时又迁徙十万户关东大族及豪杰到关中，一方面可以充实关中；另一方面也有利于对他们进行控制。随后，前秦又连续取得了针对巴氐、蜀及前凉的战争胜利。371 年，前秦灭仇池杨氏。373 年，苻坚派大将杨安攻克益州，即命杨安任益州牧镇守成都。众西南夷都纷纷归附前秦。376 年，前秦进攻前凉，前凉王张天锡投降。前凉灭亡之后，苻坚迁徙凉州地方豪右七千余户到关中，防止他们在凉州地区再度割据。同年，苻坚又派遣大将苻洛率十万大军攻灭代国，并俘虏代王什翼健。至此，前秦完成了对北方的统一。

　　苻坚统一北方后，也加强了与西域地区的联系。他派梁熙出使西域，带去了大量中原地区的彩缯，作为礼物分赠给西域诸国。这些西域诸国也派出使者与前秦加强联系，其中前来朝献的国家就有十几个之多。383 年，苻坚听从车师前部王弥寘及鄯善王休密驮的建议，派骁骑将军吕光为使持节都督西讨诸军事，与凌江将军姜飞、轻骑将军彭晃等人率军七万，出征西域。苻坚告诉吕光，在西域地区应"示以中国之威，导以王化之法，勿极兵穷武，过深残掠"[1]。苻坚同时任命休密驮为使持节、散骑常侍、都督西域诸军事、宁西将军，任命弥寘为使持节、平西将军、西域都护，率领其国军队充任吕光的向导。苻坚的羁縻政策发挥了很好的效用，吕光在西域地区的进展十分顺利，仅历一年，即 384 年就讨平了西域诸国。于是苻坚继命吕光为使持节散骑常侍、都督玉门以西诸军事、安西将军、西域校尉，并进封顺乡侯。吕光成为前秦派驻西域地区的最高行政及军事长官。

---

　　① 《晋书·苻坚载记》。

在加强对西域地区控制的同时，前秦也加强了与周边其他地区的沟通与联系。381年，"大宛献汗血马，肃慎贡楛矢，天竺献火浣布，康居、于阗及海东诸国，凡六十有二王，皆遣使贡其方物"①。在淝水之战前，前秦的版图，已经扩大到了"东极沧海、西并龟兹、南苞襄阳、北尽沙漠"②的规模，成为其时对周边地区有着相当影响力的大国。

第三节　淝水之战及战后南北政治

一　淝水之战

1. 淝水之战前的军事形势

前秦在北方不断取得军事胜利，与此同时，对东晋的战争也在经常地进行，双方则各有胜负。375年，王猛临死时，苻坚向他问前秦往后的政事。王猛主要指出了两点：一是勿以晋为图；二是鲜卑、西羌，宜渐除之。这对未来局势的评估是有道理的。当时的东晋王朝正是谢安当政的时候，政权比较稳定，不可能一举攻破。另外，东晋王朝的君臣都苟安一隅，没有北进的志向。如果前秦不去进攻东晋，东晋也不会对前秦有大规模的军事行动，不会对前秦政权构成威胁。因此，东晋并不是前秦政事之急。而北方刚刚统一，鲜卑、匈奴及西羌等族，都是迫于军事压力才对前秦政权俯首称臣的；另外，自西晋末年起，这些少数民族的上层贵族在进入中原后，他们问鼎最高权力的野心始终没有停止过。刘渊、刘曜、石勒、石虎、慕容儁、姚襄等人，都是一有机会就要起兵举事。因此，对于前秦政权而言，首要的任务是巩固自己在北方的统治，将这些心腹之患消除。

但是，王猛死后，苻坚并没有遵循王猛的临终意见，而是持续对东晋用兵。378年，苻坚命其子长乐公苻丕率步骑十七万从西线进攻东晋的北方军事重镇襄阳。经过一年的艰苦作战终于将襄阳攻克，并把俘虏的东晋镇守襄阳的主将朱序押送到长安。东晋荆州刺史桓冲受到前秦的军事压力，不得不把州治从江陵迁到长江以南的上明（今湖北松滋县西北）。381年，苻坚再派将军前秦荆州刺史都贵领兵南下进攻竟陵（今湖北潜江），被桓冲侄

---

① 《晋书·苻坚载记》。
② 《高僧传·晋长安五级寺释道安传》。

桓石虔所领水陆军大败，斩首七千余，被伤者万余人。382年，桓冲派朱绰反攻襄阳，夺取六百多民户而还。383年，桓冲又自率十万大军围攻襄阳。苻坚派其子钜鹿公苻叡领步骑五万前往营救。桓冲听说前秦大援将至，就撤回上明。西线的战事，主要是围绕军事重镇襄阳的争夺进行。东晋占有襄阳，就可以较快地发兵中原，威胁前秦腹地的安全。而如果前秦占据着襄阳，东晋的荆州也就失去了最重要的军事屏障。所以晋荆州刺史一方面南迁至上明，同时又屡次派兵围攻襄阳，不想让前秦军队在襄阳站稳脚跟。

378年，苻坚派俱难、毛当、彭超等将率步骑七万在东线向东晋发起进攻，先后攻克了东晋的彭城、淮阴及盱眙等地。随后，前秦军队又进一步南下大举围攻三阿（今江苏宝应）。三阿距东晋江北防务重镇广陵（今江苏扬州）仅有一百余里的路程。这引起了东晋王朝的震动。时任宰相的谢安于是派遣兖州刺史谢玄自广陵出发，领兵前去营救三阿，同时派其弟征虏将军谢石统率水陆两军屯驻涂中，以加强首都建康的防务。谢玄与晋幽州刺史田洛合兵五万大败围困三阿的前秦军队，并趁势收复了盱眙、淮阴等地，迫使前秦军队退守淮北。之后，苻坚命毛当为平南将军、徐州刺史，镇守彭城；命毛盛为平东将军、南兖州刺史，镇守胡陆；命王显为平吴校尉、扬州刺史，镇守下邳。东线的战局，是前秦与东晋双方的军队在淮河以北、徐州以南呈胶着对峙状态。

2. 淝水之战

382年10月，苻坚大会群臣，提出要大举征伐东晋，统一全国。他说："吾统承大业，垂二十载，芟夷逋秽，四方略定，惟东南一隅，未宾王化。"又说："今欲起天下兵以讨之，略计兵仗精卒，可有九十七万。吾将躬先启行，薄伐南裔。"①前秦群臣对于苻坚南征东晋的主张意见不一。一小部分大臣支持苻坚，主要有秘书监朱彤、慕容垂、姚苌等人。他们之所以支持苻坚，是各有自己的想法。秘书监朱彤主要是应声附和苻坚，想以此邀宠。他当面吹嘘说苻坚是"应天顺时，恭行天罚"，还说什么"啸咤则五岳摧覆，呼吸则江海绝流"，因此，若以百万之众南征东晋，必是有征无战。只要前秦大军一到，东晋君臣就只有衔璧于军门投降。如果不投降就只有逃死于江海之上。慕容垂与姚苌分别是鲜卑及羌人贵族，他们之所以支持苻坚南征，主要是想趁乱重新建立自己的割据政权。前秦群臣中，大部分对苻坚的南征主张持反对意见，其中多是前秦政权中的重臣。左仆射权翼就表示

---

① 《晋书·苻坚载记》。

反对说，东晋虽然力量薄弱，但是目前君臣上下和睦同心，尤其是谢安、桓冲等人，都是很有才能的大臣，因此对待东晋不能轻启战端。太子左卫率石越也反对伐东晋。他的理由有三条，一是天象不利于前秦，象征武事的岁星守在斗牛，因此福德在吴地；二是东晋有长江之险；三是东晋君臣无昏贰之行；所以他主张苻坚积粟砺兵以待天时。一时间群臣争论不休，苻坚只好退朝休会。但他留下了幼弟苻融继续商讨。苻融也反对南征，他也举出了三条理由："岁镇在斗牛，吴越之福，不可以伐一也。东晋主休明，朝臣用命，不可以伐二也。我数战，兵疲将倦，有惮敌之意，不可以伐三也。"这些人都过分强调了天时与地利的问题，因而对于苻坚没有太大的影响力。苻坚认为当年周武王伐纣也同样是逆岁犯星，因此天道幽远，不宜深究。若说长江天险，苻坚认为只要自己一旦亲率大军百万到达长江，投鞭即可断流，东晋哪里还有什么天险可依！苻融后来虽然提到了王猛临终前对于鲜卑、匈奴及西羌的担忧，但此时王猛已死多年，他的意见早已被苻坚搁在脑后，自然也不能产生效果。事后，太子苻宏及释道安、少子苻诜等深受苻坚宠信的人又先后劝谏，然而苻坚心意已决，已经完全听不进众人的反对意见了。这时，鲜卑贵族慕容垂趁机进言吹捧，说什么前秦"强兵百万，韩（信）白（起）盈朝"，此时不伐，更待何时。又说古来断大事者，都是少数人，众人的意见往往都不重要。他举例说晋武帝当年伐吴，支持者也就是张华、杜预数人而已。苻坚十分高兴，说"与吾定天下者，其惟卿耳"[1]，还赐给慕容垂帛五百匹以为鼓励。可以看出，苻坚此时已经刚愎自用到完全分不清忠奸的地步。

383 年 7 月，苻坚下令进攻东晋。他规定百姓每十丁出一兵，又将所有公私马匹全部征用。8 月，他任命苻融为前锋都督，指挥张蚝、梁成及慕容垂等人率步骑二十五万，为前秦军先锋，先行南下。9 月，苻坚自率六十万戎卒，陆续南下。与此同时苻坚还命姚苌率蜀军顺江东下。前秦此次出征声势极其浩大。在前秦统治的区域内，从幽冀至凉州，再从凉州到巴蜀，都在进行军事集结与开拔。此外，还有大规模运送粮草的队伍，也随军出发，"运漕万艘，自河入石门，达于汝颍"[2]。前秦军队前后千里，旗鼓相望，浩浩荡荡地杀向东晋。

此时的东晋宰相是谢安，权臣桓温已死去约十年。镇守荆州的是桓温

---

① 苻坚君臣的讨论均见于《晋书·苻坚载记》。

② 《晋书·苻坚载记》。

的弟弟桓冲。桓冲没有什么野心，桓温之子桓玄尚未执掌大权，因此当时东晋政权内部的矛盾是比较缓和的。此前，谢安、谢玄为了加强东晋中央政权的军事力量，以抗衡坐镇中游的桓氏家族，就在从北方逃亡过来的侨民中征募了一支军队，号称"北府兵"，这支北府兵主要由负责东晋王朝东部防务的谢玄来训练。谢玄时任冠军将军、徐州刺史，长年镇守在广陵。北府兵骁勇善战，东晋晚期名将如刘牢之、何谦及诸葛侃等人，都出身于此。所以东晋军队人数虽然不及前秦，但是却很有战斗力。

面对前秦军队的大举南下，东晋孝武帝任命谢石为征讨大都督，命谢玄为前锋都督，与将军谢琰、桓伊等人率军共八万前往迎敌。

383 年 10 月，苻融指挥前秦军队渡过淮河，围攻东晋军事重镇寿阳（寿春）。东晋派将军胡彬领五千水兵前往增援。但寿阳很快就被苻融攻克，守将徐元喜也被前秦军俘虏。东晋将胡彬听说寿阳失陷，就只好退守硖石。硖石位于寿阳西北，淮河从两山之间流过，两山之上各有一城且地势险要，是扼守淮河以南的重要关口。苻融攻克寿阳后并没有派兵去攻打硖石，而是派将军梁成领军五万向东直插洛河，屯驻在洛涧，这样就对硖石形成了包围之势，同时也可以阻击东晋的援军。果然谢石、谢玄率大军西进，到达距洛涧二十五里的地方，遭前秦军队阻挡就只好停止下来，与前秦军形成对峙。这时，困守硖石的胡彬派人给谢玄送信，报告粮草已尽，硖石已无法再守。不料，这封信被前秦军队于中途截获。苻融见信后大喜，认为东晋军指日可破，便派人报告正在行军途中的苻坚，说："贼少易擒，但恐逃去，宜速赴之"[1]。苻坚接到前线战报后十分高兴，就将数十万大军都留在项城，而自率八千名轻骑星夜赶至寿阳。

苻坚到达寿阳后没有立即向东晋军发动进攻，而是派此前被俘的东晋襄阳守将朱序前往游说谢石投降。朱序到达东晋营后，私下里向谢玄报告了前秦军队的虚实并建议说，如果等前秦百万大军都开到前线东晋军就无论如何无法与之抗衡。只有现在趁前秦军队立足未稳，各路军队还没有形成相互配合之势，"宜速击之，若败其前锋，则彼已夺气，可遂破也"[2]。谢玄原来认为敌多己寡，就想采取据城固守的战略，使前秦大军粮草难以为继，士气变得低落以后，再寻找有利战机，将前秦军队一举击破。这时见硖石危急，而胡彬所率五千水军一旦被击溃，晋军的士气就要大受影响。

① 《资治通鉴》，卷一〇五。
② 《资治通鉴》，卷一〇五。

于是谢石便采纳了朱序的建议，主动向前秦军队发起攻击。

383 年 11 月初，谢玄派前锋刘牢之率北府精兵五千人急行至洛涧，渡河向前秦军队发起进攻。刘牢之临阵斩杀驻扎在洛涧的前秦统帅梁成及其弟梁云，并生擒前秦扬州刺史王显等人。前秦军队大溃败，诸军退至淮河，纷纷抢渡，仅淹死于河的就有一万五千余人。这一仗既解除了硖石之围，又沉重地打击了前秦军队的士气。而东晋军队则乘胜水陆齐进，一举推进到寿阳。

淝水是淮河的一条支流，在寿阳城东。东晋军队推进到寿阳后便在淝水东岸驻扎，前秦军队则在寿阳城东及淝水西岸之间列阵以候，两军隔水相望。临战，谢玄派人去见苻坚，要求前秦军队稍稍后撤，让东晋军渡过淝水，好进行决战。他说："君悬军深入，置阵逼水，此持久之计，岂欲战者乎？若小退师，令将士周旋，仆与君以缓辔而观之，不亦美乎！"① 苻坚与苻融也都认为应该速战速决。苻坚主张先接受晋军的要求，等东晋军渡过一半，还没有来得及布阵，前秦军队趁机发动进攻就可以取得全胜。"但引兵少却，使之半渡，我以铁骑蹙而杀之，蔑不济矣"。而大多数将领都不赞同这一战术，认为"我众彼寡，不如遏之，使不得上，可以万全"。纯粹从军事学的角度，苻坚与苻融的战术是完全正确的。《孙子·军行篇》中就说："客绝水而来，勿迎之以水内，令半济而击之，利。"前秦军队远道而来，后勤供应规模庞大，不可能长期与东晋军对峙。前秦众将主张逼水而阵，以保万全，实际上是士气不足情况下的一种怯战心理的暴露。从战略上讲，隔淝水对峙，对于每日消耗大量军需物资的前秦军队而言，何尝是一个万全之策呢！但是，在这种士气低落的特殊情况下，众将所言也确实是使前秦军队避免大败的正确战术。其实，就苻坚本人而言，自从前秦军队遭遇洛涧之战的失败后，他对东晋军队也产生了惧怕的心理。当东晋军队推进到寿阳时，苻坚与苻融在城头看到晋军布阵严整，军容威盛，甚至将八公山的草木都看成了东晋的军队，还回头对苻融说："此亦勍敌也，何谓少乎！"面忧然而有惧色。可以说，在淝水之战开始前的前秦军队，上至最高统帅，下至诸将士都已失去基本的斗志。虽然战斗还未进行，胜负便已经决定出来了。

苻坚答应了谢玄的要求，便组织前秦军队缓缓向后撤退。由于前秦军无斗志，原本自主的撤退很快就变成了无序的溃退。东晋降将朱序又乘机

---

① 《晋书·苻坚载记》。

在阵后大喊："秦军败了，秦军败了！"诸军为了逃命，开始互相践踏，前秦军队的败势遂一发不可收拾。这时，谢玄率军已经渡过淝水，趁势掩杀。苻融想整顿前秦军队作战，不幸战马被混乱的人群挤倒，其本人也被晋军所杀。前秦军队失去了阵前指挥的主将，更是纷纷夺路而逃。东晋军队越过寿阳城，一直向西追击到三十里外的青冈。前秦军队在溃败中，"自相蹈藉而死者，蔽野塞川。其走者，闻风声鹤唳，皆以为晋兵且至，昼夜不敢息，草行露宿，重以饥冻，死者十七八"。① 原东晋降将朱序、徐天喜及前凉王张天锡等人则趁乱投奔了东晋营。

东晋王朝在淝水取得大捷后趁势出兵中原。384 年正月，北府兵将领刘牢之攻克谯城。与此同时，桓冲首先派郭宝攻克魏兴、上庸及新城三郡。随后，又派赵统再次围攻荆州的北大门襄阳。经过数月的激战，至 4 月，终于拿下襄阳。此前，杨佺期已进军成固，直入前秦腹地。5 月，东晋梁州刺史杨亮领军五万伐蜀。385 年 4 月，攻克成都，占领了益州。从整体形势上看，东晋西线充分利用了淝水大捷之后有利的形势，而东线除刘牢之攻克谯城外，并没有更大规模的军事追击。这是因为东晋朝廷害怕谢安、谢石、谢玄等人军力太重，所以对他们的北伐要求每多阻挠，直到 384 年 8 月，谢安才得以命谢玄为前锋都督，出兵讨伐前秦。此时距淝水之战胜利已过去大半年的时间。谢玄的北伐虽然没有把握住最好的战机，但仍然取得重大战果。384 年 8 月，谢玄率军攻克彭城，随后派刘牢之攻取鄄城。10 月，东晋军队挺进青州，迫使前秦青州刺史苻朗投降。随后东晋军队陆续攻占了碻磝、滑台。385 年，刘牢之率军渡过黄河，攻克了黎阳及邺城，慕容垂被逼北窜。这时，东晋军队不仅收复了黄河以南的绝大部分土地，在黄河以北也获得了重大胜利。但是，东晋朝廷对于尽复中原并没有多大的兴趣，他们关心的是王朝内部的权力斗争。谢玄北伐的成功，使东晋政权对于谢安、谢玄的戒心更加浓重。此前，刘牢之曾因骄傲轻敌，在黄河以北被慕容垂击败，损失了数千人。东晋王朝便借机将刘牢之从河北撤退到河南，将对敌前线固定在黄河一线，从此不再发兵黄河以北，并从进攻态势逐渐过渡到防守态势。

淝水之战，作战双方在军队数量方面相差极为悬殊，但是东晋却以区区八万人马一举击败了几近百万的前秦军队，这是世界战争史上的一个奇迹。正如上面所分析的，前秦军队兵无斗志，临阵怯战，是导致大败的最

---

① 以上两段除特殊注明外，皆引自《资治通鉴》卷一〇五。

直接原因。从深层次上看，前秦国内异常尖锐的民族矛盾才是导致淝水大败的最主要原因。苻氏前秦政权起自关中，从370年发动灭燕战争以来，仅历13年便逐一吞灭了北方的各割据政权。这么短的时间建立起这么大的国家，它的国内缺乏一个融合统一的基本过程。可以说，从表面上看，前秦确实统一了北方，但是从实质上讲，它的内部还远没有达到统一的程度。最典型的表现，就是它的军队，尽管有近百万的规模，但绝不是一支能做到全军上下齐心协力的军队，来自前燕、前凉、代、蜀、巴氐等不同割据政权的旧军队，虽然在名义上统一于前秦政权之下，但实际上各怀异志，根本不想与东晋军队作战，因此才会出现遇敌即溃的现象。刘牢之仅率五千人马，即可击败屯兵洛涧的前秦五万军队。谢玄的八万将士，击败前秦三十万先锋部队，当然也就不难想象。反观东晋，情况则大为不同。前秦大举南征，对东晋国内的各个阶层都构成了巨大的威胁。自西晋末年各少数民族不断在中原地区建立割据政权以来，中原汉族上至世家大族，下至普通百姓，都深受民族压迫的苦难，所以大规模地流向江东地区。东晋王朝代表着其时汉族的最大利益，这便是种族的生存。所以一旦遭遇前秦的进攻，政治权力的争夺，统治阶级与被统治阶级之间的矛盾，就统统让位于民族矛盾。因此东晋政权在战争期间，君臣上下以至普通百姓就能做到团结一心、同仇敌忾。也正因为此，东晋军队才能显示出以一当十的超强战斗力，最终一举击败貌似强大的前秦军队。淝水之战结束后，东晋王朝的生存危机解除。这时，北伐中原，就并不代表东晋王朝君臣上下的全体利益，所以东晋虽胜，但却不可能利用这一胜势统一全国。

此外，两军最高统帅的临战心理及战斗指挥也是决定胜负的一个重要原因。苻坚出征前极其骄傲轻敌，曾夸下投鞭断流的海口，临战又是怯敌如鸡，以至草木皆兵。主帅如此，必然影响到全军的军心与士气。东晋将帅则一直保持着非常冷静的心态。谢玄出发时曾至谢安家问计，谢安却邀其出游别墅，两人围棋为戏一直到深夜才回到家中。谢安这种看似名士派头的做法，实际上是为了镇静前方将士的心理。因为东晋毕竟是以八万应战百万，在临战前最需要调整的便是将士们的心态。东晋名相谢安确实有过人的心理素质，当他听到淝水大捷的消息时，正在与客人下围棋，看到捷报后不动声色，下棋如故。客人询问何事，谢安只是淡淡地回答说"小儿辈遂已破贼"，坚持将棋下完。但在回屋时，内心的狂喜还是忍不住显露出来，连屐齿被门槛碰折都不觉晓。晋书以为谢安这么做过于"矫情镇物"①，但恐怕更应是其平日修养的习惯所致，只是这一次淝水大捷来得实在是大快人心，因此内心的激动还是情不自禁地流露了出来。

二　北方的再度分裂

1. 前秦的败亡

淝水之战中，前秦诸军都纷纷溃败，连苻坚本人也中了流矢，只有慕容垂所率三万人马未受损失。苻坚便至慕容垂军中，将这支军队控制在自己手中。沿途再不断地招集溃散的军队，等退到洛阳时，又聚集了十万之众。但是，这时的前秦军队已经不可能再战。于是在这年的12月，苻坚便从洛阳回到国都长安。

淝水之战后，东晋政府并没有乘胜追击，所以苻坚得以较从容地退保关中。但是，前秦从此也失去了对于中原地区的控制能力。384年，前燕末代皇帝慕容暐的弟弟慕容泓首先在华阴起兵反对苻坚。与此同时慕容冲也在河东起兵，两军相互呼应，声势很大。苻坚派苻叡进攻慕容泓，同时派窦冲攻打慕容冲。两军互有胜负，苻叡被慕容泓临阵斩杀，而窦冲则击溃了慕容冲。慕容泓取得胜利后称帝，改元燕兴，史称西燕。慕容冲被窦冲击溃后，率八千骑投奔了慕容泓。慕容泓与慕容冲两军相合，势力更加壮大。这时，慕容泓的部下因为慕容泓过于苛刻残暴，于是杀慕容泓而立慕容冲为主。慕容冲既得慕容泓旧部，便向长安发起了进攻。

当苻叡征讨慕容泓时，羌族头领姚苌也率部随同前往。及苻叡被击败，姚苌畏苻坚降罪，便率众叛奔渭北。苻坚听说姚苌反叛，亲率大军征讨姚苌。正在相持之际，听说慕容冲进攻长安，就只好回军退保长安。前秦军队与西燕军队在长安相持有一年之久。长安城内无粮草，外无救兵，情形十分危急。在这种情况下，385年，苻坚留太子苻宏继续守卫长安，自己则带领数百骑冲出西燕军队的包围，准备到外地招集兵马营救长安。苻坚刚走到五将山（陕西岐山境内），就被姚苌俘杀。太子苻宏知道长安城难以坚守，因此不久也从长安城逃出，最后南投了东晋。长安遂被西燕慕容冲占领。

淝水之战时，苻坚的庶长子苻丕奉命镇守邺城。战后，苻丕成为前秦

---

① 《晋书·谢安传》。

在关东地区唯一重要的军事力量，孤军独守邺城，并且与长安失去了联系。他与慕容垂及东晋刘牢之都曾为争夺邺城而发生激战。385年，苻丕因受到慕容垂及东晋两方面的军事压力，不得已向西撤退。当撤到晋阳的时候，得到了苻坚被杀的消息，于是苻丕就在晋阳称帝。第二年，苻丕在西行的途中，与西燕慕容永相遇，两军在襄陵（山西襄汾县境）发生激战，苻丕遭受大败，仅率数千骑南奔，最后被东晋将军冯该所杀。前秦在关东地区最后的军事力量也随之瓦解。

苻丕死后，其族子苻登称帝继位。苻登曾任镇守枹罕的前秦将领毛兴的司马，因好为奇谋而受到毛兴的猜忌。姚苌起兵反秦时，枹罕氐人共推苻登为首，率军东下，征讨姚苌。苻丕继位后，曾封苻登为南安王。及至苻丕败死，苻登遂继位称帝。这时，鲜卑西燕势力已经东归，关中地区的主要割据势力是羌族的姚苌。于是，苻登与姚苌为争夺关中的控制权而发生激战。苻登骁勇善战，屡次击败姚苌。姚苌病死后，其子姚兴继续统领羌族部众。这时，苻登产生了轻敌的思想。394年，苻登尽发国中军队，想一举消灭姚兴，结果大败，苻登也被斩杀。苻登死后，其太子苻崇西奔至湟中称帝，同年，即被西秦乞伏乾归所杀，前秦至此灭亡。前秦从351年苻健称王设职开始，至394年苻崇被杀为止，共存在44年。其间前秦曾统一中原，并重新加强了对于西域的控制，可谓强盛一时，然而终因淝水一役的惨败，不仅失去了对于中原的控制，而且很快即在北方各割据势力的围攻下败亡。

2. 西燕

前秦淝水之战败后，原前燕贵族开始积极谋划复国活动。慕容垂在淝水一役中保全了自己所带领的三万人军队，虽然被苻坚夺取了军权，但是也获得了苻坚的信任，便乘机向苻坚请求回前燕故都邺城扫墓。至邺后不久，慕容垂即与起兵河南的丁零人翟斌联合，共攻邺城苻丕。384年，原前燕皇帝慕容暐之弟、前燕济北王慕容泓听说慕容垂起兵关东，便也开始招集关中的鲜卑族人，很快就聚集了数千人之众并屯聚在华阴。苻坚派遣将军强永率军征讨慕容泓，结果被慕容泓击败。慕容泓于是自称燕济北王，同时推叔父慕容垂为燕丞相、吴王，公开打出了征讨前秦、复兴前燕的旗号。

此时，前秦所面对的前燕复国势力，不仅有公开打出旗号的关东的慕容垂及关中的慕容泓，而且还有在前秦任职，并仍居住在长安的以前燕皇帝慕容暐为代表的大量前燕贵族。苻坚感到无法尽行消灭前燕势力，便将关东地区放弃，决定尽全力先行消灭在关中为乱的慕容泓。苻坚于是命苻熙镇守蒲阪，同时命苻叡为都督中外诸军事，领兵五万进攻慕容泓。此时慕容暐的另一个弟弟慕容冲也起兵河东，很快发展到两万人的势力并进攻蒲阪，与慕容泓相互呼应。苻坚于是又命史窦冲率军前往讨伐。

苻叡虽然善战，但他十分轻敌，并且不体恤部众。慕容泓听说苻叡领大军前来，就想率众退走关东。与苻叡同往的羌族贵族姚苌认为，鲜卑人已经有了思归之心，应该听由他们出关，这样可以不废一兵一卒就解决了关中地区的危机。但苻叡并没有听从姚苌的意见，而是出兵进攻慕容泓所率鲜卑部众，结果被慕容泓打得大败，苻叡本人也在战斗中被杀。苻坚听说苻叡战败的消息后大怒，姚苌惧罪遂领所部叛奔渭北。窦冲率部进攻河东的慕容冲，取得大捷，慕容冲仅率八千骑投奔了慕容泓。这时，慕容泓的势力已经发展到十余万人的规模，便率军进攻长安。

这时，慕容泓的谋臣高盖、宿勤崇等人认为慕容泓德行不如慕容冲，并且持法苛峻，于是就杀慕容泓而立慕容冲为皇太弟，继续统率部众围攻长安。此时，苻坚正与姚苌作战，听说慕容冲距长安仅二百余里，只好引军返回长安。慕容冲进攻长安，很快就攻占了长安的外围要地灞上及阿房城。这时，居住在长安的慕容暐等前燕贵族策划刺杀苻坚。事泄后，苻坚尽杀慕容暐父子及各鲜卑贵族百姓千余人。长安遭慕容冲长期围攻，城内出现饥荒以至人相食。苻坚见长安不可据守，便领军突围，出奔五将山，长安旋即失守。慕容冲占领长安后，纵兵大掠，长安百姓被杀者不计其数。

慕容冲虽然攻下了长安，但鲜卑贵族因为祖居东部，而且前燕建国在河北，所以都不愿在长安久居。这时，慕容垂在关东势力强盛，慕容冲又不敢东归。这引起了鲜卑上层贵族的分裂与残杀。385年，刁云等人共推慕容永为大单于、河东王。慕容永统率西燕后，首先向慕容垂称藩，借此缓和关系。386年，苻丕率众四万进驻平阳，准备进军关中。慕容永听说后，认为关中难以坚守，便向苻丕请求假道东归。苻丕不允，两军在襄陵发生激战，慕容永击败苻丕，斩杀前秦大将王永及俱石子等人。苻丕奔东晋，其大臣将佐大多投降了慕容永。慕容永于是进军上党的长子并在此称帝，改元中兴，史称西燕。慕容永的称帝，引起了后燕慕容垂的敌意。394年，慕容永被慕容垂攻灭，西燕灭亡。

3. 后秦

后秦的建立者是姚苌，羌族。姚苌父姚弋仲，为后赵名将，曾与苻洪一起协助石虎镇压梁犊的起义。后赵灭亡后姚弋仲投降了东晋，被封使持节六夷大都督，督江淮诸军事、车骑大将军、大单于、高陵郡公。此前，氐族贵族苻洪正致力经营关中，姚弋仲也想控制关中地区，便派子姚襄率军进攻关中，但被苻洪击败。352 年，姚弋仲死，姚襄继续统领部众。姚襄后与东晋殷浩发生矛盾，当殷浩北伐时，在山桑伏击殷浩，斩杀万余人，并获得大量军事物资。姚襄的部将都是中原人，因而劝姚襄渡河北上。姚襄于是入据许昌，并进攻洛阳，但始终未能攻克洛阳。356 年，桓温自江陵北伐中原，大败姚襄于伊水之北。姚襄抵挡不住桓温的进攻，便图谋西取关中。此时关中正当前秦苻生统治之下，苻生派苻坚及邓羌等人迎击姚襄。357 年，两军战于三原，姚襄败死。其弟姚苌只好率部投降了前秦。

姚苌是姚弋仲第 24 子，少聪哲，多权略，投降前秦后，被苻坚封为扬武将军。后屡立战功，升至步兵校尉，封益都侯。苻坚进攻东晋前，命姚苌为龙骧将军，负责益、梁诸州军事，并对姚苌说："昔朕以龙骧建业，未尝轻以授人，卿其勉之！今特以相授，山南之事一以委卿。"①

苻坚淝水之战失败后，返回长安。此时，慕容泓与慕容冲相继起兵，反对前秦。苻坚派苻叡与姚苌等人一同进攻慕容泓，因苻叡轻敌而致大败。姚苌派龙骧长史赵都回长安向苻坚请罪，被苻坚斩首。姚苌怕祸及己身，便率部众叛逃渭北。关陇一带的大族五万余家，遂共推姚苌为盟主。384 年，姚苌自称大将军、大单于、万年秦王，改元白雀，设官分职，称制行事。此时正当苻坚与慕容冲为争夺关中而相互攻击，姚苌没有采纳部下主张乘乱进攻咸阳的建议，而是避开关中主战场，移兵岭北，广收资实，使自己的势力迅速扩大。

苻坚在慕容冲的进攻下，不得已逃亡五将山，最后被姚苌所擒。慕容冲进占长安后，曾派五万之众进攻姚苌，在新平南一战中也被姚苌击败。及慕容永率鲜卑部众东还，长安空虚，卢水胡郝奴乘虚进驻，并称帝。姚苌于是向郝奴发起攻击，很快就击败郝奴，攻克长安。386 年，姚苌在长安称帝，建元建初，国号大秦，史称后秦。姚苌统治后秦期间，与前秦苻登长期作战，双方互有胜负。393 年，姚苌病死，太子姚兴继位。

姚兴即位后，利用苻登轻敌，首先消灭了前秦，巩固了后秦在关中的统治。之后，姚兴击败了后凉的吕隆，秃发利鹿孤、沮渠蒙逊、李玄等都投降了姚兴。后秦的势力于是向西发展到陇右河西一带。这时，西燕慕容永被后燕慕容垂消灭，河东空虚，姚兴便派兵攻占了河东及洛阳等地。蜀

---

① 《晋书·姚苌载记》。

中的谯纵，这时也向姚兴称臣。后秦在姚兴统治期间，势力迅速发展。

姚兴在对外扩充疆土的同时，对国内政治也做了很多的建设。他规定所属郡国每年要向朝廷推荐清行及孝廉各一人，还命令朝中大臣向自己推荐人才。姚兴在十六国君主中，是比较知人善任的一位。一次，姚兴出游，返回长安时天色已晚，守卫长安平朔门的校尉王满聪以天黑难辨忠奸为由，拒绝打开城门。姚兴只好绕道从其他城门进入长安。第二天，姚兴就以王满聪忠于职守，对他予以嘉奖。姚兴还很善于纳谏，京兆杜瑾、冯翊吉默及始平周宝等人，都因上书陈事，而被授予要职。

姚兴非常重视刑狱，他曾将郡县的散吏召集到长安，进行律学培训。对于成绩优异者，就让他们再回到郡县，负责地方的刑狱事务。他规定，凡地方所不能决断的大案，必须上报朝廷，由廷尉组织官员核查审断。姚兴还经常亲临廷尉决狱的咨议堂旁听案件的审理。在姚兴的重视下，后秦的刑狱相当清明，"于是号无冤滞"①。姚兴对军政也进行了一系列改革，对于"不便于时者，皆除之"②。兵部官员上奏，认为后秦军令过于烦苛，应予以简化。姚兴就根据孙子吴起等人的誓众之法，对后秦军令进行较大的改革。

在割据势力相互争战的十六国时期，姚兴还是一位非常重视文治的君主。他对儒学非常重视，曾请明经硕儒到长安讲学。当时的经学学者姜龛、淳于岐、郭高等人，都被姚兴聘请到长安设帐授徒，跟随听讲的学生多达数百人。远方的学者也纷纷慕名前来。姚兴本人也常常在处理政务之暇，请姜龛给自己讲论道艺，错综名理。著名学者胡辩，在洛阳讲授儒学，有弟子千余人，名气很大。关中地区的学者也多往洛阳求学。为了方便这些学者，姚兴特地下令各地的关尉："诸生咨访道艺，修己厉身，往来出入，勿拘常限"③。姚兴对佛教也很推崇。他击败后凉吕隆后，就将西域佛学大师鸠摩罗什请到长安，传授佛学。姚兴也经常到澄玄堂，听鸠摩罗什演讲佛经。鸠摩罗什本是天竺人，又精通汉语。他到了长安后，翻译了大量佛经，对于以往的误译进行大规模的修正。姚兴本人佛学造诣很深，因此也参与了这项翻译工作，常常是鸠摩罗什手拿梵文本，姚兴手拿汉译本，相互比较，并写出定本。鸠摩罗什到达长安后，共译出佛经三百余卷，对于

---

① 《晋书·姚兴载记》。
② 《晋书·姚兴载记》。
③ 《晋书·姚兴载记》。

佛教在中国的流传与发展产生了巨大的影响。在姚兴的倡导下，在后秦国内佛教也得到了广泛的传播，"州郡化之，事佛者十室而九矣"①。

姚兴对于尖锐的社会矛盾也采取了一系列的缓和措施，他曾下令将因贫穷而自卖为奴婢的人都放免为平民。他自己也比较节约，所用车马都不装饰金玉之类的奢侈品。在击败苻登后，对于被俘的前秦士兵，没有滥施刑罚，而是将他们全部变成国家的编户齐民，从事农业生产。这不仅缓和了社会矛盾，还为农业生产注入了大量的劳动人口。在姚兴统治的二十二年间，后秦逐渐发展到了鼎盛。不过，从整体上看，后秦的国力还是赶不上淝水战前的前秦，所以对于后燕及东晋，姚兴都没有太大的作为。此外，姚兴爱好田猎，常常驰骋田野，对于农业多有损害，他曾提高关津之税，对于国内商业的流通也有消极的影响。更有危害的是，姚兴虽早立太子姚泓，但并不注意培养太子的地位及威信。尤其是对姚泓之弟姚弼过于宠爱，助长了诸子的野心。这为后秦政治的发展埋下了祸根。

416 年，姚兴死。之前，子姚弼便欲图发动宫廷政变，夺取政权。为此姚兴不得不扶病处死姚弼，这才使姚泓得以继立。姚泓即位不久，东晋太尉刘裕举行北伐，很快就攻克了洛阳。这时，后秦最高统治集团内部发生重大危机。姚泓的弟弟姚懿趁洛阳失守，后秦在黄河以南的统治遭受重大冲击，便在蒲阪（山西永济）称帝，并派兵进攻姚泓。这样，姚泓不得不调动军队，由其叔父姚绍统领，前往镇压姚懿。姚绍在河东地区的作战进展很快，不久就俘获了姚懿。但没过多久，原来在安定防御赫连勃勃的姚泓的从兄姚恢，也发动了叛乱。他自称大都督、建义大将军，并率大军三万八千多人，自北雍州直趋长安。姚泓只好将姚绍从东线急调西线，回救长安。姚绍与姚恢在灵台对峙，这时，潼关守将姚赞也赶到长安。两军合力击败了姚恢。

姚泓为了平定内乱，将大部分军队撤至西线，使本来就薄弱的东线更加吃紧。刘裕趁机率东晋军队长驱直入，并攻下潼关。姚绍与刘裕大战，失败之后吐血而亡。417 年，刘裕攻克长安，姚泓投降，后秦灭亡。

4. 后燕

后燕建立者慕容垂，为前燕慕容皝的第五子，曾受封为吴王。慕容暐在位期间，东晋桓温率军大举北伐，进驻枋头。慕容暐与执政慕容评受到巨大的军事压力，曾计划北撤龙城。慕容垂力主坚守并率军击败桓温，威

---

① 《晋书·姚兴载记》。

名由此大振。但慕容评嫉贤妒能，要加害慕容垂。慕容垂只好投奔前秦的符坚，被封为冠军将军、宾都侯。符坚进攻东晋，慕容垂是朝中为数不多的几个主战派之一。淝水之战中，诸军大多溃散，只有慕容垂率领的三万人马没有遭受损失。符坚率残军至慕容垂的军营，有人劝他趁机杀掉符坚，但他并没有听从，而是将军权拱手交给了符坚。这赢得了符坚对他的信任，于是他借口到邺城扫墓，离开符坚，开始在河东独立发展。

慕容垂到达邺城时，镇守邺城的是前秦符丕。符丕派慕容垂进攻发动叛乱的丁零人翟斌，同时派符飞龙率一千人监视慕容垂。慕容垂到达前线后与翟斌联合，杀掉监视自己的符飞龙及所领一千名氏族骑兵，并回兵进攻邺城。384年，慕容垂自称大将军、大都督、燕王，建元燕兴。

慕容垂攻打邺城，遭到符丕的顽强抵抗，只好退兵屯驻新城，希望符丕会因粮尽而主动撤兵关中。但符丕与东晋联手，率军就食于枋头，东晋刘牢之则进驻邺城。慕容垂不敢与东晋交战。后来刘牢之撤走，符丕又入据邺城。这时，慕容垂才发大军二十余万再次进攻邺城。此战极其惨烈，后燕军队攻破邺外城，符丕仍率军在中城坚守。慕容垂掘堑围邺中城，准备引漳河水灌邺。这时，丁零人翟斌因欲为后燕尚书令没有得到允许，就与符丕密谋，要提防溃水，破坏慕容垂的攻邺计划。慕容垂知道后，虽然杀死了翟斌，但是却不得不与丁零翟氏作战，攻邺计划没有实现。386年，慕容垂定都于中山，自称皇帝。

392年，慕容垂进攻丁零翟钊，得其所统部众三万八千。394年，又攻灭西燕慕容永，得其所据八郡，户七万六千八百。经过数年的战争，后燕势力大大加强。之后，慕容垂又南攻东晋的青、兖诸州，将势力进一步扩大到黄河中下游地区。这时后秦的姚兴也击败符登，巩固了自己在关中的统治，于是形成了北方后燕与后秦分别据有关东、关中的对峙局面。

这时，鲜卑拓跋氏建立的北魏已经在北方草原地带兴起。慕容氏与拓跋氏本来世为婚姻，关系很好，但慕容垂曾为向拓跋珪求名马，扣留了拓跋珪派来的使者，因而两家关系交恶。及慕容垂进攻西燕时，拓跋珪又出兵帮助西燕慕容永。是以慕容垂灭了西燕之后，即发兵攻打拓跋珪。395年，慕容垂命其太子慕容宝及慕容德率军十万进攻北魏。后燕的军队在开始时取得了一些小的胜利，在五原（今内蒙包头西北）曾降北魏别部三万余落，还掠夺了大量粮食。随后在黄河建造船只，准备渡河进攻。北魏军队利用慕容宝的轻敌心理，一方面将部落西迁以示弱；另一方面在黄河南岸集结军队，部署反击。慕容宝的军事进展十分缓慢，所建造的船只又因风而遭损坏，一部分船只还漂到了黄河南岸。这时，有谣传慕容垂病故，慕容宝为防后方生变，便下令烧毁剩余船只回撤。当慕容宝回撤至参合陂时，被北魏军队追及，两军发生大战。后燕军队大败，伤亡惨重。随慕容宝及慕容德逃还者只有数千人，另四五万后燕军队投降后都被北魏尽行坑杀。

396 年，慕容垂亲率后燕大军，凿山通道，直攻平城。杀北魏将军拓跋虔，并攻克平城。是役虽然取得了胜利，但并没有消灭北魏的主力。在退兵途中，慕容垂因病而死。慕容宝继位后国内矛盾进一步激化，"（宝）德峻政严，上下离德，百姓思乱者，十室而九焉"①。396 年 8 月，拓跋珪率四十万大军南下攻取了后燕的晋阳，随后出井陉关攻克了信都等地，直逼后燕国都中山。慕容宝率军出战，被打得大败，只好困守中山。397 年，慕容宝率军万余突围北奔龙城。10 月，北魏军队攻克中山。398 年，慕容宝被部下所杀。其庶长子慕容盛称帝。至此，后燕仅保有辽西一带十分狭小的地区。慕容盛峻刑极威，弄得部下人人自危。401 年，慕容盛被部下射伤后不久即死。其叔父慕容熙继位。慕容熙沉迷于酒色，为满足所宠爱妃子的需要，大兴土木，兴建宫殿。仅筑龙腾苑就发役徒二万人。此外，还兴造了逍遥宫及甘露殿等，"连房数百，观阁相交"。为让妃子们避暑，在盛夏凿曲光海及清凉池，而"士卒不得休息，渴死者半"②。他的皇后死掉，因丧车过于高大，于是毁城门而出。407 年，冯跋等人共推慕容云为主，杀掉慕容熙，后燕至此灭亡。

5. 北燕

北燕的创立者是冯跋，汉人。其父冯安，曾仕西燕慕容永。西燕灭亡后，举家迁居龙城。冯跋曾任慕容宝中卫将军，慕容熙即位后因事失官，流亡泽中。407 年，冯跋等人潜入龙城杀慕容熙，推慕容云为主。慕容云任命冯跋为持节都督中外诸军事、录尚书事、武邑公，执掌大权。慕容云本高丽人，为慕容宝养子，因而赐姓慕容。慕容云虽杀慕容熙夺取了王位，但他自认为并无功德，因而内心常怀恐惧，于是养壮士以为腹心，有离班、桃仁之属，专典禁卫，赏赐至月数十万，并且衣食起居，皆与之同。然而仅过两年，慕容云就被离班、桃仁等人谋杀。冯跋部将张泰、李桑等人又杀离班、桃仁，拥立冯跋。409 年，冯跋在昌黎称天王，建元太平，国号仍为燕，史称北燕。冯跋建立北燕后，在制度上主要延续后燕的体制，没有

---

① 《晋书·慕容宝载记》。
② 《太平御览》卷一二五《后燕慕容熙》。

做大的调整。在他统治期间，曾推行过一系列缓和社会矛盾的措施。他对官场的弊端进行清除，凡贿赂得官者，就给予严厉的惩罚。他很重视农业生产，在国内推行省徭薄赋，对于尽力农耕者，就给予奖励。他还提倡节约，反对厚葬。这些措施的推行，对于北燕政治的稳定，产生了一定的积极影响。

430年，冯跋病死，北燕政治出现重大动荡。其弟冯弘尽杀跋诸子，自立为燕天王。这时，北魏势力正迅速膨胀，并对北燕不断发动进攻。436年，冯弘在北魏的连续进攻下，只好率众投奔高丽，所属州郡尽归北魏。至此，北燕灭亡。

6. 南燕

南燕的创建者是慕容德。慕容德，字玄明，为慕容皝少子，慕容垂幼弟。前燕灭亡后，被迁到长安。淝水之战后，随慕容垂至邺。慕容垂称燕王后，封他为车骑大将军、范阳王。慕容德曾与慕容垂太子慕容宝一起征讨北魏拓跋珪，大败。他认为太子慕容宝被北魏击败，北魏有轻太子之心，将为大患。因此建言慕容垂应该及时消灭北魏拓跋珪，从而促使慕容垂于396年亲征北魏。慕容宝继位后，命慕容德镇守邺城，总管后燕南方六州军事。慕容宝北奔龙城，中山被北魏攻克。慕容德接受慕容麟的建议，于398年率户四万，南迁至滑台，并于此年称元年，置百官，建立了南燕政权。

南燕建立不久，慕容德的部将趁其出征，将滑台献给了北魏。慕容德听从尚书潘聪的建议，将首都南迁至广固(今山东益都西北)，并于400年在广固称帝，改元建平。慕容德称帝后，也在国内推行了一些缓和社会矛盾的措施，政治相对稳定，军事力量也有所发展。他曾立学官，选公卿子弟及二品士门子弟二百人入学。还曾建立冶官及盐官，通过国家经营盐铁来增加财政收入。

405年，慕容德病死，因其无子，所以侄慕容超继立。慕容超统治期间，沉迷于田猎，不理政事，国内矛盾日益激化。409年，东晋刘裕第一次北伐。第二年攻克广固，俘虏慕容超，南燕亡。

7. 夏

夏的创立者赫连勃勃，匈奴人。其祖先世为匈奴贵族。曾祖刘虎，为前赵刘聪安北将军、监鲜卑中郎将，封楼烦公。祖父刘豹子，为后赵石虎平北将军、左贤王、丁零单于。父刘卫辰，是代王什翼健的女婿，曾为后秦姚苌大将军、河西王大单于。391年，北魏拓跋珪攻杀刘卫辰及其子弟、部众五千余人，并"取其珍宝畜产名马三十余万匹，牛羊四百余万头"①。在这种情况下，赫连勃勃只好投奔后秦的高平公没亦于。没亦于将女儿嫁给他，姚兴也封他为安远将军、阳川侯，以后又晋封为持节安北将军、五原公。姚兴对赫连勃勃的才能很欣赏，曾说他有济世之才，要收为己有，共平天下。

406年，赫连勃勃杀掉没亦于，将他的部众及财产全部占为己有。407年，赫连勃勃自称天王、大单于，建元龙升，设置百官。他认为匈奴是夏后氏的后裔，所以称国号为夏。他还认为匈奴从母姓刘不合理，因而将匈奴皇族改姓赫连氏，取"继天为子，是为徽赫，实与天连"②之意。其余匈奴各支，也更姓为铁伐氏。

赫连勃勃建国后，并没有急于定都一地，而是采取游动作战的方式，不停地骚扰后秦的北部边境，使后秦军队疲于奔命，并攻占了不少地方。417年，后秦为东晋刘裕所灭。但刘裕并没有全力经营关中的意思，而是急于返回江东夺取东晋政权，这给了赫连勃勃以可乘之机。418年，赫连勃勃攻占灞上，称皇帝。赫连勃勃虽然攻占了长安，但此时北魏的势力已经迅速发展，为了对抗北魏的军事压力，赫连勃勃没有定都长安，而是定都统万（今内蒙古乌审旗南白城子），只留下太子镇守长安。

赫连勃勃野心极大，他除了以赫连为氏外，国都统万，也是取"统一天下，君临万邦"之意。另外，统万的四门，东称招魏，南称朝宋，西称服凉，北称平朔。不过，赫连勃勃统治期间，北魏拓跋氏的势力已经不可抵挡。他这种君临天下的野心，只能是匈奴没落贵族的一种梦想而已。

赫连勃勃的统治极其残忍。他兴建统万城时，用蒸熟的土筑城，筑成后用铁锥刺土，如果能刺进一寸，就将筑城者杀死。他的工匠为他制造武器，呈上之后，必有死者。之所以如此是因为他"射甲不入，则斩弓人，如其入也，便斩铠匠"。他对待大臣，"忤视者毁其目，笑者决其唇，谏者谓之诽谤，先截其舌，而后斩之"③，结果弄得大臣及百姓人人自危，不知所措，导致国内社会矛盾十分尖锐。晚年，赫连勃勃想废太子赫连璝而立幼子伦，赫连璝便起兵杀伦。之后，赫连勃勃第三子太原公赫连昌率兵攻杀了赫连璝，赫连勃勃便以赫连昌为太子。425年，赫连昌继位。这时，夏的

---

① 《魏书·太祖纪》。
② 《太平御览》卷一二七《夏赫连勃勃》。
③ 《晋书·赫连勃勃载记》。

国力已经日渐衰落，长安与统万也相继被北魏攻占。赫连昌先徙都安定，后又奔于秦州（今甘肃天水），不久为北魏所擒。赫连勃勃第五子赫连定于是称皇帝于平凉。431年，赫连定灭西秦。为了避开北魏的锋芒，赫连定拟渡河袭击北凉沮渠蒙逊，但中途即为吐谷浑击败。赫连定被俘，夏亡。

8. 西秦

西秦的建立者乞伏国仁，鲜卑人。魏晋之际，鲜卑乞伏部与如弗斯、出连、叱卢四部，结伙自漠北南迁。乞伏部的酋长纮干，因骁勇善射被推为四部"统主"，号称乞伏可汗。以后四部屡迁，苻坚统治前秦期间，乞伏司繁归附前秦，镇守勇士川（今甘肃榆中大营川一带）。乞伏司繁死后，乞伏国仁继续统领四部。淝水战后，乞伏国仁招集部落，有众十余万人，成为陇山以西的一支重要军事力量。385年，乞伏国仁自称大都督、大将军、大单于，领秦、河二州牧，并建元建义。前秦苻登为了与姚苌作战，就封乞伏国仁为大将军、大单于、苑川王。

乞伏国仁在位仅四年，死后由其弟乞伏乾归继位。乞伏乾归改称河南王，迁都金城（今甘肃兰州西北），又被苻登封为金城王。乞伏乾归击败了氐族首领杨定，于是尽有陇西、巴西之地。394年，乞伏乾归称秦王，史称西秦。乞伏乾归与后秦姚兴作战，战败后降于后秦，被命为河州刺史。姚兴为防乞伏乾归势力增大，于是命他至长安为官。其子乞伏炽磐统率乞伏诸部。赫连勃勃建夏之后，与后秦姚兴长期作战，乞伏乾归回到本部，趁乱复国，于409年再度称秦王。412年，乞伏乾归为侄乞伏公府所杀，子乞伏炽磐斩乞伏公府后继位。

乞伏炽磐将都城迁到枹罕（今甘肃临夏东北），414年，灭南凉，将南凉民万余户迁至枹罕，以后又数次击败吐谷浑，还掠夺了契汗部落牛羊五十余万头，并将国土拓展到青海湖以东。这是西秦历史上比较强大的时期。427年，乞伏炽磐死，子乞伏暮末继位。这时，夏赫连定西迁，431年，西秦灭于夏。

9. 后凉

后凉建立者吕光，氐人。其祖先世为氐族酋长。父吕婆楼，苻坚时官至前秦太尉。吕光曾随从王猛攻灭前燕，封都亭侯。383年淝水之战前，苻坚命吕光率步卒七万、骑兵五千，征讨西域。吕光在西域发展迅速，很快就降服了西域三十余国。苻坚因而命吕光为使持节散骑常侍、都督玉门以西诸军事、安西将军、西域校尉。

淝水战后，中原大乱，吕光遂率部众东归，在玉门关遭到凉州刺史梁熙的阻击。吕光击败梁熙，进驻凉州刺史治所姑臧（今甘肃武威），遂自领凉州刺史并护羌校尉。386 年，吕光在得知苻坚为姚苌所杀后，自称使持节侍中、中外大都督、督陇右河西诸军事、凉州牧，建元太安，史称后凉。396 年，吕光在击败王穆、攻克枹罕后，自称天王，改元龙飞。吕光统治凉州，史载其刑法峻重，治下百姓苦不堪役，社会矛盾十分尖锐。

399 年，吕光死，子吕绍继位。统治集团为争夺最高权力，开始相互残杀。吕光庶出长子吕纂，首先杀吕绍自立。不久，吕光侄吕隆，又杀吕纂自立。最高统治者的混战，加剧了后凉国内的社会矛盾。加上从吕光起，后凉就一直与周边割据政权处于战争状态，国内经济遭受重大破坏。吕隆遭沮渠蒙逊围攻时，谷价至每斗五千文。姑臧城内人相食，饿死者达十余万之多。403 年，吕隆在南凉与北凉的交相攻击下，只好投降了后秦。后凉至此灭亡。河西走廊的军事重镇姑臧，遂落入后秦姚兴之手。

10. 南凉

南凉建立者秃发乌孤，鲜卑人。其祖先与北魏拓跋同出一系。拓跋与秃发，是同一鲜卑语的不同汉译。魏晋时，秃发部自漠北南迁河西，势力很大。西晋泰始年间，秃发树机能首先起兵反抗西晋的统治，被西晋镇压，实力遭受较大损失。吕光建立后凉，封秃发乌孤为冠军大将军、河西鲜卑大都统。秃发乌孤"务农桑，修邻好"①，使秃发部势力迅速发展起来。397 年，秃发乌孤自称大都督、大将军、大单于，建元太初，都于廉川堡（青海乐都县东）。攻取金城后，又称武威王，并迁都于乐都。399 年，秃发乌孤欲攻后凉，坠马受伤而死，弟秃发利鹿孤继立。

秃发利鹿孤即位后，将都城迁到西平（今青海西宁），并于 401 年改称河西王。但这时秃发利鹿孤仍向后秦姚兴称臣。第二年，秃发利鹿孤死，弟秃发傉檀继位。秃发傉檀还部乐都，称凉王并改元弘昌，史称南凉。秃发傉檀为了占据河西走廊的要地姑臧，因而取消凉王称号，向后秦姚兴称臣。姚兴遂命秃发傉檀为凉州刺史，镇守姑臧。秃发傉檀既得姑臧，便与后秦决裂，仍自称凉王。

秃发傉檀统治南凉期间，与北凉及夏等国长期交战，国力很弱。赫连勃勃曾率军攻打南凉北部边境，掠人口二万七千余人，牛马羊数十万头。秃发傉檀率军追击，又被赫连勃勃击败。南凉名臣勇将死者大半，秃发傉檀也几乎被俘虏。之后，秃发傉檀放弃姑臧，迁回乐都，姑臧遂为北凉沮

---

① 《晋书·秃发乌孤载记》。

渠蒙逊所得。414年，秃发傉檀向西袭击乙弗部，想夺取他们的牛羊。西秦
乞伏炽磐乘机攻克南凉乐都。秃发傉檀虽然夺取了乙弗部的大量牛羊，但
自己的国都已失，部众人心涣散，很快就溃不成军。秃发傉檀只好投降了
乞伏炽磐，南凉灭亡。

11. 西凉

西凉建立者李暠，字玄盛，汉人，为汉名将李广第十六代孙，世为陇
西大姓。吕光末年，段业据张掖，自称凉州牧，命李暠为效谷令，后迁为
敦煌太守。400年，李暠自称大都督、大将军、凉公，领秦、凉二州牧，建
元庚子，史称西凉。

西晋末年以来，不少汉人迁往河西。前凉政权的建立及延续，主要依
靠的就是汉人。李暠为了巩固自己的政权，也想利用汉人在河西的力量。
405年，李暠迁都酒泉，派人上书东晋称藩。又分别为流落到河西的汉人侨
置会稽、广夏、武威、武兴及张掖等郡。他还在酒泉设置学校，安抚汉族
士大夫及百姓。李暠认为依据汉人的力量，很快就能建立足与前凉相比的
割据政权。但这时河西一带的局势，与前凉时相比有很大的不同。汉人所
控制的地区并不广大，而且人口也不众多。因此西凉最强盛的时期，军队
也不过三万人。在南凉及北凉的进逼下，西凉国势日渐局促。

417年，李暠病死，子李歆继位。李歆在西凉的统治十分荒淫，他"繁
刑峻法，宫室是务"；遂导致西凉国内"人力凋残，百姓愁悴"。[①] 这时，北
凉沮渠蒙逊又不断进攻西凉。420年，李歆听说沮渠蒙逊要出兵东伐西秦的
乞伏炽磐，便趁机偷袭沮渠蒙逊的根据地张掖。实际上沮渠蒙逊并没有东
进，而是设伏将西凉军队一举围歼，李歆也在此役中战死。沮渠蒙逊乘势
攻占西凉国都酒泉，西凉至此灭亡。

12. 北凉

北凉建立者沮渠蒙逊，胡人。祖先世居卢水（今甘肃黑河），故称卢水
胡。沮渠蒙逊祖先世代为部落酋豪，因祖上曾为匈奴左沮渠一职，后人遂
以沮渠为姓氏。沮渠蒙逊的祖父沮渠祁复延，曾封狄地王。其父沮渠法弘，
曾为苻坚的中田护军。沮渠蒙逊汉化很深，对汉人典籍有广泛的涉猎，同
时非常有谋略。沮渠蒙逊继承父业统率部众之后，主要居住在河西走廊的
张掖郡一带。梁熙及吕光在争夺凉州时，都想拉拢他为己所用。397年，吕
光征讨乞伏乾归，沮渠蒙逊的伯父沮渠罗仇、沮渠麹粥等人随军出征。此

---

① 《晋书·凉武昭王传附李士业传》。

役吕光大败，吕光弟吕延也战死。战后，吕光归罪于沮渠罗仇与沮渠麹粥，将他们处死。这样，沮渠蒙逊便起兵反对吕光。401 年，沮渠蒙逊称大都督、大将军、凉州牧、张掖公，改元永安，以张掖为都，史称北凉。

沮渠蒙逊建立北凉政权后，不断对西凉及南凉发动战争，力量逐渐壮大。411 年，沮渠蒙逊攻占秃发傉檀的姑臧。第二年，他将都城迁至此地，并称河西王，改元玄始，设置百官，建筑宫殿。之后，他灭西凉，攻占了酒泉、敦煌、金城、西平诸郡，遂雄霸河西。西域三十六国，也向他称臣纳贡。鄯善王比龙还曾亲至姑臧访问。但与此同时，沮渠蒙逊也一直向东晋及南朝刘宋称藩，双方还经常互派使者。

433 年，沮渠蒙逊病死，子沮渠牧健继立。这时，北魏势力已经基本占据整个中原。439 年，拓跋焘进攻北凉，很快就占领了姑臧，并俘虏了沮渠牧健，北凉至此灭亡。

三 东晋的灭亡

1. 东晋的腐朽统治

东晋政权取得淝水之战胜利后，并没有利用大好的局面进一步统一中原，而是苟安于江东一隅，靠着剥削广大百姓来满足自己的奢侈淫欲。

与西晋相比，东晋的赋税徭役加重了许多。西晋时期，成年男子课田每人五十亩，收租四斛。到了东晋时期，则变成了按口收米，一开始每口三斛，后来便增至每口五石。东晋的力役也非常沉重。大臣范宁曾指出当时力役之重："古者使人，岁不过三日；今之劳扰，殆无三日休停。"百姓们承受不了沉重的力役，有的只好靠自残形体来躲避，更有"生儿不复举养，鳏寡不敢妻娶"者。① 当国家的编户齐民不足以应付繁重的徭役时，东晋政府就屡次调发世家大族的奴僮及附属客去充任兵役及力役。司马元显就曾调发东部诸郡免奴为客者，称为乐属，将他们移置京师，来充当兵役，最后弄得"东土嚣然，人不堪命，天下苦之"②。

东晋的广大百姓除要承受政府的沉重剥削与奴役外，还要受世家大族势力的残酷压榨。世家大族广占土地，弄得贫穷百姓几乎无立锥之地，生活极其凄苦。本来江东地区河湖众多，许多百姓还可以靠捕鱼为生。但许

---

① 《晋书·范汪传附范宁传》。
② 《晋书·简文三子传》。

多河湖也往往为世家大族所强行霸占，老百姓连投一纶、下一筌的地方都没有。老百姓生活难以为继，使东晋末年的社会矛盾变得极其尖锐。

淝水之战后，东晋王朝的政治也越来越腐朽。晋孝武帝司马曜晚年，沉迷于酒色，常为长夜之饮。他排挤了淝水之战的功臣名相谢安，而用自己的同母弟司马道子辅政。司马道子也是个酒色之徒，他为政腐败，用度奢侈，东晋王朝的政治更加衰败。397年，孝武帝死后，长子司马德宗继位，是为晋安帝。安帝是个白痴，分不出寒暑冷热，连话都不会说。他的一切言行，都只能听从他人的安排。晋安帝统治期间，东晋王朝的政治迅速走向没落。

司马道子执政期间，东晋统治集团内部的矛盾进一步激化。司马道子专任自己的儿子司马元显及王国宝等人，引起了雄踞长江中游的桓玄及镇守京口的青、兖二州刺史王恭等人的不满。王恭、桓玄、殷仲堪及庾楷等人纷纷起兵，反对司马道子。司马道子虽然击败了王恭，但桓玄依旧镇守长江中游。东晋统治集团内部的混战，更加剧了本已十分深重的社会危机。正是在这种局势下，东晋爆发了长达十余年的孙恩、卢循起义。

2. 孙恩、卢循起义

孙恩，琅琊人。孙氏为琅琊中小士族，在政治上长期受到东晋大士族的排挤。但是，孙氏一门长期奉五斗米道。孙恩的叔父孙泰，曾拜钱塘著名五斗米道师杜子恭为师。杜子恭在当地十分有影响，据传他的道术十分灵验，以至于当时东晋东部的豪家及京城名望，都纷纷拜他为师。杜子恭死后，将衣钵传给了孙泰，这使得孙泰在当地民众之间极有号召力。东晋政府见孙泰势力太大，就将他流放到广州。但广州刺史王怀之，也相信孙泰道术灵验，于是用孙泰代行郁林太守。以后，大臣王雅复又向晋孝武帝推荐，说孙泰有养性之方。因此孝武帝又将孙泰召回，并任命他为辅国将军、新安太守。东晋王朝的许多大臣，都向孙泰学习道术，连司马元显也曾屡次向孙泰求问所谓的"秘术"。孙泰利用这种号召力，"扇动百姓，私集徒众，三吴士庶多从之"①。

王恭起兵反对司马道子时，孙泰也聚集了一支数千人的军队，表面上是协助征讨王恭，实际上是暗中筹划大事。但是他的计划被会稽内史谢輶侦知，于是报告执政司马道子。司马道子遂诛杀孙泰及其六个儿子。孙恩逃到海岛，才幸免于难。孙泰虽死，但五斗米道的信徒们都认为他是蝉蜕

---

① 《晋书·孙恩传》。

成仙，因此纷纷出钱物资助孙恩。孙恩这才得以在海岛上聚合百余人，每日操练，伺机向东晋复仇。

399年，司马元显为了对抗桓玄，调发东部州郡免奴为客者，充任兵役，引起大规模的骚动，孙恩趁机率部众渡海进攻。他攻占上虞之后，进军会稽。当时会稽内史为王凝之，王氏一门也崇信五斗米道。孙恩进攻会稽时，王凝之的部将都建言要做好军事准备。但王凝之却入室祈祷，并向部将许诺说，已经请了大道，即将派鬼兵剿灭孙恩，因此会稽毫不设守，孙恩遂得以迅速攻下会稽，并杀王凝之及其全家。孙恩起义军攻克会稽，极大地鼓舞了士气，各地百姓也纷纷起兵响应孙恩。仅仅十数日内，孙恩的起义军就扩充至数十万人。孙恩据有会稽之后，很快就控制了东土八郡。孙恩于是自称征东将军，号其部众为"长生人"。

孙恩起义军势力的壮大，引起了东晋王朝统治者的恐慌，"朝廷震惧，内外戒严。"[1]于是东晋政府调谢安的儿子谢琰及北府兵将领刘牢之前往镇压起义军。谢琰很快就攻破了起义军据守的义兴及吴兴等地，进驻乌程。随后，谢琰与刘牢之合兵渡钱塘江，进攻会稽。孙恩战败，损失了大量部众，只好率领二十余万人退回海上。

东晋政府为防孙恩东山再起，便命谢琰为会稽内史都督五郡军事，希望由他来镇守东土。谢氏是东晋第一流的大氏族，谢琰又曾参加过淝水大战，在当时号为名将。他对孙恩非常轻视，部下劝他加强临海的防守。他说："苻坚百万，尚送死淮南，况孙恩奔衄归海，何能复出？若其复至，正是天不养国贼，令速就戮耳。"[2]400年，孙恩跨海进攻余姚，攻破上虞，随后击败谢琰部将上党太守张虔硕，兵锋遂直逼会稽。谢琰领兵出战，大败，与其二子皆为起义军所杀。

孙恩斩杀谢琰之后，转攻临海一带。东晋政府大为震恐之下，派刘牢之继谢琰为都督会稽五郡诸军事，进攻孙恩。起义军被刘牢之击败，只好再度退回海上。刘牢之获胜之后，加强了对孙恩的防守。他自己驻军上虞，同时派刘裕屯守句章（今浙江慈溪），并命袁山松筑沪渎垒（今上海市内），防止孙恩从海上进攻。

401年，孙恩率军避开刘牢之晋军主力，率军十余万、楼船千余艘渡海北攻沪渎，杀守将袁山松。随后溯江而上，准备沿水路攻打东晋首都建康。

① 《晋书·孙恩传》。
② 《晋书·谢安传附谢琰传》。

军队很快就攻至丹徒，引起建康震动。刘牢之急命刘裕兼程北上，截击起义军。两军相遇于京口，在京口西面的蒜山发生激战。孙恩战败后退回船上，继续向西挺进逼近建康。这时，东晋政府已经加强了建康的防卫。孙恩原想趁建康守卫空虚，一举攻克东晋王朝的统治中心。现在见建康已很难攻下，又获知刘牢之也率大军赶至京口，于是便率军队回撤。在撤退的途中，攻克了江北重镇广陵，并继续北上占领郁州（今江苏连云港东）。刘裕率军也渡江北上，在郁州重创起义军。孙恩遂沿海南下，又在沪渎及海盐两败于刘裕，损失惨重。再加上军中出现饥饿与疾疫，因而死者大半。等到孙恩退回海岛时，实力已然消耗殆尽。孙恩此役虽然最后以失败告终，但起义军直接进逼至东晋王朝的政治中心建康，极大地动摇了东晋王朝的腐朽统治。

402 年，孙恩又率军渡海进攻临海，但因为实力不足，所以很快失败。这时，孙恩对起义军的未来发展感到失望，便投海自沉而死。孙恩死后，起义军余众共推孙恩妹夫卢循为首，继续在海岛坚持斗争。此时，由于部众所余甚少，卢循已无力再向东晋王朝发动进攻。而东晋王朝为了稳定统治的需要，也不想与卢循再启战端。在这种形势下，东晋太尉桓玄遂以卢循为永嘉太守，卢循也接受了东晋政府的任命。

403 年，卢循派其妹夫徐道覆进攻东阳，同年又进攻永嘉，两次均为刘裕所败。卢循在刘裕的逼迫下，向南退到晋安（今福建福州）。不久，又继续向南退往广州。404 年，卢循攻克广州，自称平南将军，又遣使入朝东晋。此时，东晋刚刚平定桓玄之乱，无力南顾，便封卢循为征虏将军、广州刺史、平越中郎将，同时任命徐道覆为始兴相，据镇始兴。此后六年，卢循虽与刘裕两军对峙，但一直相安无事。

410 年，刘裕北伐南燕慕容超。徐道覆因而建议卢循趁东晋后方空虚，举行北伐。卢循于是分两路向北进攻东晋腹地，一路由卢循率领，由广州北向湘水流域进攻湘中诸郡。另一路由徐道覆率领，由始兴出发，进攻南康、庐陵及豫章诸郡。徐道覆所率军队，沿赣江北上，直逼豫章。当时镇守豫章的是东晋镇南将军江州刺史何无忌。何无忌遣水军与徐道覆作战，大败，何无忌也战死阵中。江州遂为起义军所占，东晋只好又派豫州刺史刘毅率军由姑熟往南阻击起义军。此时，卢循率军在长沙击败东晋荆州刺史刘道规，也取得重大军事进展。徐道覆知道刘毅为东晋名将，军力强盛，因此派人通告卢循，让他率主力东下共攻刘毅。卢循与徐道覆领军与刘毅战于桑落洲，大败毅军，刘毅仅以数百人步行得免。

　　何无忌、刘毅与刘裕所率军队同为东晋北府兵三大主力。卢循、徐道覆先后击败东晋王朝何无忌及刘毅后，声势大振，于是率军直指建康。东晋政府为了挽回败局，匆忙将北伐的刘裕从前线调回来对抗起义军。刘裕兼程从北伐前线赶回建康，这时青州刺史诸葛长民、兖州刺史刘藩及并州刺史刘道怜等，也都率军赶至建康。5 月，卢循率军进至淮口（秦淮河入江口），但他对刘裕心有疑惧，所以没有听从徐道覆的建议，率大军迅速与立足未稳的刘裕决战，而是屯兵与刘裕对峙。两军相持到此年 7 月，卢循师老兵疲，不得不率军溯江西撤，准备攻占荆州作为根据地。刘裕则一面乘势追赶，一面派兵南攻广州。10 月，徐道覆进攻江陵，被刘道规击败，战死有万余人。12 月，卢循、徐道覆回军在大雷（今安徽望江县）又与刘裕所率晋军相遇。刘裕用火攻大败起义军。之后，刘裕又乘势在豫章再度击败卢循。卢循等人攻击荆州不利，又屡败于刘裕，只好率军南撤广州，徐道覆则率军前往始兴。411 年 2 月，刘裕派刘藩率晋军追击徐道覆至始兴，不久便攻克始兴，徐道覆战败而死。3 月，卢循到达广州，而广州早在前一年的年底就已被刘裕所派的孙处攻占，卢循只好进攻广州。这时，刘藩派沈田子援救孙处，两军共攻卢循。卢循战败，只好南奔交州，又被东晋交州刺史杜慧度所败。卢循走投无路，于是鸩杀妻子十余人，自己则投水而死。至此，孙恩、卢循起义全部失败。

　　3. 刘裕专权及东晋灭亡

　　孙恩、卢循起义虽然失败，但东晋的统治并没有由此获得巩固，王朝大权完全落在北府军名将刘裕手中。

　　刘裕，字德舆，小名寄奴，彭城人。刘裕为汉高祖刘邦弟弟楚元王刘交的后代，但家道早就衰落。永嘉之乱时，刘裕曾祖刘混迁居京口。刘裕少年时，曾在新洲砍伐芦荻为生，家道已经相当贫寒。他曾与刁逵赌博，因为输了钱无法偿还，就被刁逵绑在马桩上以示惩罚。刘裕后来投奔北府军刘牢之，参加过淝水之战因功而致升迁。在镇压孙恩、卢循起义过程中，刘裕更是屡立战功，成为东晋政权所依仗的最重要的军事将领，由此逐渐把持了东晋王朝的政治。

　　刘裕不仅镇压农民起义有功，他亲自指挥的两次北伐，也都取得重大的胜利。这两次北伐的胜利，使刘裕更进一步控制了东晋王朝的政权。

　　409 年，因南燕慕容超不断寇扰东晋北部边境，刘裕组织了第一次北伐，这次北伐的主要进攻目标便是南燕慕容超割据势力。这年夏，刘裕率军进至琅琊，开始北伐。南燕大臣公孙五楼建议固守南燕的重要关口大岘，使东晋军队无法进入南燕腹地，待晋师疲惫再行决战。但慕容超没有听从这一建议，遂使刘裕毫不费力地通过大岘。当刘裕通过大岘时，即举手谢天说："吾事济矣"①。刘裕率大军很快攻至东莞（今山东沂水县境），并在临朐击败慕容超。慕容超退守广固后，刘裕也乘胜对广固实施围攻，并很快攻入广固大城，慕容超只好退据广固小城。这时，慕容超向刘裕请降，愿割大岘以南地给东晋，为晋藩属，但被刘裕拒绝。慕容超于是向后秦姚兴求援。姚兴正与赫连勃勃作战，无暇东顾。410年，刘裕攻破广固，俘虏了慕容超，灭南燕。灭南燕之后，刘裕又从前线星夜赶回，击败了逼近建康的卢循起义军。411年，刘裕被东晋任命为太尉、中书监。

416年，后秦姚兴死，子姚泓继立。后秦长期与赫连勃勃及北魏作战，国力逐渐衰退，而姚泓又是庸弱无为之君，刘裕于是趁机组织力量第二次进攻后秦。刘裕分五路大举伐秦，诸军进展都十分迅速。其中王镇恶、檀道济所率一军，于当年10月就攻下后秦设在河南的军事重镇洛阳。417年正月，刘裕亲率大军，自彭城出发，率水军由淮入泗，再由泗入河，向西进攻后秦。刘裕大军沿黄河西进时，受到北魏军队的沿途骚扰，进展很慢，直到4月才进至洛阳。此时王镇恶等已先行离开洛阳，西进攻打长安去了。王镇恶攻克关中门户潼关，与后秦军队相持。7月，刘裕率军也进至潼关。这时，后秦内部发生政治动荡，姚懿、姚恢先后起兵反对姚泓，虽然都被平定，但元气大伤，已无力对抗刘裕的进攻。8月，刘裕部将沈田子攻入青泥（今陕西蓝田）。姚泓率步骑万余人攻打沈田子，被沈田子击败，只好退还灞上。这时，王镇恶也率军自河入渭，攻入长安。姚泓只好投降了东晋，后秦灭亡。

刘裕攻克长安后，并没有率军继续西进攻取陇右，而是任命自己年仅12岁的儿子刘义真为安西将军，负责镇守长安。自己则匆匆赶回建康，巩固自己在东晋王朝的地位。418年，夏赫连勃勃率军进攻长安，刘义真手下诸将不和，相互残杀，王镇恶、沈田子先后被杀。刘裕得知赫连勃勃进攻长安，便命朱龄石为都督关中诸军事雍州刺史，代刘义真镇守长安，而命刘义真速速南还。是年11月，赫连勃勃大败东晋军队于青泥，随后攻占了长安。刘裕此次北伐，灭后秦，并关中，取得很大的胜利。但由于他志不在统一中原，所以没有花力气巩固已经得来的成果，致使关中在不到一年半的时间里得而复失。

---

① 《宋书·武帝纪》。

　　刘裕经过两次北伐，进一步巩固了自己在东晋王朝中的政治地位。不过，当时的北府名将，除刘裕之外，还有刘毅、诸葛长民等人，他们都是东晋王朝内部手握兵权的实力派。这些北府名将，或者对于东晋的最高权力有所觊觎；或者对刘裕夺权构成重大障碍，是刘裕夺取最高权力道路上必须铲除的对象。刘毅与刘裕共同起兵反对桓玄，他胸有大志，对刘裕虽然表面上多所推崇，心中实际上很不服气。当时的尚书仆射谢混、丹阳尹郗僧施等人，都与刘毅交往甚密。412 年，刘毅由豫州刺史改任荆州刺史。荆州是东晋王朝西部重镇，桓氏家族数代依仗荆州与东晋中央对抗。刘毅改任荆州刺史后，也想据荆州以图谋东晋政权。他去荆州之时，带去了大量豫州旧部，还请丹阳尹郗僧施任荆州所司的南蛮校尉，又上表让自己的从弟兖州刺史刘藩改任自己的副职。刘裕知道刘毅是自己夺取东晋权力的一大障碍，于是就假装同意派刘藩至荆州，而乘刘藩到建康时，立即将刘藩及谢混等人捕获并斩杀。随后，刘裕亲率大军讨伐刘毅，前锋王镇恶迅速攻入江陵，消灭了刘毅及郗僧施。刘裕灭刘毅后不久，将诸葛长民也杀掉。这样，就彻底消除了北府兵出身的实力派人物对自己的威胁。415 年，刘裕又先后消灭了反对自己的荆州刺史司马休之及雍州刺史鲁宗之，迫使司马休之投奔了后秦的姚兴。416 年，刘裕被晋升为中外大都督，其腹心刘穆之则被命为尚书左仆射，至此，东晋政权中已无任何力量可以与刘裕相抗衡。

　　417 年，刘裕灭后秦。这时，刘穆之病死，刘裕怕朝中有变，便匆匆赶回建康。418 年，刘裕受封为相国、宋公。这年年底，刘裕缢死了白痴皇帝司马德宗，立其弟司马德文为帝。420 年，刘裕逼迫司马德文将帝位"禅让"给了自己，东晋至此灭亡。

第四章　南北对峙

420 年，刘裕取代东晋，建立南朝宋；439 年，北魏灭北凉，统一北方。历史从此进入南北对峙的时代。南方政权，先后经历了宋、齐、梁、陈四个王朝的更迭。北方政权，则经历了北魏的分裂及北周的再度统一。589 年，继周而立的隋朝攻灭南朝陈，最终结束了自东汉末年以来长期分裂的混乱状态，完成了中国的重新统一。

第一节　北魏前期的统治

一　北魏建立前的拓跋氏历史

1. 拓跋氏的早期发展历程

北魏政权是由鲜卑拓跋氏所建。鲜卑人原先主要生活在今蒙古高原以东与大兴安岭地区。东汉以来，匈奴族离开蒙古高原大规模西迁。而原居中国东北地区的各族也在此时开始向西迁徙，逐渐据有了匈奴故地。鲜卑就是这些西迁少数民族中的重要一支。至魏晋时期，东起辽东，西至陇西的广大草原地带，到处都有鲜卑人居住。西晋末年中原地区大乱，北方各族纷纷南下，参与中原地区的争战，并建立各自的政权。十六国时期，鲜卑人的慕容氏、乞伏氏及秃发氏汉化较早，都先后建立了自己的政权。拓跋氏社会形态的发展远较上述几个氏族落后，所以直到什翼健统率拓跋部时，才在比较僻远的大漠地带建立了代国，但很快也就被苻坚的前秦所灭。然而，正是这支保留了较多原始民族质朴特征的鲜卑拓跋氏，最终完成了中原地区的再度统一，并促使中国历史步入到南北对峙的时代。

鲜卑拓跋氏最早的居住地，在大兴安岭北部的东麓。1980 年，考古工作者在今内蒙古自治区鄂伦春自治旗阿里河镇西北 10 公里的大兴安岭北部的东麓发现了早期拓跋族人祭奠祖先的石室。《魏书·礼志一》记载："魏先之居幽都也，凿石为祖宗之庙。"魏世祖拓跋焘太平真君四年曾派中书侍郎李敞到这里告祭天地，并刻石纪事。这块石碑，也在这个石室中发现。这充分证明拓跋族人的发祥地，应就在今内蒙古自治区鄂伦春自治旗一带。

据传拓跋氏的远祖拓跋毛时，曾统国三十六，其中有大姓九十九。到拓跋邻时，又曾七分其国人，使其兄弟分别统率，同时还划分出了不同的氏族。不过，这些都是拓跋氏世代相传保存下来的故事，具体的历史则无从考证了。从拓跋力微开始，拓跋氏有了比较可信的历史记载。拓跋力微统率拓跋氏时正值中原魏晋时期，拓跋部此时还没有完全独立，所以还要依附于没鹿回部的大人窦宾。拓跋力微曾跟从窦宾征战，在一次大败后将所乘骏马送给了窦宾，所以很得窦宾的赏识，并被允许领部众在长川一带居住与发展。窦宾临死时曾嘱咐两个儿子要奉拓跋力微为主。但当窦宾死后，他的两个儿子就起来反对拓跋力微。于是拓跋力微杀其二子，并使"诸部大人，悉皆款服"①，成为诸部的统领。在拓跋力微统治时期，拓跋部鲜卑的势力发展迅速，能控弦上马者达到了二十余万人。258年，拓跋力微率部众迁居盛乐（今内蒙古和林格尔），在此举行祭天大礼。各部的酋长都前来助祭，只有白部大人没有前来，于是拓跋力微杀白部大人，加强了对诸部的控制。

拓跋力微统治时期，汉族的先进文化大量传入，这对拓跋部鲜卑的社会发展产生了巨大的推动作用。但是，拓跋部旧贵族担心汉族文化会影响拓跋部的旧传统，不利于他们统治部众，因而对汉族文化采取抵制的态度。因此，拓跋部鲜卑接受汉族文化的过程并不十分顺利。拓跋力微的太子沙漠汗曾长期在曹魏及西晋二朝作"质子"，因此对中原地区的文化有比较多的了解。他本人汉化的程度也很深，史载其"风采被服，同于南夏"②，他还学会了汉人用弹丸击落飞鸟的技艺，在拓跋部贵族内部引起不小的震动。拓跋部的贵族们害怕他继位后会变易鲜卑旧俗，对自己不利，于是就在279年他从洛阳回归本部的途中将他杀死。拓跋氏旧势力对汉族先进文化的抵制，严重地阻碍了本部的发展。

拓跋力微死后，部众便一直处于分裂状态，拓跋部鲜卑的发展一度停滞不前。而在此时，正是内迁的其他少数民族取得迅速发展的时期。直到

---

① 《魏书·序纪》。
② 《魏书·序纪》。

拓跋力微的孙子拓跋猗卢继位后，才又于308年重新统一了部众。拓跋猗卢时期，拓跋鲜卑与汉族的交往开始有了进一步的加强。拓跋猗卢与汉族大商人莫含交往密切，莫含将中原地区先进的政治及军事经验带给了拓跋部鲜卑人。此时，又正值西晋八王之乱的后期，西晋北部边境的汉族士人及百姓为了躲避战乱，有不少逃往拓跋部。拓跋猗卢将他们都接收下来，并称他们为"乌桓"。这些汉人的到来，为拓跋部的发展做出了重大的贡献。

西晋末年，中原地区大乱，内迁的各少数民族纷纷建立自己的政权。西晋的并州刺史刘琨，曾与拓跋猗卢联合，对抗匈奴族建立的前赵。拓跋猗卢曾统兵二十万援救刘琨。310年，西晋王朝封拓跋猗卢为代公。四年后，又封他为代王。拓跋猗卢称代王后，开始学习中原地区的集权体制，加强对于所属诸部的控制，这引起了诸部贵族的不满。316年，拓跋猗卢被自己的儿子杀死。此后，拓跋氏内部新、旧两派之间的矛盾越来越激烈。汉人卫雄、姬澹等人只好率领三万家"乌桓"及十万余头马牛羊投奔了并州的刘琨。拓跋部的诸部贵族为争夺最高权力纷争不断，使拓跋部鲜卑的发展再度陷入低落状态。

2. 什翼健的统治

北魏建立前拓跋部鲜卑的发展，在什翼健统治时期才达到一个高峰。什翼健是沙漠汗的曾孙、拓跋猗卢的侄孙。338年，19岁的什翼健成为拓跋部的新首领。什翼健继位前曾在后赵的都城襄国作过十年的"质子"，对汉族文化有很深的了解。他即位后任用汉族士人燕凤、许谦等人，模仿中原政权的体制，对拓跋鲜卑的政治制度进行了大规模的改造。

从什翼健开始，拓跋部鲜卑的政权有了自己的年号，所以一般认为拓跋氏建立代国是从什翼健开始的。什翼健还确立了父子相承的继承法。在此之前，拓跋氏内部的权力传承一直是兄终弟及。这种传承体制，经常会导致兄弟之间对于最高权力的争夺，不利于政权的稳定。父死子继的权力传承体制的建立，标志着拓跋鲜卑的政治发展达到了一个新的水平。

什翼健之前，尽管从拓跋猗卢开始就已经世袭了代王的封号，但其内部并未形成一套完整的官僚体制，这显然不利于加强国内的统治，也不利于拓跋氏政权的进一步发展。所以在什翼健即位的第二年，他就开始模仿中原各政权的官僚体制，设置百官，分掌众职。当时曾命燕凤为右长史，许谦为郎中令，还设置了内侍长四人，相当于魏晋时期的侍中、散骑常侍，主要负责为王提供顾问及咨询等职事。所设的近侍官员更是多达上百人。这些官职大都选择诸部大人及豪族良家子弟来担任。此外，什翼健还将拓跋氏所统率诸部分成南北两大部分，分设南北部大人进行管理。从什翼健杂取魏晋及当时中原各国的各类官职名称来看，拓跋氏政权的官僚体制还很不完善，但是，相对于之前的拓跋氏政权，这已经是一个很大的进步了。

什翼健统治时期，拓跋氏政权还草创了自己的法律体制。拓跋猗卢统一部众之前，国俗宽简，当时的拓跋氏政权还没有制定出法律条文管理部众，而是依靠氏族流传下来的风俗习惯来维持社会秩序。拓跋猗卢统一部众之后，开始制定一些法规条文来进行统治。但这时的法律很多都是简单地借用了军令，从民事管理的角度看，当然是不成熟的。到什翼健统治时期，开始逐步制定各项法律制度。如当时对于死刑已经有了明确的规定，同时还确定了赎罪法，即如果一个人犯了死罪，家人可以通过献出一定数量的金子或马匹来免除死刑。但是，如果犯了反对拓跋氏统治的大逆之罪，则不仅主犯，他的所有亲族，不分男女老幼，也都要处以极刑。当时对于盗窃罪也有明确的处罚规定，盗窃国家财物的，要赔罚五倍的财物；盗窃私人财物的，则要赔罚十倍的财物。对于普通百姓之间的民事纠纷，当时规定杀伤人命的，如果过错方赔付了死者家属 49 头马和牛，还能负责准备所有的送葬器具，就可以听由双方自行和平调解。这时的法律仍然很重视维持古老的氏族社会风俗。当时规定，"男女不以礼交，皆死"①。这些法律条文的制定，是拓跋氏政权逐步走向健全与完善的重要内容。

什翼健统治时期，随着各项制度的建立与完善，拓跋氏代国政权的势力也迅速壮大。什翼健曾击破高车，获人万口，获马牛羊百余万头。击破哥部后，又获马牛羊数百万头。当时北方各少数民族割据政权相互混战，后赵灭亡时，什翼健也曾想亲率六军逐鹿中原，但遭到诸部贵族的反对。这时，前秦的势力迅速壮大。376 年，前秦向代国大举进攻，什翼健战败后向漠北逃窜。这时，从前被什翼健征服的高车部趁机发动反叛。拓跋部在漠北找不到草料，"不得刍牧"，部众生活出现重大困难，只好退回漠南。这时，拓跋部统治集团内部发生争斗，什翼健被儿子定君杀死，前秦遂灭代。代国由此分为二部，分别由刘库仁与刘卫辰统领，而统一听从前秦的号令。②

---

① 《魏书·刑罚志》。

② 此据《魏书·序纪》，而据《宋书·索虏传》及《南齐书·魏虏传》，则云什翼健战败后为前秦所俘。

二　北魏的建立及统一北方

1. 拓跋珪建立北魏

383年，前秦在淝水之战中大败，失去了对中原地区的控制。各少数民族贵族纷纷建立自己的割据政权，拓跋部也乘机发动了复国运动。386年，什翼健的孙子拓跋珪在诸部酋长的拥戴下，称代王。同年4月，又改称魏王，并改元登国，史称北魏。

拓跋珪称王之后，首先对大漠诸部发动统一战争。他东破库莫奚，西破高车，又在后燕慕容垂的支持下，一举消灭了匈奴族的独孤部及贺兰部。其中在击败独孤部时，北魏共获得良马三十余万匹、牛羊四百余万头，势力为之大增，由此一跃而成为当时塞上的唯一强国。北魏的强盛引起了后燕慕容垂的警觉，北魏与后燕的关系开始疏远与紧张。一次，后燕为了向北魏索取名马，扣留了北魏派来的使者，此事成为双方交恶的导火索。395年，慕容垂派太子慕容宝率大军攻打北魏，结果在参合陂一战被北魏军队击败，人马损失惨重。参合陂之战后，北魏势力迅速崛起。396年，北魏攻占后燕的并州。同年，又从井陉进入河北，对后燕都城中山展开长达一年时间的围攻。397年，北魏攻克中山。后燕的势力，一部分向北退往慕容氏的老家龙城，另一部分则向南到达广固。北魏击败后燕后，也就成为中原地区最强大的力量。398年，拓跋珪称皇帝，定都平城（今山西大同），拓跋珪就是北魏道武帝。

拓跋珪统治时期，北魏的政治、经济都有了巨大的发展。为了适应中原地区的生产条件，拓跋珪首先将拓跋部鲜卑的生活方式从原来的结群游牧改变为定居农耕，并使拓跋族人都变成国家的编户齐民，定期向国家交纳赋税。在政治上，拓跋珪也进行了较大规模的建设。在汉族士人崔宏、许谦、张衮等人的帮助下，他制定官爵，确定朝仪，明定法律，使北魏的政权体制进一步完善。396年，拓跋珪在北魏中央设置了曹省，并推行五等爵制。地方官员则分别设置了刺史、太守、令、长之类。397年，他又在尚书省内设置了三十六曹。拓跋珪还很重视人才的培养与官员的任命。397年，他仿照汉代体制，在中央设置了五经博士，教授儒家经典，选取其中的优秀学生任以官职。后来，他又参考魏晋以来的九品中正制，将原来拓跋部鲜卑的八部改称为八国，八部大人改称八国大夫。八国中各立大师、小师，由他们在各国内品举人才。八国之外的各郡也分别设立师职，其职任与八国中的大师、小师一致，负责品评地方的士人，为国家选拔官员提供依据。这与魏晋时期推行的九品中正制已经基本一致。

为加强北魏中央的专制权力，拓跋珪对原拓跋部鲜卑诸部反对自己的旧贵族进行坚决的打击。400 年，他处死了阴谋叛乱的两个堂兄弟拓跋遵与拓跋仪，在拓跋部旧贵族中产生了巨大的震动。409 年，一些旧贵族联合拓跋珪的儿子拓跋绍，将拓跋珪杀死。但在这时，旧贵族的反叛已难以造成更大的政治动荡。拓跋珪的太子拓跋嗣回到平城后，很快就将这场动乱平定。同年，拓跋嗣继位，他就是北魏的明元帝。

2. 统一北方。

北魏明元帝从 409 年即位到 423 年死，共在位 14 年。在他统治时期，与之对立的政权除南方有东晋及后来代之而起的刘宋王朝外，北方还有一系列大大小小的割据政权，如后秦、西秦、南燕、北燕、北凉、夏、南凉、西凉等国。不过，这些割据政权大多已经衰落，对北魏政权不能构成重大威胁，北魏统一北方的条件应该说已基本成熟。

但当北魏向南雄踞中原时，北魏的北部又兴起了一个新的强大势力，这就是柔然。柔然也是鲜卑人的一支，史书中又称蠕蠕或芮芮。柔然长期游牧在拓跋族的北边，冬天从漠北迁到漠南，夏天再由漠南迁回漠北。柔然原来与拓跋部关系密切，并且每年都要向拓跋部贡献牲畜及貂皮等物。当拓跋部向南积极发展时，柔然在北方也迅速强大起来。402 年，柔然征服了高车诸部，雄踞漠北，南与北魏相接。柔然首领社崘自称豆伐可汗，建立了一个十分强大的游牧政权。自此，柔然开始不断地骚扰北魏的北部边界，对北魏政权形成重大威胁。410 年，明元帝即位不久，柔然就大举入侵北魏的北部，北魏大将长孙嵩率军出击，结果反被围困在牛川（今内蒙古自治区呼和浩特东）。明元帝亲自去营救，社崘才领兵退走。415 年，平城发生重大旱灾，粮食难以为继，不少百姓饿死。这时，朝中一些大臣主张将都城南迁到邺，但明元帝的谋臣崔浩坚决不同意。他认为如果迁都邺城，平城的防守力量就会减弱，将会使柔然的势力进一步南下，那时就更难以抵挡。417 年，刘裕北伐后秦。后秦向北魏求援，崔浩同样认为北魏的首要敌人是柔然，不能擅发军队给柔然以可乘之机。刘裕攻克长安后，东晋的军队主力都集中在关中地区，明元帝又想乘机派一支精锐部队，从东部南下，直逼彭城和寿春。但崔浩为明元帝分析局势，仍以西部有夏，北部有柔然的威胁为由，让明元帝放弃了出师的计划。423 年，北魏与南朝刘宋争夺河南，正在激战，柔然又再度进犯北魏边境，迫使北魏不得不从河南前线调回大量军队来应对柔然的进攻。之后，明元帝开始在北部的赤城到五原一线修筑长城，并设置了一些镇戍，驻重兵防止柔然的南下侵扰。

从总的局势上看，明元帝统治时期，北魏对于柔然基本是采取守势的。由于柔然的不断侵扰，北魏不得不放慢统一北方的步伐，其在对东晋及南朝刘宋政权的战争中也经常处于被动的地位。因此，北魏必须先行解决柔然的威胁，才能使政权巩固并获得进一步的发展。

423 年，明元帝死，年仅 32 岁。同年，其 16 岁的儿子拓跋焘继立为北魏皇帝，这就是太武帝。太武帝拓跋焘是北魏历史上的一位杰出君主，他善于用兵，指挥作战时果断、镇定，还能身先士卒，为中国北方的再度统一做出了重要贡献。

太武帝即位后，首先致力于解决北魏王朝的北部安全问题。他集中组织了数次对柔然的大规模战争，都获得胜利，其中以 429 年对柔然的战争，取得的战绩最大。仅这一次战争就降服了柔然部族三十多万家，还缴获各类牲畜几百万头。此外，这次战争还促使其他一些臣服于柔然的部族乘机摆脱柔然的控制。如原受柔然束缚的高车族，一次归降北魏政权的就有几十万人，这就进一步地削弱了柔然的军事实力。太武帝拓跋焘将俘虏及归降的高车族百姓都安置在漠南几千里的边境上，并让其中的一大部分改游牧生活为农耕生活，一方面可以为北魏创造财富，另一方面也有利于加强对这些部族的控制与管理。经过太武帝拓跋焘的数次征讨，北魏北部边境的安全得到了保证，429 年以后的数十年里，柔然虽然还能不时地寇扰，但已不能形成重大的军事威胁。

魏太武帝在逐步解决柔然侵扰问题的同时，也开始加速统一北方的步伐。这时，中原地区实力上能够与北魏相抗衡的只有匈奴族赫连勃勃所建立的夏。425 年，赫连勃勃死，夏国政权内部发生动乱，因此太武帝决定利用这个机会尽快消灭夏。426 年，太武帝亲率大军，分两路进攻夏，一路向南攻打长安，一路直接进攻夏的都城统万。北魏在南部的军事进展非常顺利，当年就攻克了夏的军事重镇长安。统万是赫连勃勃花了很大力气建造的都城，城高六丈多，城上宽十步，城基则宽三十步。建造城墙所用的土都被蒸熟过，所以坚硬无比，即使是尖锐的武器都很难扎穿。守卫统万的军队也都训练有素，所以北魏军队遭到了很顽强的抵抗，战争也一直持续到第二年。这时，北魏军队遭遇了大风雨的袭击，飞沙走石，连战马都难以站立。有人劝太武帝暂时退兵，但他却乘着风沙遮目之机，转到夏军的侧面，一举攻克了夏的都城统万。北魏占领统万后，夏的贵族残余向西逃窜，最后于 431 年被吐谷浑所灭。击破夏后，北魏开始进攻割据辽东的北燕与割据河西的北凉。436 年，北魏灭北燕，439 年，灭北凉。至此，北魏最终统一了北方。

三　孝文帝的统治

452 年，魏太武帝死。文成帝拓跋濬及献文帝拓跋弘先后继位，统治北魏共二十年。在太武帝统治晚期及文成帝、献文帝统治期间，北魏王朝的政治、军事与经济体制越来越不能适应其在中原地区的新统治，民族矛盾、阶级矛盾日益尖锐。

拓跋族统治者对包括汉族在内的其他各族人民采取普遍的民族歧视与压迫政策。例如，魏太武帝南征刘宋，围攻盱眙时就曾写信给刘宋守将臧质说："吾今所遣斗兵，尽非我国人，城东北是丁零与胡，南是氐羌。设使丁零死，正可减常山、赵郡贼；胡死，减并州贼；氐羌死，减关中贼。卿若杀之，无所不利。"①这自然要激起各族人民的普遍反对。445 年，卢水胡人盖吴就在关中的杏城发动起义，起义军人数一度达到十余万之多，并数次击败北魏派来镇压的军队。与此同时，蜀族人薛永宗也在河东举行起义，两支起义队伍东西呼应，严重地威胁到北魏的统治。盖吴还与南朝刘宋通信，想约刘宋政权夹击北魏。在这种局势下，魏太武帝只好亲自征讨，到446 年，才算将起义镇压下去。可是不到一年，吐京胡与山胡又再度起义。在孝文帝即位后的十年里，各地各族人民的起义，就达十八次之多。这些起义虽然很快就遭到了镇压，但反映出北魏王朝内部的民族矛盾，因为拓跋族所采取的落后的统治方式，已经达到难以调和的地步。

拓跋族进入中原后，随着社会经济与政治的发展，同族人内部的社会分化也日益严重。加上拓跋族长期对外进行战争，更加剧了族内分化的进程。很多拓跋族人失去生计，成为四处游荡的"游手"。为了缓和阶级矛盾，巩固北魏的统治基础，太武帝曾下令富裕人家必须将牛借给无牛户耕种。太武帝以后，孝文帝又曾下令，如果富裕人家不遵守借牛的规定，就将处以一辈子不许当官的惩罚。这些政策的推行从统治者的角度讲，当然是为了缓和拓跋族内部的阶级矛盾，但于此也可看出北魏统治下阶级分化的日益加剧。

---

① 《资治通鉴》，卷一二六。

北魏统治阶级内部的拓跋族与汉族士人官僚之间的关系也一度恶化。在拓跋族入主中原，统一北方的过程中，汉族士人发挥了巨大的作用。但北魏政权巩固了自己在北方的统治后，便对汉族士人采取打压的政策，因而激化了北魏统治阶级内部拓跋族贵族与汉族士人官僚之间的矛盾。曾经辅助过道武帝、明元帝及太武帝的北魏三朝老臣、汉族士人崔浩，晚年奉命修史，因为提倡直书，触怒了拓跋贵族，便于 450 年被太武帝下令处死，崔浩全家乃至崔氏全族都未能幸免。同时受牵连的还有范阳卢氏、太原郭氏及河东柳氏等汉人士族大姓等。

日益尖锐的民族矛盾、拓跋族内部严重的社会分化以及统治阶级内部的分裂，都对北魏政权的稳定构成重大的威胁。北魏最高统治者要想维持自己的统治，就必须在政治、经济及民族关系上做重大的调整，使自己的统治能够适应中原地区各民族聚居的国内环境。同时，他们还要积极地学习汉族优秀的文化，以此来加强自己的统治能力。正是在这样的历史时刻，471 年，拓跋宏即位，他就是北魏历史上著名的孝文帝。

孝文帝即位时年仅 5 岁，北魏政权实际上控制在其祖母文明太后的手中。文明太后是文成帝的皇后，献文帝的母亲。她在献文帝时期就已经掌握了北魏的最高政治权力。文明太后一直到 490 年才去世，此时距孝文帝即位已有 19 年之久。在这期间，孝文帝虽然名义上是北魏的皇帝，但所有的国家政务，实际上都出自文明太后之手。因此，孝文帝统治时期北魏政权所推行的一系列改革措施，事实上是由这祖孙二人前后相继，共同完成的。

文明太后是北魏历史上一位杰出的女政治家。在她执政期间，对北魏的政治、经济制度进行了多项改革。她还特别强调"文治"，主张通过吸取汉民族的先进文化，来改变拓跋族文化的落后状态。孝文帝的统治思想深受文明太后的影响。总体来说，孝文帝时期北魏政权所推行的各项改革措施，主要有以下几个方面。

1. 政治改革

孝文帝时期的政治改革，首先是推行"班禄"制度。北魏从建国开始以来，一直没有推行官员的俸禄体制。官员的收入主要通过战争来掳取。这是拓跋族从氏族社会时期遗留下来的一种财富分配方式，在战争年代，也确实能够起到提高族人整体战斗力的作用。但当拓跋族入主中原之后，这种方式显然就不能再适应新的统治形势。官员们由于没有俸禄收入，而通过战争掠夺的机会又很少，因此就只好通过贪赃枉法、盘剥百姓以积累财富。这导致了北魏政权的极度腐败，官员们"纵奸纳贿，背公缘私"①的现象十分普遍。北魏政权曾想整顿吏治，奖善惩恶，但是调查之后发现"赏者未几，罪者众多"②，最后只好实行大赦，不了了之。献文帝统治时期，要通过严惩的方式来禁止贪污之风，曾下令官员如果接受一头羊和一斛酒的贿赂，就将处以死刑。但是大臣张白泽对他说，如果接受一头羊、一斛酒就要处死，谁还愿意和你共治天下？献文帝也只好收回了成命。在这种情况下，推行俸禄制度已经成为北魏政权改革吏治的迫切需要。484 年，北魏开始对官员颁发俸禄。官员的俸禄有米、田、布帛及力役等多种形式。实行俸禄制度后，北魏政权才又进一步规定，贪污绢一匹以上的就将处以死刑。而一旦涉及枉法，则不论多少，都要处死。这年 9 月，北魏刺史以下的共四十余位官员就因贪赃而被处死，其中还包括献文帝的舅舅。北魏政权一方面颁发官员俸禄，另一方面加大打击官员贪污的力度，确实使北魏各级政权的腐败状况得到了较大的改变。

孝文帝时期，对北魏的官僚体制也进行了较大的改革。北魏早期的官职名称，十分质朴，如"诸曹走使，谓之凫鸭，取飞之迅疾。以伺察者为候官，谓之白鹭，取其延颈远望"等等，与中原地区的官职名称有较大的差异。孝文帝依照魏晋以来的制度，在中央设置了三师、三公、尚书、中书、四征、四镇及九卿等文武官员，地方上也仿效汉魏时期的制度在州、郡及县三级地方政府分设了刺史、太守及县令等职。孝文帝还对北魏的爵级制度进行了较大的改革，规定官员没有政绩的要取消爵位，并规定爵位不得世袭。492 年，孝文帝还规定，不是太祖拓跋珪的子孙，不得封王。已经封王的要降爵为公，公降为侯，侯降为伯。经过孝文帝的改革，北魏的官僚制度进一步趋于完善。

在地方基层的社会组织方面，孝文帝时期的主要政治改革，是建立"三长制"。"三长制"推行以前，北魏地方的基层组织，是所谓的"宗主督护制"。宗主的前身，就是坞壁主。魏晋以来，中原地区陷入长时期的战乱，一部分宗族百姓南迁江东，留下来的汉族百姓，则纷纷筑起坞壁以自保。一般来说，坞壁中的居民往往是同一宗族的成员，同时也包括一部分依附人口。因此，坞壁中的首领经常由同一宗族的族长来担任。北魏建立政权后，为了稳定地方的统治，对坞壁主采取联合并利用的政策，授予坞壁主

---

① 《魏书·高祖纪上》。
② 《资治通鉴》，卷一二六。

以"宗主督护"一职，由他们统治"督护"地方百姓，并负责为北魏王朝征收赋税。一些宗主督护还到北魏的中央任职，或者在地方担任守、令等职。在宗主督护体制下，一户往往要包括三五十户甚至更多。户主即宗主，负责向朝廷缴纳租调。一户一般每年要向朝廷负担粟二十石、帛二匹、絮二斤、丝一斤，调外帛一匹零二丈，此外还要承担一些杂役。这些赋税由宗主所督护的三五十户人家共同承担，平摊下来赋税率是不高的。因此，虽然宗主督护制使北魏政权在中原地区较快地获得了统治的稳定，但影响了政府的财政收入。此外，由于大量人口控制在宗主手中，致使地方势力强大，长远看也不利于北魏的统治。

正是在这种背景下，孝文帝时期开始致力于用"三长制"来取代"宗主督护制"。三长制取消了宗主这一层地方基层的管理形式，使百姓都成为王朝直接控制的编户齐民。这是历代中原王朝自战国以来传统的基层管理方法。根据北魏三长制的规定，五家为邻，设一邻长；五邻为里，设一里长；五里为党，设一党长。原来由宗主管理的大户被拆成了小户，并且都在政府中着籍。邻长、里长、党长直接听命于郡县的守令，负责为国家按小户而不是宗主的大户来征收赋税与调发徭役。相对于宗主督护制而言，三长制有利于增加政府的财政收入，也有利于政府加强对地方的控制。

孝文帝时期还加强了北魏王朝的法制建设。492年，北魏颁布了新的法律。《魏律》共分二十篇，有刑名、法例、宫卫、违制、户、厩牧、擅兴、贼、盗、斗、系讯、诈伪、杂、捕亡、断狱、请赇、告劾、关市、水火及婚等。除法律体制进一步完善外，《魏律》还取消了北魏旧律中一些严刑酷法。例如，只要犯的不是叛逆之罪，就都只是处罚犯罪者一人，而不连坐其家族。新律还对旧律中的一些野蛮风俗予以割除。按照旧律的规定，犯死罪而须处斩的，在斩首之前，都要剥去全身衣服，裸体受刑，在新律中就取消了这一规定。《魏律》上承汉晋、下启隋唐，在我国法律制度发展史上占有重要的地位。

2. 经济改革

孝文帝时期北魏政权推行的经济改革，主要是实行均田制。

西晋灭亡之后，北方长期处于战乱状态，中原地区的农业人口大量死亡或迁移，致使土地被大量抛荒，导致农业经济严重衰退。北魏政权入主中原之后，对于发展农业十分重视，太宗拓跋嗣曾放出不少宫人及宫中所用女工，让她们与鳏民婚配好增加农业劳动力。孝文帝即位后，也一再下诏劝课农桑。虽然北魏最高统治者十分重视发展农业，但是农业经济并没有获得重大的发展。粮食短缺一直是困扰北魏王朝的重大问题。例如，仅在孝文帝即位后的十五年内，就有十年出现了较大规模的饥荒。[①]

导致北魏农业长期处于低迷状态的主要原因是强宗豪族对土地的兼并。长期的战乱虽然产生了大量无主的土地，但这些土地大多被强宗豪族霸占，一般的小自耕农仍无法得到足够的耕地。孝文帝即位不久，大臣李安世曾上书谈到当时滞碍农业发展的主要症结，"强宗豪族，肆其侵凌，远认魏晋之家，近引亲旧之验"，遂致"争讼迁延，连纪不判。良畴委而不开，柔桑枯而不采"[②]。因此，要想从根本上解决北魏的农业问题，必须首先从制度上解决土地问题。正是在这种背景下，公元485年（孝文帝太和九年），北魏政府开始推行均田制。

均田制下，土地分成露田、桑田、麻田、菜地及住宅地等。

露田及麻田有授有还，根据北魏政府的规定，十五岁以上的男子，授予露田四十亩，女子则减半，授露田二十亩。因为土地需要休耕以保护地力，所以实际是成倍授予露田，即男子八十亩，女子四十亩。这样，一个家庭一夫一妻就可以得到一百二十亩露田。土地特别贫瘠的地区，所谓"三易之田"，则男、女再加授四十及二十亩露田，以供轮休。在产麻的地区，男子授予麻田十亩，女子授予麻田五亩。百姓所受露田及麻田，在死后或因老而免除课役之后要归还给政府。露田及麻田的授还，都在每年的正月进行。出现死亡奴婢及牛的买卖的，土地的授还也都要等到来年的正月。

在最初授田时，一名成年男子还可以得到二十亩桑田，桑田是不收回的。但北魏规定桑田上必须种桑五十株、枣五株及榆三株。三年内若不能完成政府所规定的树额，就要将没有种的那部分土地收回。在不宜种桑的地区，则授予成年男子土地一亩，可以种上榆树及枣树等。露田及麻田因为到期要收回，所以不得种植桑、榆、枣等树。如果种的话算是违令，等地收回后就再行分配，不再属于个人。百姓之家，三人可以得到一亩的住宅地。男女十五岁以上的，每人还可得菜地五分之一亩。桑田、菜地及住宅地都是世业，死后不必归还。以后各家出现了人口的增减，也不再进行调整，但是可以通过买卖的方式来调有余以济不足，即"盈者得卖其盈，不足者得买其所不足"[③]。不过，北魏政府规定，卖者不得将自己应种的份地

① 韩国磐：《魏晋南北朝史纲》，第433页，北京：人民出版社，1983年。

② 《魏书·李孝伯传附李安世传》。

③ 《魏书·食货志》。

也卖掉，而买者也不能购买超过自己应得之数的土地。

北魏政府还规定，奴婢与普通百姓一样授还露田及麻田，丁牛一头也要授予露田三十亩，但一户人家最多限授四牛。奴婢与牛在所属关系发生改变后，其所授之田也随而转变。这一规定对强宗豪族的利益给予了充分的照顾。由于奴婢受田没有限额，贵族官僚可以通过所控制的奴婢来大量获得土地。

对于阖户为老小或残疾，而都不能按成年男女授田的，北魏政府则规定，年十一以上或残疾者，都授予成年男女的一半。如果家中没有成年男女，年逾七十的老人，也不必归还所授之田。对于守节的寡妇，虽然由国家免除了课役，但同样还要授予她成年女子所应授之田。

均田制还对宽乡、狭乡、迁移等情况做了具体的规定。在地广人稀的地区，允许百姓自由开垦土地。但如果以后有新的移民迁入，则要按国家规定进行封授。在地少人众、无法按照国家规定授田的地区，则以桑田充正田（露田及麻田）数。在仍然不足的情况下，则不再加倍授予露田，而以实数授予。国家鼓励百姓由地少人众的地区向地广人稀的地区迁徙，以开垦荒地。这种迁徙不限州郡，但是不允许避劳就逸。对于土地充足的地区，国家则严禁百姓向外迁徙。

均田制还对官吏受田做了明确的规定。官员都在其任职地受田，其中刺史一级的官员受田十五顷，太守十顷，治中别驾各八顷，县令、郡丞六顷。官员所受之田严禁买卖，违者严惩。这种官员的受田发展到后代，就成了官员任职期间的职分田或公廨田。除这种要收回的职分田之外，北魏的官员还可以每人得到另外一种职分公田，这种职分公田每人一顷，官员退任后仍可继续拥有，并且可以传给子孙，也可以买卖。后来就发展成为官员的永业田。

北魏的均田制，最初在首都平城实行，以后逐渐推广到四方。均田制的推行使农民得到土地，也使大量抛荒的土地得到开垦，对北魏农业经济的发展起到了积极的推动作用。政府的抗灾能力也由此获得了较大的提高，当时即有人称，"一岁未收，未为大损"[①]。这对北魏政权的巩固当然具有积极的作用。此外，均田制还将许多浮户及隐户变成为国家的编户齐民，从而使北魏政府的财政收入得到了较大的增加。至孝明帝统治期间，户口总数已经达到西晋全盛时期太康年间的两倍。老百姓的生活也有了较大改善，

---

① 《魏书·高闾传》。

史书记载推行均田制以后，很快就出现了"四方无事，国富民康"①及"百姓殷阜，年登俗乐"②的景象。

孝文帝时期，在推行均田制后，对于赋役制度也进行了改革。均田制以前，北魏的赋役制度大体沿用魏晋时期的田租户调制。这种田租户调制按户收取，当时规定每户需缴纳调帛二匹、絮二斤、丝一斤及粟二十石，这是正数。此外，每户还要缴纳帛一匹二丈，以供调外之费。均田制推行后，北魏政府开始推行租调力役制。新的租调力役制是在推行三长制之后实行的。当时规定，一夫一妇共需缴纳调帛一匹、粟二石。麻布之乡，一夫一妇则缴纳布一匹。百姓年十五岁以上还未娶者，四人共出一夫一妇之调。承担耕、织的奴婢，八人共出一夫一妇之调。耕牛二十头，也需缴纳一夫一妇之调。百姓八十岁以上者，可以免除一子的力役。新的租调制是与均田制相适应的一项赋役制度。因为授田是按一夫一妇进行的，所以租调也按一夫一妇为单位来收取。奴婢及耕牛都授田，所以国家也要按比例征收租调。新的租调制与北魏农村基层组织的三长制也是相互适应的。三长制取代原来的宗主督护制后，原来三五十个小户组成的大户被邻、里、党三级基层组织所取代，因此国家征收赋役不再是按大户收取，而是直接向一夫一妇的小户进行征收，所以在租调的数额上出现了较大的差别。原来的粟二十石，变成了现在的粟二石，帛二匹变成了帛一匹。表面上看这是降低了税率，实际上由于小户数额的大量增加，国家征收的租调要比以前增加了很多。

北魏所推行的按授予土地为标准征收租调的赋役制度，对隋唐时期的赋役制度产生了巨大的影响。

3. 社会改革

孝文帝在位期间，采用汉文化对拓跋鲜卑的社会风俗进行了全面的改革。拓跋鲜卑在形成国家的过程中，仍保留了大量的原始民族的风俗习惯。民风率直粗蛮，整个社会缺乏礼仪制度的组织与约束。当拓跋鲜卑建立的北魏政权统一整个北方之后，其相对落后、野蛮的民族文化便很难与新的统治形势相适应。例如，北魏的统治者对待大臣往往十分残暴，动辄诛戮。拓跋珪曾命大臣崔逞回信东晋的襄阳守将郗恢，崔逞在书写的信中采取汉人的传统习惯，称晋帝为贵主，拓跋珪便认为崔逞有叛逆的倾向，于是就

---

① 《魏书·任城王云附元顺传》。
② 《洛阳伽蓝记》，卷四。

将他杀掉。后来东晋大臣司马休之想投奔北魏，听到这件事后就转而投奔了后秦。很显然，拓跋鲜卑的落后文化，已经在很大程度上阻碍了他们在中原统治的巩固与发展。

孝文帝为了改革鲜卑落后的社会风俗，首先采取的措施是将北魏的都城从平城迁到洛阳。平城长期作为拓跋鲜卑的都城，保守势力强大，如果在平城推行大规模的社会改革，必然会遭到这些保守势力的抵制。而如果将都城迁到中原地区，一方面中原地区拓跋鲜卑的保守势力较弱，另一方面以洛阳为中心的中原地区，汉文化资源十分丰富，能为孝文帝从事社会改革提供足资效法的文化榜样。当然，孝文帝之所以要将北魏的都城从平城迁出，也还有诸多政治及经济方面的原因。孝文帝时期，北魏在中原地区的统治已达数十年之久，但平城地处遥远的北方，对北魏加强在中原地区的统治十分不利。此外，北魏的北部此时兴起了强大的柔然，他们南下进攻北魏，兵锋所指常常直接威胁到北魏的都城平城。从经济上看，平城地区的自然条件比较恶劣，经常发生旱灾，农业经济相对薄弱，平城不足以满足作为北魏政治、军事中心的需要。

孝文帝想迁都洛阳，但他担心鲜卑贵族们不同意，于是就在493年秋借口南伐，率三十万大军到达洛阳。此时，洛阳地区连日阴雨，北魏军队很不适应南方的阴雨天气，加上随军携带了大量的粮草辎重，行军速度十分缓慢。不仅普通的士兵士气低落，随军的文武百官也都不想继续南征。孝文帝趁机下令，要么继续南征，要么迁都洛阳。在这种情况下文武百官只好同意迁都洛阳。留守在平城的百官及贵族，听说孝文帝将都城迁到了洛阳，一时都手足无措。于是孝文帝派任城王拓跋澄回平城对他们进行说服动员，大家的情绪才基本稳定下来。494年，孝文帝亲自回到平城，召集文武百官晓以迁都之利。这时，迁都洛阳才算大功告成。不过，仍有一些鲜卑贵族因为留恋故土而反对迁都。496年，大贵族穆泰等人就企图在平城另立一个鲜卑政权，与孝文帝对抗。他们想推阳平王拓跋颐为首，但拓跋颐不想与孝文帝为敌，就将他们欲图造反的阴谋秘密上奏给孝文帝。孝文帝派出军队征讨，很快就将这次叛乱平定。孝文帝的太子拓跋恂因为过不惯南方的暑热天气，就与左右图谋想逃回平城。结果事情败露，拓跋恂不仅太子被废，不久还被处死。495年，孝文帝规定，所有南迁的鲜卑人，都一律以洛阳为籍贯，死后只能葬在洛阳，不能回葬平城。这样，才将北魏都城南迁洛阳之举完全巩固下来。迁都洛阳之后，孝文帝便开始了大规模改革鲜卑社会的工作。

　　首先是改说汉语。孝文帝认为，只有鲜卑族人全部改说汉语，才能更好地学习汉族先进的文化，也才有可能从根本上革除旧的社会习俗。而若仍保留鲜卑胡语，那么数世之后迁居河洛之地的鲜卑人，不仅改变不了旧的习俗，反而会使河洛文明之地也变成戎狄野蛮之域。他下令年龄三十以上者，因为习性已久，可以在说汉语时夹杂鲜卑旧语。年龄三十以下者，一律说汉语。如果改变不了，那就要面临降爵黜官的惩罚。

　　其次是改穿汉服。拓跋鲜卑原是编发左衽，所以曾被汉人称为索头或索虏。孝文帝迁都洛阳后，下令鲜卑人改穿汉装。他命蒋少游按照汉装制定了新的冠制，不仅男子，连鲜卑女子也都改穿了汉装。孝文帝有时在城中巡视，发现有仍穿鲜卑服装者，即责令有关官员予以改正。

　　第三是改称汉姓。孝文帝将北魏帝族拓跋氏改为元氏，其他鲜卑大姓，也都改成汉姓。丘穆陵氏改为穆氏，步六孤氏改为陆氏，贺赖氏改为贺氏，独孤氏改为刘氏，贺楼氏改为楼氏，勿忸于氏改为于氏，纥奚氏改为嵇氏，尉迟氏改为尉氏，纥骨氏改称胡氏，达奚氏改称奚氏，乙旃氏改称叔孙氏等等。在改称汉姓的基础上，孝文帝还进一步划分了鲜卑人的姓氏等级，他规定穆、陆、贺、刘、楼、于、嵇及尉是鲜卑人的八大贵姓，这八大贵姓的子孙只应充任高官清职，不能任以猥官琐职。对于汉人中的世族，孝文帝规定，范阳卢氏、清河崔氏、荥阳郑氏及太原王氏为四大贵姓，称作"四姓"。有时也加上赵郡李氏，则合称五姓。汉人四姓与鲜卑八姓拥有同样的政治地位和社会地位，都不得充任猥屑之职。孝文帝还规定，凡三世之中有担任三公者称膏粱，三世之中有担任令、仆等职者称华腴，这些族姓与曾任尚书、领、护等职的族姓，统称甲姓；担任过九卿等职的大族为乙姓；担任过散骑常侍、大中大夫的大族为丙姓；担任过吏部正员的大族为丁姓。这也叫做"四姓"。孝文帝通过统一划分汉族大姓与鲜卑大姓，并给予他们相同的政治地位，有效地消除了汉族统治阶级与鲜卑族统治阶级之间的矛盾。

　　第四是禁止鲜卑同姓之间的婚姻，鼓励鲜卑贵族与汉族大姓之间通婚。早在迁都之前，孝文帝就曾下令禁止鲜卑同姓结婚的陋俗。迁都之后孝文帝进一步申明此禁，同时积极推行鲜卑人与汉人之间相互通婚。他自己以身作则，分别娶汉人大姓范阳卢氏、清河崔氏、荥阳郑氏及太原王氏之女为妃，又娶陇西李氏之女为夫人。他还为自己的几个弟弟分别迎娶了一些汉族大姓之女。如咸阳王元禧，娶陇西李辅女；广陵王元羽，娶荥阳郑平城女；颍川王元雍，娶范阳卢神宝女；始平王元勰，娶陇西李冲女；北海王元详，娶荥阳郑懿女。只有河南王元幹，娶的是鲜卑贵族穆氏之女。孝文帝还规定，这些新娶的大姓女子都是正妃。诸王原来所娶的妃嫔，则一律都降为妾媵。咸阳王元禧，因前娶隶户之女，还遭到孝文帝的严厉责备。孝文帝通过加强鲜卑贵族与汉人贵族的婚姻关系，使两者在血统上也达到了融合，从而极大地巩固了北魏政权的统治基础。

第五是采用汉族礼制。拓跋鲜卑入主中原后，在社会生活方面还保留了相当多旧的礼俗。孝文帝下令将鲜卑旧俗一律革除，在婚、丧、祭、冠等方面全部采取汉族礼制。经过孝文帝的改革，鲜卑族的旧有风俗逐渐消失，鲜卑族也最终完全融入汉族当中。

四 北魏的社会经济

均田制的推行，将土地与劳动力结合在一起，对北魏统治区域农业生产的恢复与发展创造了客观的条件。前文对此已有叙述。此外，北魏统治时期农业技术的进步也对农业经济的发展产生了重要的影响。

北魏时期，犁耕技术进一步成熟。仅耕犁的式样，当时就有三脚耧犁、两脚耧犁、一脚耧犁、辽东长辕犁及齐蔚犁等多种。除耕犁之外，用于平田碎土的耙、除草的锄及收割的镰等，技术上也有了进一步的改良。人们对于土地的属性有了更多的了解，知道因地制宜发展生产："山田种强苗，以避风霜，泽地种弱苗，以求华实。"[1]深耕技术得到高度重视，人们耕地时强调要深耕细耰，而不主张贪多。对于农业肥料的认识也更进一步，当时除了熟粪之外，还发明了两种制肥的方法，一种是踏粪法，另一种是绿肥法。其中使用踏粪法，一头牛一冬可以踏粪三十车，到春天的时候便足够六亩地所用。水稻的种植在北方也大面积推广。据《齐民要术》记载，当时人们种植水稻，从选地到选时，再到选种、育种，都有非常严格的操作要求。[2]

均田制除分配给每个农户露田及麻田之外，还分配了二十亩的桑田。这种桑田是农户的永业，死后也不收回，但政府规定，如果不能在三年内

---

[1] 《齐民要术·种谷》。

[2] 《齐民要术·水稻》："选地欲近上流。三月种者为上时，四月上旬为中时，中旬为下时。先放水，十日后，曳陆轴十遍。地既熟，净淘种子，渍经五宿，漉出内篅中裛之，复经三宿，牙生长二分，一亩三升掷。"

种植一定数量的桑、榆、枣等，就要将未种植的部分地收回。这极大地刺激了农民种植经济树木尤其是桑树的积极性。桑树的广泛种植刺激了纺织业的发展，也使得北魏绢帛的库藏数量大大增加。北魏宣武帝元恪统治期间，仅冀州一年增加的绸绢就达五万匹之多。"于时国家殷富，库藏盈溢，钱绢露积于廊者，不可较数。"①孝明帝时，太后胡氏曾至左藏库，赏百余名从者自取库中绢帛，能背多少背多少。结果多者有背出二百多匹的，少者也背了百余匹，于此可见当时国家府库所藏之充裕。

除纺织业外，北魏的铸造业也有了较大的发展。铁制农具及兵器的制造，在各地都相当普遍。北魏时期，人们已经掌握了用煤炼铁的技术，这与原来只用木炭炼铁相比，炼铁的规模及产量都有了成倍的扩大与增加。例如《水经注·河水注》就记载："屈茨北二百里有山，夜则火光，昼日但烟。人取此山石炭，冶此山铁，恒充三十六国用。"此外，造船业、制盐业、酿酒业等其他手工业，在北魏统治北方时期，也都得到恢复，有的还取得进一步发展。

手工业的恢复与发展，带动了商业的发展。北魏早期，商业很不发达。直到孝文帝太和初年，仍是"钱货无所周流"②的局面。但经过孝文帝的改革，农业、手工业取得较大的发展，太和以后，北魏的商业也逐渐发展起来。一些大都市如洛阳、邺城等地，成为商贾云集的地方。北魏时期，洛阳城内的交易场所有大市、四通市等，城外还有马市及小市等。这些市内一般设有钟鼓，开市及闭市皆以击鼓鸣钟为号。天下各地的货物，都在这里流通贸易。为了方便货物流通，北魏政权于495年开始铸造铜钱，称太和五铢钱。北魏商业的发展也促成了大商人的出现。洛阳的刘宝，就是当时最为著名的一位大商人，他在各地州郡都会之处，都有自己的商号和宅院，"车马服饰，拟于王者"③。与此同时，北魏与境外的商业也逐步取得发展，日本、高丽、百济、新罗、安息、波斯、天竺，都与北魏有通商关系。因为来自各国及各地的商人很多，北魏还特地设置了四馆及四里，供他们居住。其中南方来的客商住在金陵馆，三年以后赐宅归正里；从东方来的客商住在扶桑馆，三年后赐宅慕化里；从北方来的客商住在燕然馆，三年后赐宅归德里；从西方来的客商住在崦嵫馆，三年后赐宅慕义里。北魏经过

---

① 《洛阳伽蓝记》，卷四。
② 《魏书·食货志》。
③ 《洛阳伽蓝记》，卷四。

孝文帝的改革，逐步走向繁盛。

第二节　南方王朝的更迭：宋、齐、梁、陈

从 420 年刘裕代晋建宋，我国的南方地区遂进入与北朝对峙的南朝历史阶段。当北方在进行规模浩大的社会改革运动，社会政治、经济、文化形态取得重大发展的时候，南方则正经历着频繁的王朝更迭，在与北朝抗衡的过程中日渐没落，最后则由北方王朝完成了再度统一中国的历史责任。

一　宋的政治

南朝宋的建立者刘裕，字德舆，小名寄奴，彭城人。永嘉之乱时，其曾祖渡江迁至京口。到刘裕小时候家道已经败落。不过，刘裕后来参加了刘牢之的北府兵，在镇压孙恩、卢循起义中立了大功，成为东晋军队的实力人物，并由此进入东晋王朝的统治核心。以后刘裕又两度举行北伐，先后击灭了南燕与后秦，使自己在东晋王朝中的政治地位进一步提高。在此过程中，刘裕又消灭了北府兵中的其他握有实权的将领如刘毅、诸葛长民等人。东晋王朝的大权遂为刘裕所独揽。418 年，刘裕受封为相国、宋公。420 年，刘裕以"禅让"为名，夺取了东晋王朝的帝位。他建国号为宋；并改元永初，但仍以建康为都。

1. 刘裕的统治

刘裕是一位很有作为的皇帝。他出身寒微，通过军功上升为统治阶级，并最终成为最高统治者。因此，他对老百姓的疾苦有亲身的感受，对东晋末年的社会矛盾也有较为深刻的认识。早在称帝前，他对东晋的政治就做过若干整顿与改革。他曾严格推行土断，使大量为世家大族所隐匿的人口成为东晋王朝的编户齐民。世族地主虞亮，隐匿了千余名亡命之徒，被刘裕查实后即行处死。他对世家大族强占山川林泽进行限制，不仅使普通百姓能够得到一小块土地赖以为生，而且也为政府按户收取赋税提供了依据。这些整顿，对于当时已经激化的社会矛盾产生了一定的缓和作用。

刘裕称帝后，继续对王朝的政治进行整顿与改革。为了防止各州刺史的势力过于强大，他对州府置将置吏的数量实行限制。规定荆州府置将不得超过两千人，吏不得超过一万人。其他的州置将不得超过五百人，吏不得超过五千人。刘裕通过限制州府的规模，改变了以往州府置将置吏毫无

数量限制的状况，使宋王朝的中央政权得到巩固。

为进一步缓和社会矛盾，刘裕还革除了不少东晋末期出现的苛政，使百姓的负担有较大的减轻。例如，东晋末年，政府经常向民间无偿征调木材用以造船，有时还直接征用船只及牛车以供运输之用。刘裕就下令，以后凡是政府需要的木材及车船，一律由政府派人和民间商量好公平的价格，然后依照规定的价格由政府给予受征调者一定数量的补偿，并下令严禁官员强行征调。东晋末年，大量人口因为无法承受高额赋税与繁重徭役而不断逃亡。为了争取这部分人口，420年，刘裕下令，凡是在规定期限内重回故地登记的，不仅不追究责任，还要免除两年的租布。刘裕通过这一措施，使国家控制的人口大量增加。为了避免百姓大量破产，刘裕曾在称帝之初，下令免除人民积欠的各种债务。刘裕为了争取地主阶级的支持，也对他们采取了一些缓和矛盾的措施，例如刘裕曾下令，凡是因为军事原因征调的僮仆，在战争结束后都一律发还给原来的主人。这有效地保护了地主阶级的利益，因而受到他们的欢迎。

刘裕十分重视人才的培养，在称帝前就曾对各州郡所送的秀才、孝廉等进行考试，防止州郡官员在向王朝提供人才时滥竽充数。称帝后为巩固新兴的王朝，刘裕更加重视人才的培育，他曾下诏说"古之建国，教学为先"①，强调学校教育的重要性。刘裕出身寒微，在做了大官乃至称帝后，仍能保持节俭的生活习惯。他的生活用品都十分朴实，没有什么珠宝锦绣之类的装饰，以至于被其孙刘骏笑为"田舍公"。

刘裕统治时期，是整个南朝武力最为强盛的时期，其疆域的最北端一直达到黄河。整个淮水流域及汉水上游地区，都属刘宋王朝管辖。此外，刘裕统治下的宋王朝，社会矛盾相对缓和，社会经济也在迅速恢复。魏晋南北朝约四百年的时间里，刘裕是最有作为的皇帝之一。但可惜的是刘裕在位不足两年，即于422年因病而逝。

2. 元嘉之治

刘裕死后，太子刘义符继位，是为宋少帝。大臣傅亮、徐羡之及谢晦等人受命辅政。少帝刘义符对国家政事不感兴趣，却对列肆贩卖情有独钟，他在华林园中建造了许多店铺，亲自在店铺里酤酒营业。这样的皇帝，当然不能统治国家。徐羡之等人就想把他废掉，可是他们觉得刘裕的次子庐陵王刘义真也不具有统治刘宋王朝的品德与才能，而如果废掉刘义符，那

① 《宋书·武帝纪下》。

么继位的就将是刘义真。为了避免出现这种局面，徐羡之等人就先将刘义真废为庶人，然后才废掉少帝，不久又将二人杀掉。这时，他们决定迎立刘裕的第三子宜都王刘义隆为帝。刘义隆时为荆州刺史，握有重兵。义符与义真相继被杀，使他对离开荆州到建康为帝心存疑惧。他手下的将领也认为不宜离开自己的根据地。只有司马王华，准确地估计了当时的政治形势。他认为徐羡之等人虽然废杀了少帝及庐陵王，但并没有其他的政治野心。他们之所以要迎立刘义隆这样的年轻皇帝，不过是认为年轻皇帝容易控制，利于他们自己掌权。因此他力促刘义隆离开荆州到建康为帝。424年8月，刘义隆至建康称帝，改元元嘉。刘义隆就是宋文帝。

宋文帝即位后，不满徐羡之、傅亮等人的专权，就于426年以擅兴废立之罪将二人处死，又派兵征伐时任荆州刺史的谢晦，并于次年俘斩谢晦于建康。这样，宋文帝才控制了王朝的大权。

宋文帝也是一位很有作为的君主。他在位期间继续宋武帝刘裕的改革，使宋在南方的统治进一步巩固与发展。宋文帝非常重视农业，他多次下诏，督促地方长官劝课农桑。元嘉二十一年（444年），江南发生大面积旱灾，很多地方的水稻都无法播种，宋文帝便下令各级官员督促农民种植麦子，以尽量减轻灾害所造成的损失。对于失地的无业游民，则由国家将荒芜的土地分给他们。例如，湖熟地区因为长期战乱，以致废田千顷，宋文帝就命人将这些土地重新开发成良田。农民缺少种子，他就命令地方长官贷给农民。他还很注意兴修水利来增强抗灾的能力。宋文帝统治时期，南方因东晋末年的战乱而遭到严重破坏的农业经济很快就恢复并发展起来，为了适应经济发展的需要。宋文帝还于元嘉七年开始铸钱，这说明在他统治时期，南方的商业也有了进一步的发展。

宋文帝比较关心民生问题。元嘉十一年，丹阳、淮南、吴兴、义兴等地洪水成灾，他曾拨出数百万斛大米来赈济灾民。对于出现灾荒的地区，他都要对当地当年的赋税予以减免。元嘉十七年，他下令除掉了估税及市调等多种害民的苛税。他还多次下诏，减免老百姓拖欠的政府债务。440年，他下令将人民所欠国家债务酌量减轻。元嘉二十一年，他又再次下令将老百姓在元嘉十九年以前所借的国家债务一律免除。

宋文帝对王朝的政治进行整顿。他派出使者到各州郡调查，评定地方长官的政绩，一些没有能力的官员因此受到降黜。与此同时，他又颁布召贤令，命令各地官员向王朝推荐有能力的人来充实各级政府部门。宋文帝很重视刑狱之事，要求各级官员要秉公办理案件，不得徇私舞弊。他还经常到延贤堂听讼，为官员做表率。在他统治期间，宋的政治是比较清明而有效率的。例如，宋文帝曾在东晋末年义熙土断的基础上，进一步做清户籍的工作。这次清理工作就做得相当有成效，以至于后来的齐及梁朝，再度整顿户籍时，都以刘宋这次清理的户籍数为主要依据。

宋文帝与宋武帝一样，知道培养人才的重要性。他派人修葺学舍，召集生徒入校学习。他还曾亲自去国子学测试诸生。为了弘扬名教，宣传儒家的伦常思想，他还特地于元嘉十九年命人将孔子墓修缮一新。之后又在墓的周围种植了六百株松柏，并专门安排五户人家负责洒扫及维护。

由于宋文帝在其统治期间采取了一系列发展社会经济，缓和社会矛盾，整顿王朝政治的措施，所以很快就使刘宋王朝进入了一个稳定发展的历史阶段。整体上看，宋文帝元嘉年间，刘宋王朝的政治、经济等各方面都出现了一定的繁荣景象，"凡百户之乡，有市之邑，歌谣舞蹈，触处成群。盖宋世之极盛也"①。后人遂以"元嘉之治"来称颂宋文帝元嘉年间所取得的统治成就。

3. 宋、魏战争

宋的建立者刘裕在东晋末期曾两次北伐，都取得了很大的成功。他所建立的宋王朝，在南朝的四个王朝中，武力是最为强大的。与此同时，北魏的势力也在迅速壮大，并于439年由太武帝拓跋焘最终完成了北方的统一。南北两强，都处在军事实力的扩张时期，因此南北之间的战争是不可避免的。

刘裕攻灭后秦时，曾将势力扩大到黄河以北及关中地区，但他急于回建康夺取帝位，所以没有继续北进攻打其他割据陇右的政权，也没有巩固在关中的统治，只留下自己12岁的儿子刘义真镇守长安。刘裕留守关中的部将不和，相互残杀，夏赫连勃勃趁机攻占了以长安为中心的关中地区。不久，洛阳、虎牢等地也被北魏攻占，刘裕连黄河以南地区也没保住。宋文帝巩固了自己的统治后，就有意收复河南地区。430年春，他命令大将到彦之率兵五万北伐，同时致书北魏，表示自己只意在收复宋的河南故地，无意涉及河北。魏太武帝拓跋焘认为暑天与宋军交战不占优势，就没有立即与宋军展开对攻，而是下令放弃滑台、洛阳、虎牢。等到11月天气寒冷之时，才派叔孙建、长孙道生率军渡河南攻，并很快就攻克了洛阳与虎牢等地。到彦之北伐部队连遭败绩，又见北魏军队气势难挡，便从滑台匆匆

① 《宋书·良吏传序》。

南撤。一路上丢盔卸甲，损失惨重。宋文帝派大将檀道济前往援救，到达历城时，滑台就已经丢失了，再进军已没有什么意义。而在与北魏军队对峙的时候，宋军又发生了军粮危机，几乎面临全军崩溃的危险。多亏檀道济足智多谋，于深夜唱筹量沙，并在沙堆上洒上仅有的粮食，使魏军误认为宋军给养充足，没有趁机发动进攻，檀道济这才率领宋军全身而退。这次北伐以宋军失败而告终。

拓跋焘统一北方后，于450年亲率十万大军南下攻宋。宋的南顿太守、颍川太守弃城而逃，只有悬瓠（河南汝南县）守将陈宪坚守不退。北魏军队连续攻城四十余天，没有取得胜绩，只好撤回北方。宋文帝见魏军北撤，便于同年7月派大将王玄谟与沈庆之率军北伐。同时派柳元景及薛安都率军出弘农，进军关中。王玄谟率宋军主力在河南战场上取得了一些胜绩，但在进攻魏军坚守的滑台时，也遭遇到顽强的抵抗，久不能下。10月，北魏百万援军赶到，王玄谟竟慑于魏军气势，不敢应战，下令南撤。北魏军队趁机追击，使宋军在人员及军资上都遭受惨重的损失。柳元景、薛安都等人，已经攻下卢氏及陕县，正准备进逼潼关，听说东线败退，也只好撤回。

拓跋焘在河南战场取得胜绩，遂趁势率军南下攻宋。在进攻彭城不下的局势下，于450年12月率军南下直逼瓜步（江苏六合东南），并摆出要渡江进攻建康的架势。刘宋王朝君臣上下深受震恐之余，也迅速调集重兵，沿长江一线，从采石直到暨阳的六七百里，处处陈舰列营，严密布防。两军隔江对峙月余，至第二年正月，拓跋焘见无机可乘，便下令焚烧民户，掳掠了大批人口之后，撤回到北方。宋、魏之间的此次南征北伐前后持续一年有余，双方均遭受重大损失。刘宋统治下的南兖、徐、兖、豫、青、冀六州，在北魏军队的掳掠下变成千里赤地，丁壮人口被杀者不计其数。刘宋王朝经此失败，元嘉之治的良好局面遂一去而不复返。北魏虽然在军事上略为占优，但长期的争战也使其国力遭受重大损失，"魏之士马，死伤亦过半，国人皆尤之"①。

从当时宋、魏的军事实力看，北魏要明显优于刘宋。在宋文帝北伐之前，大臣沈庆之就曾说宋军对魏军，"马步不敌，为日已久矣"②。但北魏要想彻底击败刘宋，完成全国的统一，也没有这个能力。因此，450年的宋、魏之战后，双方进入了相对稳定的对峙阶段。

---

① 《资治通鉴》，卷一二六。
② 《宋书·沈庆之传》。

4. 皇室内部的残酷屠戮

宋文帝对于推动元嘉之治的出现，确实做出了重大贡献。但宋文帝本人过于多疑，大臣们为了自保，对朝政多所顾忌，不敢直言以谏。是以到宋文帝统治的晚年，刘宋王朝的政治开始逐渐衰退。例如，在与北魏的交战中，宋文帝往往在战前就将军事部署安排好，将领们在前线作战，只能照旨行事，不敢临阵决断，这也是宋军战事不利的一个重要原因。

从宋文帝晚年开始，刘宋王朝父子兄弟之间的相互残杀十分频繁。人性泯灭到了无以复加的地步。宋文帝多病，因此政事大多委任其弟彭城王刘义康。刘义康大权在握，生杀予夺，一出己手。大将檀道济，曾随刘裕灭南燕及后秦，在刘宋朝廷拥有很高的声望。刘义康担心他日久难制，就将他杀掉。拓跋焘听说这件事后十分高兴，认为刘宋王朝再也没有人能对自己构成威胁了。刘义康掌握了朝中大权，又与刘湛等人结成党羽，积极筹划在文帝死后夺取帝位。440 年，文帝将刘义康贬为江州刺史，出镇豫章，并将刘义康的十余名党羽刘湛等人杀掉。445 年，范晔、孔熙等人又谋划拥立刘义康，事泄被杀，文帝遂将刘义康废为庶人。451 年，拓跋焘进据江北瓜步，威逼建康，文帝害怕有人再利用刘义康在后方作乱，终于将刘义康处死。从宋文帝处死其弟刘义康开始，刘宋王朝父子兄弟的骨肉相残便愈演愈烈。宋文帝晚年，在对待太子的问题上前后失据，结果首先导致父子之间相互残杀。本来，宋文帝因为宗室权势太重，怕太子刘劭不能自立，于是为劭置东宫兵。可是后来刘劭的东宫兵发展到万余人之多，又引起了宋文帝对他的猜忌。宋文帝想把太子废掉，结果因为计划泄露，反于453 年被太子刘劭所杀。刘劭杀掉宋文帝后即位称帝。宋文帝的第三子武陵王刘骏，时任江州刺史，遂起兵讨伐刘劭。刘劭在兵败之前，先行将有宿怨的宗亲长沙王刘瑾及临川王刘烨杀掉。刘劭兵败后，也与其子四人一齐被刘骏所杀。宋文帝的第二子始兴王刘濬及其三个儿子也在这场战乱中被刘骏杀掉。刘骏屠戮了这些宗亲之后继位称帝，是为宋孝武帝。

宋孝武帝虽然夺取了帝位，但他的统治并不牢固。不久，镇守荆州的南郡王刘义宣（刘裕的第六子）。就率大军沿江东下进逼建康。孝武帝也派出水陆大军前往迎战。两军在采石、梁山一带进行决战，刘义宣兵败之后与诸子一齐被杀。为防止宗亲王威胁自己的地位，孝武帝又将自己的弟弟南平王刘铄（文帝第四子）、武昌王刘浑（文帝第十子）、竟陵王刘诞（文帝第六子）及海陵王刘休茂（文帝第十四子）等人都杀掉了。

465 年，孝武帝刘骏死，其太子刘子业继位，他就是刘宋历史上的前废帝。刘子业继位时年仅 16 岁，但他对宗亲杀戮之残忍，比其父刘骏有过之而无不及。其叔祖江夏王刘义恭（刘裕第五子）在刘骏与刘劭争夺帝位时，为刘骏夺取帝位立下了汗马功劳。刘子业即位后，忌惮刘义恭的威名与权力，便首先将他与四个儿子一齐杀掉。不久，又杀其弟刘子鸾与刘子师。除宗室之外，一些朝廷重臣如始兴郡公沈庆之、尚书令柳元景、尚书左仆射颜师伯等人也惨遭屠戮。刘子业还准备将他剩余的六个叔叔全部杀掉。刘子业的残酷杀戮造成了刘氏宗亲及刘宋政权内部的集体恐慌，在这种情形下，湘东王刘彧起兵反对，得到了大家的拥护，很快就将刘子业杀掉。刘彧于是自称为帝，是为宋明帝。

明帝即位后，刘子业的弟弟晋安王刘子勋时任江州刺史。刘子勋在长史邓琬的支持下，起兵反对明帝。与此同时，刘子勋的另两个弟弟，荆州刺史、临海王刘子顼，会稽太守、寻阳王刘子房也都在部下的簇拥下起兵响应。这样，就形成了以明帝为首的文帝系诸王与以晋安王为首的孝武帝系诸王也就是皇室叔侄之间的大战。事实上，刘子勋及其两个弟弟都相当年幼，刘子勋才不过十岁，他们都是在属下的操纵下才起兵的。双方的大战以叔叔辈诸王们的胜利而告终。明帝在取得胜利后，将孝武帝刘骏剩下的儿子全部杀掉。本来，孝武帝子嗣颇多，他一生共生有二十八子，除十人夭折没有成活外，其余十八子有两人为前废帝刘子业所杀，而包括刘子业在内的其余十六子则全部为明帝所杀。在刘宋宗亲内部的混战中，孝武帝居然连一个子嗣也没有能够留下。于此可见刘宋王朝皇室内部权力争夺之残酷。明帝对孝武帝的儿子尽行屠戮，对自己的亲弟弟也毫不手软。明帝在位的七八年间，就将自己的五个弟弟杀掉了四个。仅江州刺史、桂阳王刘休范幸存下来。

472 年，明帝死，子刘昱继位，他就是刘宋历史上的后废帝。刘昱即位不足两年，他仅存的叔叔江州刺史、桂阳王刘休范即于 474 年率军二万向首都建康打来。右卫将军萧道成指挥建康的卫戍部队，击杀刘休范，保住了刘昱的帝位。至此，宋文帝诸子，只有第九子晋熙王刘昶在前废帝时因避乱降魏，才得以留下一支。不久，时为南徐州刺史的建平王刘景素，又起兵反对刘昱，也被萧道成击杀。至此，刘宋王朝内部皇室之间的残酷屠戮才告终止。而此时，刘宋王朝也已经走到了它的历史尽头。

5. 刘宋晚期的政治及其灭亡

刘宋王朝在皇室内部的权力争斗中，实力迅速衰退。当刘子勋起兵反对明帝时，徐州刺史薛安都、兖州刺史毕众敬及汝南太守常珍奇，也起兵响应刘子勋，时称"三叛"。等到刘子勋等兵败被杀，薛安都等人又都派出使者向明帝请降。明帝虽然答应了他们的请降，但却派张永及沈攸之等率五万大军前往受降，因而引起薛安都、毕众敬等人的恐惧。他们害怕投降明帝之后就要遭到杀戮，所以转而投降北魏。北魏派兵前来接应并于467年击败前来受降的宋将沈攸之，于是淮北的青、徐、兖、冀、豫等数州土地尽归北魏所有。刘宋王朝控制的北部疆域，遂向南一直退缩至淮河一线。

刘宋王朝内部的权力斗争，使朝政更加败坏。后废帝刘昱性情残暴。他喜欢到处出游，凡遇到不及回避的，就命随从肆意杀害，以至于民间白天也不敢开门，路上更是见不到行人。大将萧道成在击败刘休范的进攻时立了大功，可是刘昱并不把他放在眼里。曾有一次，刘昱率领随从突然闯进萧道成的领军府，要以萧道成的肚脐为箭靶，结果一箭中脐。多亏事先经左右力劝，刘昱没有用真箭，萧道成这才幸免一死。

刘宋王朝皇室内部的权力争斗，导致宗亲之间相互不信任，最终使朝廷大权旁落至外人手中。孝武帝刘骏起兵时，重用典签戴法兴、戴明宝及蔡闲三人，后来他们都官居中书通事舍人之职，执掌王朝政府机要。明帝刘彧起兵反对前废帝，主衣阮佃夫多所协助，明帝即位后，阮佃夫也得以封侯执政。萧道成帮助刘昱坐稳了刘宋江山，因而升为中领军，实际控制了刘宋王朝的军政大权。

477年，萧道成杀死了残暴的刘昱，另立刘昱弟刘准为帝，是为宋顺帝。宋顺帝在位不足两年，即于479年被萧道成杀掉，刘宋王朝至此灭亡。从刘裕420年代东晋自立为帝，刘宋王朝共历59年而亡。

二 齐的政治

南朝齐的建立者萧道成，原祖籍为东海兰陵。东晋初年，萧道成的高祖迁居江南晋陵的武进县，后东晋政府即在此地侨置兰陵县，称南兰陵，所以萧氏一族也称南兰陵人。萧氏一族在东晋时期家道已经败落，所以萧道成就曾称自己是"布衣素族"①。但是，萧氏与刘裕继母孝懿萧皇后有远亲，所以也能够略沾外戚之惠。萧道成的父亲萧承之，因战功升至南泰山太守、右军将军，封晋兴县五等男爵。萧道成初隶萧后内侄雍州刺史萧思

---

① 《南齐书·高帝纪下》。

话的属下，后在平定薛安都叛乱的战争中，因击败薛安都所部，而被明帝用为假冠军将军、行徐州刺史，镇守淮阴。不久，张永及沈攸之为魏军所败，因此明帝便命萧道成为南兖州刺史，负责刘宋王朝对北魏的防御。明帝在位期间，因有人言萧道成有天子之相，所以召他入朝任散骑常侍、太子左卫率，加以控制。明帝死时，命尚书令袁粲、护军将军褚渊等人共同辅政。褚渊推荐萧道成同掌机密，萧道成因此被升为右卫将军。从此，萧道成进入刘宋王朝的统治核心，得以参与刘宋王朝的权力斗争。后废帝刘昱在位初期，桂阳王刘休范及建平王刘景素先后起兵反叛，都被萧道成领军平定。萧道成由此升为中领军，不久又加尚书左仆射，成为刘宋王朝晚期最具实力的政治人物。后废帝刘昱对臣下肆行杀戮，引起萧道成的担心，于是萧道成废杀刘昱，而立顺帝刘准。此后官加司空，并录尚书事，坐镇东府，完全控制了刘宋王朝政权。之后，他击败了荆州刺史沈攸之、司徒袁粲及尚书令刘秉成等人的起兵反对，并再进位为齐公、齐王。终于在479年4月，萧道成在褚渊、王俭等人的支持下，废掉了宋顺帝刘准，自立为帝，仍都建康，但改国号为齐，并改元建元。为了有别于后来北方高氏集团建立的北齐，所以萧道成所建之齐也被称作南齐或萧齐。萧道成就是南齐高帝。

1. 高帝及武帝的统治

萧道成靠军功起家建立南齐政权，他在刘宋政权任职近四十年之久，[①]对刘宋王朝内部深刻的社会政治矛盾有亲身的体会，所以在称帝不久，即着手对南齐政权进行改革。他首先减免了百姓一部分赋税，并禁止贵族官僚封山占水。他还颁布诏令，不准豪强世族招募部曲，意图使流民成为国家控制下的编户齐民。同时组织户籍检查，确定国家征收赋税的依据。萧道成也很重视人才的培养与选用。他下令修建学校，挑选名儒前往讲学，同时命贵族子弟都去学习。他还下令地方，要尽量录用沦落低层的士人，让他们在新政权中发挥作用。可惜的是，萧道成在位仅四年，即于482年病死。

萧道成死后，太子萧赜继位，是为南齐武帝。齐武帝曾随其父征战，又担任过一些地方官职，所以颇有统治经验。他即位后，继续推行齐高帝实施的一系列缓和社会矛盾及政治矛盾的措施，使南齐王朝的统治得到了进一步的巩固。齐武帝十分重视农业生产，他屡次下诏劝课农桑，还数次

---

① 韩国磐：《魏晋南北朝史纲》，第313页，北京：人民出版社，1983年。

减免百姓的赋役，对于市税也有所减轻。在他的统治时期，南齐王朝的社会经济得到较快的恢复与发展。刘宋统治时期，因为国家财力不足，加上诸王连年混战，百官都停发了俸禄。齐武帝即位后，为稳定王朝统治，即下令恢复官员们的俸禄。官员俸禄的恢复，对于加强南齐政权的吏治是有积极作用的。武帝统治的永明年间，南齐王朝的政治相对稳定，社会秩序也比较安定，故史家称"永明之世，十许年中，百姓无鸡鸣犬吠之警"①。高帝与武帝统治期间，是南齐政权的平稳上升时期。

2. 后期统治及王朝败亡

南齐武帝在位也不长，493年，齐武帝病死，从此南齐王朝陷入最高权力的争斗之中，王朝也迅速走上衰落与灭亡之路。

齐武帝长子萧长懋，死在武帝之前。其次子竟陵王萧子良，在当时极有声望。他曾担任过会稽太守、丹阳尹、南徐州刺史、南兖州刺史、扬州刺史等地方职务，还在王朝中央担任过司徒一职，有丰富的统治经验。他还广延人才，招集文学之士，曾仿曹丕《皇览》一书的体例编定了《四部要略》。在他的门下，人才众多，最著名者有沈约、谢朓、王融、萧衍、萧琛、范云、任昉、陆倕等八人，号称"八友"。齐武帝长子萧长懋死后，很多朝臣都瞩意于竟陵王萧子良，希望他将来能够承继大统，统治南齐王朝。但是，齐武帝却并没有立萧子良为太子，而是立萧长懋之子萧昭业为皇太孙，准备在自己死后由萧昭业来继承皇位。齐武帝临死前，命萧子良辅佐萧昭业，同时又命高帝次兄萧道生之子萧鸾总管尚书事，以牵制竟陵王萧子良。

493年，齐武帝死，皇太孙萧昭业即位。萧昭业一直生活在深宫，没有多少实际的政治经验，但却十分矫情造作。他惧怕自己的叔叔萧子良的声名，处处猜忌，使萧子良很快就于次年抑郁而死。萧子良死后，萧鸾掌握了南齐王朝的大权。第二年7月，萧鸾将萧昭业废为郁林王，不久又将他处死，另立萧昭业之弟萧昭文为帝。10月，萧鸾又将萧昭文废为海陵王，而自立为帝，随后就又将萧昭文处死。萧鸾就是南齐明帝。

齐明帝在位仅五年，他为了巩固自己的帝位，大肆屠戮萧氏皇亲。齐高帝诸子如鄱阳王萧锵、江夏王萧锋、南平王萧锐及宜都王萧铿等，齐武帝诸子如庐陵王萧子卿、安陆王萧子敬、晋安王萧子懋、随郡王萧子隆、建安王萧子真及西阳王萧子明等，在数年之间都被杀掉。除高帝次子萧嶷

---

① 《南齐书·良政传序》。

一支幸免外，高帝及武帝诸子，都遭明帝屠戮。明帝如此大行屠戮，自然引起朝政的紊乱。明帝末年，使持节都督会稽五郡诸军事会稽内史王敬则，起兵反对明帝，虽被镇压，但却增加了南齐政权的动荡。此时的北魏正当孝文帝统治期间，北魏自迁都洛阳后，统治重心南移，因而也加强了对南齐的进攻。南齐的沔北五郡，不久就被北魏军队攻占。

498年，明帝病死，太子萧宝卷继位。萧宝卷是一位十分残暴荒淫的君主，在他的统治下，南齐的政治不仅没有得到任何改观，反而进一步衰败下去。萧宝卷为太子之时就不喜读书，而只喜欢便好之物，生活放纵。即位后他的生活更加奢淫无耻。他宠爱潘妃，便命人将金子熔铸成莲花之形贴在地上，然后让潘妃上去行走，称此为步步莲花。他还崇信神仙，在他的宫殿里刻画了无数神像，都用金玉锦绣来装饰。他十分残暴，所到之处如果有人没来得及回避，就会被立即处死。更糟糕的是明帝在临死前，曾嘱咐他遇事要先发制人，这更促使他对朝中大臣也肆意屠戮。萧宝卷初即位时，朝中有始安王萧遥光、尚书令徐孝嗣等六人受命辅政，号称"六贵"，但他们在不到一年的时间里就都被萧宝卷屠杀得干干净净。萧宝卷的暴政，引起了南齐大臣们的巨大恐慌。大臣们为了自保，便纷纷起兵反对萧宝卷的统治。比较有影响的如江州刺史陈显达在寻阳起兵，豫州刺史裴叔业在寿阳起兵等。陈显达因兵败而很快被杀，裴叔业则在形势不利的情况下以寿春之地投降了北魏。这样，南齐王朝在淮南的统治也丢失了。平西将军崔慧景受萧宝卷之命北伐裴叔业，军队开到广陵的时候，崔慧景拥立明帝的第三子江夏王萧宝玄（时为南兖、南徐二州刺史）为帝，起兵反对萧宝卷并进逼围攻建康。崔慧景攻打台城不利，与萧宝玄同被豫州刺史萧懿击败而遭斩杀。这样，萧宝卷的统治才暂时得以苟延残喘。萧宝卷封救驾有功的萧懿为尚书令，可是他劣性难改，仅过数月就将萧懿也杀掉了。

萧懿的弟弟萧衍，原是竟陵王萧子良的"八友"之一，此时任雍州刺史，便于500年12月在襄阳起兵。501年3月，萧衍立明帝萧鸾第八子萧宝融为帝，改元中兴，萧宝融就是南齐和帝。12月，齐卫尉张稷、徐州刺史王珍国等人杀萧宝卷，降于萧衍。萧衍贬萧宝卷之帝号为东昏侯。502年4月，萧宝融"禅位"于萧衍，南齐至此灭亡。南齐自高帝萧道成479年立国，至502年结束，仅历二十三年。

三　梁的政治

　　南朝梁的建立者萧衍，字叔达，小名练儿。萧衍为南齐皇室远亲，也是南迁至南兰陵的萧整的子孙。其父萧顺之为齐高帝萧道成的族弟，萧衍则可算是齐武帝萧赜的族弟。萧道成代宋建齐时，萧顺之是立功人员之一，所以后来历任侍中、卫尉、太子詹事等职，并封临湘县侯。萧衍长兄萧懿，承袭父爵，后来官至豫州刺史，在南齐王朝末年曾助齐帝萧宝卷平灭崔慧景之乱，但也终为暴君萧宝卷所杀。萧衍本人博学多识，才智过人。所以南齐竟陵王萧子良招贤纳客，萧衍不仅深受赏识，还能与当时最有声名的沈约、谢朓、王融、范云等人合称"八友"。萧子良抑郁而死之后，萧衍以其皇室贵族的身份逐渐成为这些人的核心。其中沈约及范云后来为萧衍夺取天下出谋划策，立了大功。南齐末年，皇室内部为争夺最高权力相互屠戮，时任雍州刺史的萧衍看到大乱将起，便暗中积极做起兵的准备。他在襄阳大制军事器械，还砍伐了大量的竹木，沉于檀溪之中，以备将来建造船只之用。萧懿被齐帝萧宝卷杀害后，萧衍趁机起兵。由于事先做了充分的准备，所以在旬日之内就建造起三千余只战舰，同时还征募了甲士三万人、战马五千匹。501 年 3 月，萧衍联络荆州长史萧颖胄共同推举荆州刺史齐明帝第八子萧宝融为帝。萧衍任左将军都督前锋诸军事，萧颖胄则为右将军留守江陵。但萧颖胄不久即病死，于是萧衍用其弟萧伟留守襄阳，自己则率大军顺江而下，先后取得加湖、郢州之战的胜利，大军遂攻入建康，杀齐帝萧宝卷。萧衍因功而升至中书监，都督扬、南徐二州诸军事，大司马，录尚书，骠骑大将军，扬州刺史，并封建安郡公，掌握了南齐王朝的大权。502 年 2 月，萧衍进位为相国、梁公，3 月，再进位为梁王。4 月，萧衍受齐帝"禅让"而即帝位，改国号为梁，改元天监，萧衍就是梁武帝。

　　1. 梁武帝的统治

　　梁武帝萧衍从 502 年称帝，到 549 年因侯景之乱饿死台城，在位共四十八年，是整个南朝在位最久的皇帝。他也是中国历史上一位很有个性特点的皇帝。在他统治前期，曾在一定范围内实施改革，在王朝政治及社会经济建设方面均取得一些成就。他很勤政，即使是冬天，他也会在四更天的时候就起床批阅大臣的奏章，有时手都冻裂了，他也不在乎。他从小就酷爱读书，在古代学术的很多方面都有比较精深的修养。他对儒家经典非常熟悉，曾撰写了《群经讲疏》二百余卷。他命人编纂《五礼》一千余卷，凡大臣们不能决定的有关"五礼"(吉、凶、军、宾、嘉)的重大问题，最后都由他来定论。此外，他还撰有《通史》六百卷。他很重视学术的发展，曾兴修国学并增加国学生的名额。他还设立五经馆，置五经博士。他在佛学方面也有很深的造诣，曾在寺院的法会中亲自讲解多种佛教经典。他笃信佛教，曾数次舍身佛寺，在中国佛教史及文化史上具有重要的影响。但是，也正是在他的统治下，萧梁王朝的政治日益走向衰败。更为恶劣的是他晚年任用非人，最终酿成侯景之乱，不仅促使萧梁王朝走向灭亡，而且使整个南方的社会经济都遭受巨大的破坏，并使南北之间的实力对比更加有利于北方政权。

梁武帝统治前期，曾推行不少有利于社会经济发展的措施。他十分重视农业，不仅数次下诏督促地方官员们劝课农桑，还曾亲行籍田之礼。所谓籍田，是西周流传下来的一种礼仪，主要内容就是由皇帝亲自组织农业生产，并象征性地参加农业劳动，以表明对农业的重视。这种礼仪虽然没有什么实际的意义，但能够取得积极的宣传作用。除大力号召重视农业外，梁武帝也采取一些具体的措施致力于恢复与发展农业生产。例如，他颁布法令，规定凡无主而被抛荒的田宅土地，除政府已经垦种之外，一律要分配给农民耕种。对于因战乱而流寓他所的百姓，如果返回故土，则由政府帮助他们恢复旧有的田宅，而且还要给予免去五年徭役的优惠。他还积极鼓励开垦荒地，对于缺乏粮种的则由国家贷给。为了发展农业生产的需要，梁武帝还对世家大族广占良田及封山占水的行为进行一定的限制。在他统治期间，还曾推行过土断，这在一定程度上整顿了户籍，方便了王朝赋役的征收。

梁武帝比较重视人才的选拔。他在州、郡及县各置州望、郡宗及乡豪一人，职责便是为政府推荐人才。他下令，各个郡、国的旧家大族，如果没有人在朝为官，则每郡可以从这些家族中选拔一位有才能的入朝为官。梁武帝也很强调对官员的考察与监管。他向州郡派出使者，考察地方官们的政绩，对于徇私忘公者要给予处罚。

针对东晋以来官员品级的混乱，508年，梁武帝命吏部尚书徐勉在原来的九品级别体制的基础上，制定了新的官员品级体制。新的官员品级体制将官员一共分成了十八个等级，称作十八班。官员班数越多，地位也就越高。例如，太宰、太傅、太保、太尉等八公皆为十八班，诸将军开府仪同三司、左右光禄开府仪同皆为十七班，低级官员如秘书郎、著作佐郎为二班，州的主簿、从事及太史、太医、太祝、左右尚方令、东西冶令等皆为一班。针对武职人员，则共设置二十四班，武职之首如骠骑将军、车骑将军等皆为二十四班。梁武帝时期颁布的新的官员品级制度，适应了魏晋南北朝以来王朝官僚体制日益庞大的需要，对于后代政治体制的发展产生了重要的影响。

502年，梁武帝命尚书删定郎蔡法度在南齐王植之旧律的基础上，制定《梁律》，同时参与其事的还有尚书令王亮、侍中王莹、尚书仆射沈约及吏部尚书范云等人。一年后，《梁律》修成。新律共分二十篇，分别是刑名、法例、盗劫、贼叛、诈伪、受赇、告劾、讨捕、系讯、断狱、杂、户、擅兴、毁亡、卫宫、水火、仓库、厩、关市及违制等。制刑共十五等，分别有死罪二等、耐罪四等、赎罪九等。除正律之外，还同时制成《令》及《科》各三十卷。

除上述品级体制及新律的制定外，梁武帝还对旧的官僚体制做了一些调整。例如，他增改九卿为十二卿，以春夏秋冬为名，每季各有三卿。春三卿有太常卿、宗正卿、司农卿；夏三卿有太府卿、少府卿、太仆卿；秋三卿为卫尉卿、廷尉卿、大匠卿；冬三卿为光禄卿、鸿胪卿、大舟卿。这些改动虽然实际的政治意义并不大，但使萧梁王朝在政府机构的建制上较其他南朝政权要规整得多。

上述政治、经济等方面的举措，是有利于萧梁王朝加强自己的统治的。但在梁武帝统治期间，也同样存在着众多的败政，从而限制了萧梁王朝的进一步发展。

梁武帝原来崇信道教，但在取得帝位后不久就皈依了佛教。他在位期间，在建康修建了很多寺庙，如大爱敬寺、大智度寺、同泰寺等。他还开大通门，与同泰寺相对。不仅如此，他还曾三次舍身佛寺。第一次是527年。是年三月，他到同泰寺舍身，并于三日后还宫，随后将此年定为大通元年。529年九月，梁武帝第二次舍身同泰寺。他住在寺内的便房之中，身着僧人的衣服，设四部无遮大会，为四部大众（僧、尼、善男、信女）开讲《涅槃经》。由于此次舍身是"清净大舍"，所以如果要还宫，就必须赎身。结果，萧梁王朝自公卿以下的群臣，共出钱一亿万，才于十月将梁武帝赎出。梁武帝回宫后，又将此年改为中大通元年。547年3月，梁武帝再次舍身同泰寺开设无遮大会，一个月后，群臣只好再以一亿万钱将他赎出来。此年又被梁武帝定为太清元年。梁武帝佛学造诣很深，他除了在四部无遮大会上开讲过《涅槃经》外，还曾在同泰寺开讲过《摩诃般若经》等。但是，作为王朝最高统治者，如此信奉佛教，必然无法专心致志地治理国家，而只能使朝政日益败坏。此外，梁武帝信佛，动用国家力量建造寺庙，耗资巨大，他两次赎身就花去二亿万钱之多。梁武帝讲经，他自己一次捐赠给佛寺的财物就值一千零九十六万。而太子捐赠钱绢，也达三百四十三万，后宫所捐又值二百七十万。如此巨大的社会财富被投入到佛寺当中，必然要增加百姓的经济负担，加剧社会矛盾。再则，皇帝如此大力宣传佛教，也使天下百姓信仰者日众，不仅各地佛寺林立，占据了大量的良田。而且许多人出家信佛之后，就不再承担国家的赋税徭役，这使得梁王朝的财政收入也受到很大的影响。最后，身为一国之君的梁武帝信佛，不仅使当时僧尼的数量迅速增加，还造就了僧尼贵族阶层的出现，他们生活腐化，或养"白徒"，或畜"养女"，[1] 穿着丝帛织就的锦衣绣服，生活骄奢淫逸，对整个社会的风俗也产生了很坏的影响。

梁武帝虽然笃信佛教，但他并没对他统治下的底层老百姓采取宽松的统治政策。他命人制定的《梁律》，定刑多达 2529 条，是相当苛繁的。老百姓一人犯法在逃，那么家中所有的人无分老幼，就都要充作人质。与此相反，梁武帝对于最高统治阶层的贵族成员，只要他不威胁自己的权力与地位，即使有贪赃不法的行为，他也不加处置，由此还使他赢得了宽厚的执政名声。梁武帝的六弟临川王萧宏贪财好物，家有仓库百余间，都装着自己聚敛来的财物。有人向梁武帝密告萧宏要谋反，说仓库里藏的都是兵器。梁武帝就带着随从到萧宏的家中，饮酒半酣之际，提出要看看他家的库房。萧宏以为自己聚敛钱物的事被梁武帝知道了，很是紧张。等到库房的门一打开，梁武帝发现里面全是各种财物，仅钱就有三亿万之多，各种布、绢、漆、蜜、朱砂及很多不知名的宝货，更是不计其数。梁武帝知道了萧宏没有反叛的意图，因此不仅没有责怪萧宏，反而对他大加赞扬，认为他很会生活。所以当时就有人指出梁武帝的统治，是"急于黎庶，缓于权贵"[2]。这样的政治，当然只能加剧社会矛盾，加速王朝统治的腐朽。

梁武帝在位期间也曾数次北伐，但都没有取得什么实质性的胜利。505年，梁武帝第一次大举伐魏。当时的梁朝军队，阵容相当强大，北魏大臣们普遍认为这是百余年来南朝所从未有过的军事力量。但是，梁武帝却没有用当时的名将韦睿，而是用其六弟萧宏为帅。萧宏只知贪财好物，不仅没有任何军事指挥才能，而且胆小如鼠。萧宏所信用的谋士吕僧珍也是临

---

① 《南史·郭祖深传》。
② 《隋书·刑法志》。

阵畏战之徒。当时北魏的军队给他们分别取了外号叫萧娘和吕姥，并且编了这样的歌谣："不畏萧娘与吕姥，但畏合肥有韦虎。"①梁武帝不用韦睿这样的虎将，而用这样怯弱的将帅北伐，其结果可想而知。一开始，由于北魏对梁军的北伐准备不足，所以丢失了一些城池。等到北魏派中山王元英及大将邢峦统兵来战，梁军所攻克的城池很快就被魏军夺去。萧宏与吕僧珍见魏军势大，便打算退兵。一天夜里，暴雨大作，萧宏居然以为是北魏的军队前来攻打，吓得将大军抛下，只带数位随从连夜向建康逃去。梁朝军队失去统帅，顿时大乱，也纷纷溃逃。北魏军队趁机追击，梁军大败，损失近五万人。北魏军队随后进攻梁朝北境的军事重镇钟离（安徽凤阳东北），钟离守将昌顺之率兵死守，魏军久攻不下。梁派出曹景宗、韦睿等人前往救援。507 年 3 月，淮水暴涨，梁军趁机乘舟反击，北魏军队不善水战，被打得大败，五万余人被俘，粮草器械的损失更是不可胜数。之后魏军北撤，梁军也没再乘胜追击，这一次梁、魏之间的战争算是打成了平局。

514 年，梁武帝接受北魏降人王足的建议，要作堰拦住淮水，然后用淮水去灌寿阳。梁武帝调发二十万民工用了两年的时间，到 516 年，在付出筑堰兵民死者十之七八的沉重代价后，终于修成一座长达九里，高二十丈，深十九丈五尺，下阔一百四十丈、上广四十五丈的大堰，称浮山堰（浮山在安徽嘉山北）。浮山堰修成后，梁军决堤使淮水东注，寿阳魏军遭到水淹，便屯居于八公山上，老百姓只好散居岗陇。但仅过数月，这年秋天淮水暴涨，因为筑堰所使用的沙土漂轻不坚实，禁不住大水的冲击，结果导致大堰整体崩塌，洪水冲下，沿淮两岸的村落全部冲毁，死亡达十余万人。淮河两岸变成了一片泽国，梁、魏两军也就没有发生直接的接触，所以仍是平分秋色。

528 年，梁武帝再次北伐。这次，他试图利用投奔梁朝的北魏宗室元颢，来建立亲梁的傀儡政权。梁武帝命大将陈庆之送元颢北归，元颢与陈庆之很快就攻下了北魏的首都洛阳，北魏孝庄帝元子攸逃往河北。陈庆之在接下来的一百多天里，攻下了北魏数十座城市，可谓是形势大好。但是，陈庆之孤军深入，没有援军接应。而元颢在夺取洛阳后就想摆脱梁朝的控制，双方发生矛盾。这时，北魏大将尔朱荣率军来攻，洛阳很快就被攻克，元颢被杀，梁朝军队也全军覆没，只陈庆之一人靠化装成僧人才得以逃回梁朝。这次北伐，遂告失败。

---

① 《资治通鉴》，卷一四六。

梁武帝统治时期，正值北魏政权最高统治集团内部矛盾加剧，社会矛盾也十分尖锐的时候，北魏的国力整体处于下降态势，君无远志，军无战心。而梁武帝统治下的梁王朝，虽然还有一定的进取心态，但因为国内社会矛盾十分尖锐，政治腐朽，国力下降，军力也十分衰弱。所以两军数次交锋，均没有分出明显的优劣，因此，南北对峙的局面还得以继续维持。

2. 侯景之乱

梁武帝晚年最大的败政，便是轻信魏将侯景，不仅没能很好地利用北魏分裂成东魏与西魏的大好局面，反而引狼入室，自己饿死台城不算，还使南朝士庶惨遭侯景屠戮，社会遭受巨大破坏。

侯景，是北魏怀朔镇人。侯景虽是羯人，但早已与鲜卑人一样汉化。侯景早年曾为北魏镇兵的下级军吏，与高欢相交甚厚。北魏末年，侯景追随北魏名将尔朱荣镇压农民起义，立下大功。他曾为尔朱荣先锋，生擒起义军首领葛荣，由此声名大振，并因功被授为定州刺史。尔朱荣被高欢消灭后，侯景遂加入高欢集团。他很得高欢赏识，被任命为大丞相府长史。北魏分裂成东魏与西魏后，他追随高欢，先后任东魏尚书左仆射、吏部尚书、司空、司徒等职。534 年，侯景被任命为河南道大行台，是东魏河南道的最高军政长官，领兵十万，雄踞河南长达十四年之久。547 年，高欢死，其子高澄继立，他与侯景有旧怨，担心侯景尾大不掉，威胁自己的政治地位，就下令调侯景入朝，准备夺其兵权。侯景也知道一旦失去兵权，必然为高澄所害，因此他就以东魏河南道所属的十三个州投降了西魏。在这种情况下，东魏政权派出军队进攻侯景，并将他围在长社。西魏丞相宇文泰虽然接受了侯景的投降，但他知道侯景骁勇善战，且狡诈多变，难以信任，因此就对他采取极为谨慎的态度，一方面接受侯景的投降，另一方面派出大军，由王思政率领，以解东魏之围为名，将侯景所占之地陆续接管。东魏见西魏的大股援军到来，无力抵抗，就撤回围攻长社的军队。宇文泰既解长社之围，为了达到控制侯景的目的，就让王思政宣令侯景入朝西魏，想趁机夺其兵权。侯景知道一旦失去兵权，西魏也不可能保证自己的利益，便借口略地，率军离开长社屯驻到悬瓠。这时，东魏高澄又派出大军，由慕容绍宗率领，再次进攻侯景。在面临东魏与西魏两面夹击的情况下，侯景只好派出使者向梁武帝请降，要求梁武帝派军队前往救援。

当侯景请降的消息传到梁朝的时候，梁朝的大臣大都认为侯景狡诈，不能相信。但梁武帝却说自己曾梦见天下太平，这次侯景投降正应验了此梦。因此不顾朝臣的反对，决定接受侯景的投降。他任命侯景为河南王、大将军、使持节督河南河北诸军事、大行台。同时命自己的侄儿萧渊明率梁军主力五万人进攻东魏的彭城，以接应侯景。萧渊明率领梁军与东魏军队在彭城附近的寒山堰发生激战，结果梁军大败，几乎全军覆灭，主帅萧渊明也被东魏军队俘虏。不久，侯景也在涡阳被慕容绍宗击溃，仅与数名心腹率八百余人进驻梁朝的寿阳。梁武帝听说侯景到了寿阳，就命他为南豫州刺史，镇守寿阳，与东魏对峙。东魏知道侯景善战，如果让他长期镇守梁的北部边界，那东魏的南部边界就要受到很大的威胁，于是就派使者到梁朝讲和，表示只要梁武帝能除掉侯景，东魏就释放萧渊明。梁武帝接受了东魏的议和条件，548 年 6 月，派出使者与东魏商议具体方案。走投无路的侯景只好在 8 月再次举兵自保。他知道梁军主力已经在寒山堰一役中大伤元气，所以起兵后就向梁朝的腹地进攻。侯景很快就攻下谯州及历阳，并直逼梁朝首都建康。

侯景叛乱时，梁武帝的长子萧统已死，其第三子萧纲时为太子。但在萧统出生以前，梁武帝曾将弟萧宏之子萧正德过继给自己为子，当萧统出生后，梁武帝又将萧正德归还弟萧宏。萧正德对此事十分不满，他认为自己应该是梁武帝的太子。侯景就利用梁武帝叔侄之间的矛盾，暗中联络萧正德为内应，答应他如果攻下建康，就立他为帝。萧正德利欲熏心，便与侯景联手，在建康做他的内应。当侯景军队到达长江北岸时，梁武帝认为侯景不可能渡过长江天堑，所以也不注意防备，只派了三千人到江边巡视，还命令萧正德为平北将军，负责首都建康的防务。萧正德派出大船到采石矶（今安徽马鞍山西南）接应侯景渡江，很快就渡过了八千多人马。侯景渡过江后，立即杀向建康，并在萧正德的协助下，很快就攻占了建康的大部分地区，最后于 548 年的 10 月 24 日包围了梁武帝皇宫所在地台城。第二年的 3 月 12 日，台城在被围一百三十余日后终被攻破。台城被围之初，城内有甲兵二万多人，居民十余万人，还存有相当数量的粮食。但经过一百多天的围困，城中乏粮，饿死者不计其数。到城破之时，能登城作战的士兵，已不满四千，百姓饿死者更是横尸满路，惨不忍睹。

在围攻台城时，侯景曾一度立萧正德为帝，但台城攻破后不久，侯景就将萧正德废杀，仍奉梁武帝为帝，但将他继续软禁在台城内。侯景于是自命为都督中外诸军事、录尚书事，将梁朝的军政大权都控制在自己的手中。549 年 5 月，梁武帝饿死在台城，侯景立武帝太子萧纲为帝，是为简文帝。550 年，侯景自称宇宙大将军、都督六合诸军事。551 年 8 月，侯景废简文帝，并用土囊将他压死，之后，又将简文帝的十几个儿子全部杀掉。

侯景立萧统之孙萧栋为帝，这年 11 月，侯景又逼迫萧栋将帝位禅让给自己，并改国号为汉。

侯景虽然称帝，但他控制的地区实际上仅限于长江中下游一带，长江中游的荆州地区从东晋以来，一直是南方王朝的军事重镇。侯景渡江进攻建康时，镇守荆州的是梁武帝的第七子湘东王萧绎。萧绎有政治野心，所以并没有全力救援建康，而是想趁侯景之乱时自己渔翁得利。侯景控制梁都建康的时候，萧绎也借助西魏的力量铲除竞争对手，巩固自己在梁王朝西部的地位。551 年初，侯景率军队沿江而上，想进一步占领长江中游的军事重镇荆州。侯景的军队先后攻克了江州及郢州，但在前往进攻江陵时被萧绎大将王僧辩击败。王僧辩率军反攻，很快又收复了江州及郢州。侯景一路败退至建康，于 11 月匆忙称帝。552 年初，王僧辩率军沿江而下，攻克建康上游重镇芜湖。3 月，侯景在战败后逃离建康，在梁军的追击下，出长江口入海，但不久即被梁军所杀，尸体送到建康。侯景之乱前后共历时 4 年，至此才告结束。

侯景之乱对江南社会经济造成了巨大的破坏。当侯景将梁武帝围在台城时，不仅台城内粮食告罄，饿死者不计其数，台城外侯景军队也因为储粮被吃尽，便在建康城内大肆掠夺，米价甚至贵到一升七八万钱。等到粮食吃尽，侯景的军队便以各种动物甚至人肉为食。侯景残忍好杀，他为了镇压江南人民的反抗，曾对部将说："若破城邑，净杀却，使天下知吾威名。"[1] 梁军将领王僧辩攻克建康后，也纵兵四处抢掠，使本来在侯景统治下难以度日的江南百姓进一步遭受兵火之苦。在侯景与萧绎军队的双重打击下，原来富庶的江南变得一片凋敝，"千里绝烟，人迹罕见，白骨成聚，如丘陇焉"[2]。

3. 梁的败亡

侯景之乱虽被平灭，但梁朝宗亲争夺帝位的斗争并没有停止，反而愈演愈烈。王僧辩攻克建康后，梁武帝的第八子益州刺史、武陵王萧纪首先在蜀称帝，建年号为天正。是年 11 月，萧绎也在江陵称帝，建年号为承圣。萧绎就是梁元帝。553 年，萧纪率军东下进攻萧绎，结果被萧绎击败。萧纪本人也被萧绎部将杀死在巫峡口。此时，西魏趁机派大将尉迟迥南下，很快就攻占了益州。梁元帝虽然解除了萧纪的威胁，但却失去了益州，因此

---

① 《南史·侯景传》。
② 《南史·侯景传》。

梁朝的西部边界仍然岌岌可危。此时，镇守荆州北面重镇襄阳的是雍州刺史、岳阳王萧詧，镇守荆州南面重镇长沙的是湘州刺史萧誉。萧詧与萧誉同为梁武帝长子萧统之子，他们与萧绎素来不和。萧绎曾借征讨侯景之名向萧誉征收士兵与粮草，遭到萧誉的拒绝。萧绎就起兵斩杀萧誉。萧詧见萧誉被杀，便向西魏借兵攻打萧绎。554年11月，萧詧联合西魏军队攻克江陵，俘杀萧绎。第二年，西魏立萧詧为帝，但将襄阳划归西魏管辖。萧詧所建政权，史称后梁。

梁元帝萧绎被杀后，太尉、扬州刺史王僧辩及司空、南徐州刺史陈霸先等人共同谋立其第九子，时任江州刺史的晋安王萧方智为帝，并首先将其迎接到建康。但到达建康之后，王僧辩又改变了主意，立梁武帝的侄儿萧渊明为帝，而以萧方智为太子。在这种情况下，555年，陈霸先从京口起兵杀掉王僧辩，逼萧渊明退位，仍以萧方智为帝，是为梁敬帝。梁敬帝继位时年仅13岁，他封陈霸先为尚书令、都督中外诸军事，梁朝军政大权，遂完全由陈霸先控制。不久，陈霸先被晋升为陈国公，进而又称陈王。557年10月，陈霸先废梁敬帝，梁朝至此灭亡。梁朝从502年立国，557年结束，前后共历55年。

四　陈的政治

陈朝的建立者陈霸先，原祖籍为颖川。永嘉之乱时其祖先渡江迁居吴兴长城（今浙江长兴），到东晋实行土断后，便以吴兴长城为籍。长城陈氏传至霸先时，家道已十分衰弱。陈霸先最初曾做过"油库吏"等低级吏员，[①]后来因追随广州刺史萧映立下战功，升为西江督护、高要太守、督七郡诸军事一职。侯景之乱时，陈霸先已被任命为江州刺史。在协助梁元帝萧绎平定侯景之乱的过程中，陈霸先因功升征北大将军，并调任南徐州刺史，镇守京口。京口是东晋以来南方诸王朝设置在东部的军事重镇，是维护建康乃至整个南朝政治安全的关键之地。陈霸先调任南徐州刺史，镇京口，从此也就成为梁王朝举足轻重的政治人物。不久，陈霸先就进位为梁司空。梁元帝萧绎败亡后，王僧辩与陈霸先共迎萧绎子萧方智至建康，准备立他为帝。但恰在此时，北齐将在寒山堰一役中俘虏的梁武帝之侄萧渊明送还，同时派出大军，摆出进攻梁朝的姿态。王僧辩答应了北齐立萧渊明为帝就

---

① 《南史·陈本纪上》。

退兵的要求，立萧渊明为帝，而将萧方智立为太子。萧渊明是靠北齐的支持才得以即位的傀儡皇帝，自然对北齐政权唯命是从，这引起了梁朝群臣及百姓的广泛反对。陈霸先趁机在京口起兵，很快就渡江进入建康，杀掉了王僧辩，逼萧渊明退位，而重立萧方智为帝，由此将梁朝政权完全控制在自己的手中。北齐军队联合王僧辩的残余势力进攻建康，也被陈霸先击败，不得不全部退到长江以北。陈霸先在对北齐战争的胜利中极大地提高了自己的政治地位，557 年 10 月，他以"禅让"的方式，代梁敬帝自立，改国号为陈，他就是陈武帝。

1. 陈朝初期巩固政权的努力

陈朝建立之初，是南朝最为虚弱的时期。它的西部蜀地全境已被北周占领。中部的汉水上游军事重镇襄阳也在北周控制之下，荆州全境几乎无险可守。东部地区北齐的军队直逼江北，随时可以威胁陈朝的首都建康。在陈王朝境内也有大批反对陈氏政权的地方势力，其中以湘州刺史王琳势力最为强大。557 年春，梁宗室广州刺史萧勃首先起兵反对陈霸先，但被陈霸先派兵击败。557 年 10 月，陈霸先代梁敬帝自立，湘州刺史王琳遂起兵以勤王的名义反对陈霸先。王琳有甲兵十万，还有实力很强的水军，他们击败了陈朝军队，还俘虏了陈军将领周文育、侯安都等人。不久，又攻占了江州。558 年，王琳与北齐联系，立梁元帝之孙萧庄为帝，王琳自任为侍中、使持节大将军、中书监，率军东下准备一举攻克建康。与此同时，北齐也派出军队一万余人南下配合王琳。陈霸先则派侯瑱率领大军西进抗击王琳。两军相持在长江濡须口（今安徽芜湖裕溪口）一带。

559 年，陈霸先死，他在位不足两年。陈霸先唯一的儿子陈昌在江陵失陷时已被西魏俘虏至长安，所以陈霸先就将帝位传给了自己的侄子陈蒨，陈蒨就是陈文帝。560 年，陈朝军队在濡须口一带大败王琳军队。王琳逃回江州后，还想继续与陈朝为敌，但他的部下早已军心涣散，他的根据地湘州也被北周乘乱袭取。在这种局面下，王琳与萧庄只好渡江投奔了北齐。陈文帝击败王琳后，趁胜收复了江州、郢州，并进军巴丘，截断了江路，使袭据湘州的北周军队失去后方的支援。在面临全军覆灭的形势下，北周军队只好匆忙北撤，丢下的大批辎重及军械，都为陈军所获。陈文帝通过击败王琳与北周，巩固了陈王朝在南方的统治。之后，陈文帝集中军队对陈朝内部一些地方割据势力进行剿除，他先后消灭了为乱豫章、临川、东阳及晋安诸郡的豪强如熊昙朗、周迪、留异、陈宝应等，最终稳定了陈王朝内部的统治秩序。之后，陈文帝在国内实行了一系列发展农业生产的措施，经侯景之乱而惨遭破坏的江南社会经济逐步恢复。陈文帝还进一步推行土断政策，以增强陈王朝的统治实力。陈文帝统治期间，是陈王朝政治相对稳定与发展的时期。

2. 与北齐及北周的战争

566年，陈文帝在位七年后死，其子陈伯宗继立。陈伯宗软弱无能，其叔父安成王陈顼，以司徒、录尚书事、都督中外诸军事辅政，将陈王朝的大权都控制在自己的手中。569年，陈顼废陈伯宗自立，陈顼就是陈宣帝。

陈宣帝时，北齐正当后主统治时期，齐后主荒淫无道，朝政混乱。而北周实力正在发展壮大，于是派使者与陈联系共同伐齐，相约灭齐之后，由周、陈中分天下。陈宣帝答应了北周的联合请求，于573年派大将吴明彻率十万大军北伐。陈军出师十分顺利，攻克了淮南重镇寿阳，在不到两年的时间里就将淮南失地全部收复。淮南的收复使陈王朝统治的疆域大大增加，军事力量也迅速增强。但是，陈宣帝并没有乘胜进一步北进，而是力图自保淮南。结果，这一有利的战机被北周掌握，575年，北周派出大军，乘北齐在南方失利的情况下向北齐发动进攻，并于577年攻灭北齐，统一了北方。

577年，正值北周统一北方，势力极其强大之时，陈宣帝却下令北伐，想夺取徐、兖二州。是年冬，陈军将领吴明彻率军猛攻彭城（今江苏徐州），他截断清水引水灌城，并将战舰一直驶到彭城城下，声势极盛，但仍遭到北周军队的顽强抵抗。578年，北周派军队截断了陈军的后路。吴明彻见情况危急，就下令将截断清水的大坝决开，想乘水势一举突破北周军队的包围。不料当战舰退至清水入淮口时水势流散，陈军的舟船都被北周军队预设的障碍阻挡，完全陷入被动挨打的局面。结果陈军主帅吴明彻被俘，全军溃败，只萧摩诃率骑兵数千人逃回淮南。北周取得彭城大胜之后乘胜南征，攻克寿阳，并很快就将淮南之地尽行占领，兵锋一直达到长江北岸。陈朝北伐中原的成果遂完全丧失，在北周的攻势下只能是苟延残喘。

3. 陈的灭亡

582年，陈宣帝死，其子陈叔宝继位，他就是陈后主。陈后主荒淫无道，昏庸无能，是中国历史上有名的昏君之一。他宠爱贵妃张丽华和孔贵嫔等人，整日在宫中纵情淫乐。他在宫中建造了临春、结绮、望仙诸阁，耗费了大量人力与财力，使南朝的社会矛盾进一步激化。他对朝政毫无兴趣，却极喜欢与文士在后宫饮酒赋诗，以相互酬唱为乐。陈王朝的政要如仆射江总、都官尚书孔范等，也都是虚夸文学词藻之人，与陈后主气味相投。陈朝的这些君臣们，他们不理朝政，却编出了《玉树后庭花》《临春乐》等艳词靡曲，整日醉生梦死。这样的日子，在大敌环伺的局面下当然也不会维持太久，588 年，隋文帝杨坚派大军伐陈。当隋朝大军已经兵临长江之时，陈后主还自以为建康王气不断，不足为虑，他的大臣们也奉承说隋军不可能渡过长江天堑，所以君臣仍在后宫赏花饮酒，根本不去加强长江的防务。第二年，隋军在没有遭遇重大抵抗的情形下，就一举渡过了长江，将仍在后宫作乐的陈后主及其妃子们全部擒获，陈朝至此灭亡。从陈霸先 557 年建立陈朝始，至 589 年陈朝灭亡，陈朝一共存在了 32 年。陈朝的覆灭，也标志着东晋以来南方政权的最后终结。

五　世族与寒族势力的消长

南北朝时期，无论是南方还是北方，世家大族的势力都获得进一步发展。尤其是南方，世家大族的势力盘根错节，基础雄厚。所以尽管宋、齐、梁、陈王朝更迭十分频繁，但总体上看，世家大族的势力却并没有受到这些具体王朝兴亡的太大影响。像王、谢、顾、陆、朱、张等世家大族，不管怎样改朝换代，他们的利益及势力都一代一代地在新王朝中延续下去。不过，南北朝时期也是世家大族势力从极盛走向衰落的一个关键时期。一方面，世家大族由于世代掌握着国家政权，享受着各种优越条件，因而整体上逐渐丧失了原有的生机与活力，并不断地走向腐朽与没落；另一方面，寒族势力在战争与动荡中逐渐发展壮大，他们积极向上，日益成为社会政治的主导力量。随着寒族势力的崛起，世家大族的势力也进一步衰落下去。

1. 世族势力的进一步发展

魏晋以来，世家大族的势力日益发展。东晋王朝就是司马氏在王、谢等世家大族的支持下建立的，因此在东晋王朝统治时期，国家在政治、经济等诸多方面给予世家大族以各种优惠。到南朝时，世家大族的势力取得进一步的发展。

在经济上，各世家大族都大肆封山占水，建立起规模庞大的庄园。谢灵运除在始宁县有大量的故宅及别墅外，还在会稽"修营别业，傍山带江，尽幽居之美"①。谢混、谢弘微家有"田业十余处，僮仆数千"。谢混虽然被杀，但到谢混妻东乡君死时，仍留下了"资财巨万，园宅十余所"，此外还

---

① 《宋书·谢灵运传》。

在会稽、吴兴等地拥有多处庄园及数百名僮仆。① 吴兴沈庆之，也是"产业累万金，奴僮千计"②。会稽大族孔灵符的庄园，在当时很具代表性。例如他在永兴的庄园，规模就有"周回三十三里，水陆二百六十五顷"③之广，其中包括有两座山和九处果园。南朝世家大族田园别墅，少则数十顷，多则数百顷，其中的山川湖泽，都成为这些世家大族的家业。这些世家大族依靠这些规模庞大的庄园，建立起自给自足的庄园经济。如谢灵运自撰《山居赋》，描述他的庄园有水田、旱田、园苑、果园、菜园、池塘等，既能生产各种粮食，也能生产水果蔬菜，种植的桑麻可以织布制衣，山间出产的各种药材也可以治疗疾病，所以根本不需要与外界进行贸易沟通。世家大族依靠庞大的庄园，过着腐朽糜烂的生活。如宋、齐时大地主、大官僚到撝"厚自奉养，供一身一月十万"④。梁时曹景宗任郢州刺史时，在郢州城内修筑屋宅，从城东到城西，所占竟长达数里之远。

　　在政治上，世家大族享有崇高的地位。世家大族的子弟在政治上升迁很快，如宋、齐、梁都有明文规定，世族子弟二十岁就可以做官，而一般的寒门子弟则需到三十岁以上才可以得任官职。这些世家大族的子弟开始做官，大多首先选择一些位高职闲的官职，如秘书郎、著作佐郎等。由此步入仕途，很快就能获得升迁。王导五世孙王僧达，被宋武帝刘骏任命为尚书右仆射，而他自负才能出众，准备三年之内就升为宰相。他的孙子王融，也认为自己在三十岁以前就可以位至公辅。当时的清要官职，如吏部尚书、吏部郎及各州各郡的大小中正等，也都由世家大族长期把持。世家大族由于在政府中长期担任高官要职，在政治上具有崇高的地位，所以也被通称为士族，而寒族则相对而被称为庶族。

　　世家大族因为具有崇高的政治地位与庞大的经济实力，所以他们常常自高身份，看不起寒族子弟。即使是已经升任高官要职的庶族子弟，也仍然为士族所轻视。宋时，吴郡士族张敷为正员中书郎，庶族出身的秋当与周赳为中书舍人，与张敷是同僚。一次，秋当与周赳以同僚的身份去看张敷，张敷虽然接待了他们，但为他们设置座位时，特地嘱咐要离墙三四尺远。等二人坐定，张敷又让左右将自己坐的座位移开远离客人。结果弄得

　　① 《宋书·谢弘微传》。
　　② 《宋书·沈庆之传》。
　　③ 《宋书·孔季恭传附孔灵符传》。
　　④ 《南史·到彦之传附到撝传》。

秋当与周赳二人只好尴尬退出。甚至是一些出身不高的皇室，也同样不能得到士族的礼遇。如宋孝武帝路太后兄路庆之孙路琼之，和士族出身的王僧达是邻居。一次路琼之盛装去看望王僧达，可是王僧达并不以路琼之是皇亲就另眼相看，"琼之就坐，僧达了不与语"，还问他，以前在我家有个喂马人叫路庆之的，是你什么亲戚？之后，王僧达还让人将路琼之坐过的床烧掉。路琼之将此事告诉路太后，路太后向宋孝武帝哭诉。宋孝武帝居然说："琼之年少，无事诣王僧达门，见辱，乃其宜耳！"①意思是活该受辱。

世家大族为了保证自己的高贵身份，他们不与寒族交往，当然更不与寒族通婚联姻。像顾、陆、朱、张这样的一等士族，或者相互通婚，或者与相对次一等的士族如孔、魏、虞、谢通婚。对于与寒族通婚的世族，他们是集体予以排斥的，因为这会在整体上玷辱士族的高贵身份。如东海的士族王源，曾嫁女于富阳满氏之子满鸾，满氏出钱五万作为聘礼。但齐御史中丞沈约却认为，王源本人及其祖上都是位列清显，而满氏则是士庶莫辨之族，因此主张革去王源的官职，将他剔除出士族，并要对其终身予以禁锢。侯景投降梁武帝后，曾想与南朝士族通婚来提高自己的社会地位。但梁武帝告诉他说："王谢门高非偶，可于朱张以下访之。"②意思是说第一流的士族是不可能的，只能与次一等的士族联姻。

正因为士族拥有各种社会特权，所以一些寒族出身的官僚，想尽办法要成为士人，但是有很多都不能如愿。如刘宋时，中书舍人弘兴宗受到文帝的爱宠。但弘兴宗出身寒族，很向往世家大族所拥有的社会地位，也想成为一名士人。一次，文帝对他说，如果你能与士人王球同坐，就等于得到了士族的承认。你见到他时，可以借我的旨意就席落座。可是等弘兴宗见到王球时，王球仍是不客气拒绝与他同坐。弘兴宗将这件事上奏给宋文帝，宋文帝也表示无可奈何，爱莫能助。南齐的中书舍人纪僧真，谈吐清雅，但出身胥吏。他曾请示齐武帝，"乞作士大夫"，可是齐武帝说，这事不归我管，得去问江敩。纪僧真果真去请示江敩，等他坐下后，江敩却告诉手下，"移吾床让客"③，即把座位移开离客人一段距离。纪僧真只好丧气而归，还对齐武帝说，士大夫确实不是天子所能任命的。为了防止士庶莫辨的情况发生，各世家大族非常重视家谱、族谱的修订，因而兴起了所谓

① 《南史·王弘传附王僧达传》。
② 《南史·侯景传》。
③ 《南史·江夷传附江敩传》。

的"谱学"。这种谱学，历述各世家大族的籍贯及传续历史，防止庶族寒人假冒士族。东晋南朝时期的谱学，最著名者有贾氏谱学，系东晋时员外散骑侍郎贾弼所撰述，他将东晋十八州、一百一十六郡的士族谱系，详细地记录了下来，成为当时分辨士庶最重要的依据。南齐时，王俭对贾弼所著进行增补，著《百家谱》，内容更加丰富。梁武帝时，又再命王僧孺进一步修订《百家谱》，多达 710 卷。之所以要一再修订《百家谱》，正是因为当时出现了不少寒族冒充士族的现象，使士族的利益受到了损害。有了详细的《百家谱》，吏部在选拔官员时，就有了确实的依据。

　　南朝是世家大族势力发展到鼎盛的时期，但也正是在这个时期，世家大族的势力开始走向了衰落。首先，世家大族由于世代享有特权，他们一生下来就命定要担任高官，拥有厚禄，根本不需要个人的努力，所以整个阶层就逐渐丧失了进取的精神。当时的士族子弟都只愿意选择清贵的职位，像掌管中外三阁四部书籍的秘书郎及掌修国史及皇帝起居注的著作佐郎二职，尽管没有实权，但因为职闲禀重、地望清美，所以士族子弟们趋之若鹜。而像执掌机要的中书通事舍人一职，一些士族子弟反倒觉得这一职务工作过于繁忙，因而不愿去做。这样，士族就逐渐被排除在政治中心之外。其次，士族子弟们长期娇生惯养，以至于肤脆骨柔，根本无能力参与激烈的政治搏杀，只能是日趋没落。如有的士族子弟，听到马鸣，竟会以为是虎啸。所以在侯景之乱时，许多士族子弟仓促之间失去了安逸的生活，根本经不起风吹雨打，死亡众多。以上都是从士族自身的衰落来看。最后，从南朝的各个王朝看，由于世家大族只顾自保既得利益，对于王朝的更迭毫无兴趣，所以新统治者夺取政权后，尽管对这些士族的利益也都给予了充分的照顾，但却不会对他们委以重任。例如，刘宋代晋时，东晋名臣谢安孙谢澹授玺，另一名臣王导的曾孙王弘、王华都被刘裕封为新王朝的佐命元勋。等到南齐代宋时，王氏子孙王俭、王晏等人又都参与了旧王朝禅让给新王朝的策划活动。到萧梁代齐时，王导的五世孙王志与六世孙王亮，又同为授玺之人。到陈氏代梁时，仍然是王导的子孙王通、王场等人负责授玺之事。所以在世家大族们看来，所谓王朝更迭，不过是将皇帝的玉玺由一家传给另外一家而已，只要自家的利益不受损失，谁做皇帝都没有差别。所以后来的史家称他们是"殉国之感无因，保家之念宜切"①。这样的世家大族，自然也得不到皇帝的信任与重用。这是南朝时期士族走向衰落的

_____

　　① 《南齐书·褚渊王俭传》。

又一重要原因。当然，士族势力的衰落，还在于庶族势力的逐渐壮大及其对士族势力的排挤。这一点下面将要详细叙述。

2. 寒族势力的兴起

与世家大族势力的衰落同时是寒族势力的兴起。南朝寒族势力的崛起，主要表现在两个方面。一是寒族掌握了兵权；二是寒族掌握了朝廷的机要。

南朝著名的将帅大多出身寒门。南朝时，士族在政治上享有各种特权，他们根本不需要通过建立军功的方式，就可以"平流进取，坐至公卿"①，因而自然就对这条充满危险的仕进道路不感兴趣。而寒族要想在政治上有所发展，则非通过建立军功不可，这样就逐渐形成了寒门操控军权的局面。寒门掌握军权与东晋末年北府兵的发展有密切关系。北府兵的兵权原来也掌握在士族手中，王恭与谢琰等士族都曾担任过北府兵的将帅。但当他们死后，这支军队就落到了寒门出身的刘牢之手中。之后，这支东晋劲旅又成了刘裕借以起家的政治资本。从刘裕以后，士族就再没有人控制过南朝这支军队了。此外，荆州的西府兵也由士人控制转而为寒门所掌握。荆州一直是东晋、南朝西部的军事重镇，东晋早中期，王敦、庾氏兄弟及桓氏父子都曾通过掌握荆州的兵权来确立自己的政治地位。但从桓氏父子以后，荆州西府兵的兵权也最终落入寒门将帅的手中。

南朝的四个开国皇帝，除梁武帝萧衍为前代皇族，已经脱离了寒门外，刘裕、萧道成及陈霸先，都是寒门出身的前代将帅。他们凭借着手中的军事权力夺取了最高的政治权力，从而建立起新的王朝。南朝这几个开国皇帝的发家史，是寒族通过掌握兵权而兴起的典型。除这几个寒门出身的开国皇帝外，南朝时的著名将帅更是大多为寒门出身。像刘宋时期的檀道济、朱龄石、沈田子、到彦之、沈庆之，南齐时期的王敬则、张敬儿、陈显达、崔慧景，萧梁时期的陈伯之、陈庆之、曹景宗，陈时的周文育、侯安都等人，都是南朝寒门出身将帅的佼佼者。他们为各代王朝建立与巩固都立下过汗马功劳，从而取得崇高的政治地位。反观士族，则没有产生出如此众多的杰出人物。后来史家评述南朝历史时，提出了"江左世族无功臣"②的说法，是很有见地的。

不唯兵权为寒门所把持，南朝历代王朝的机要，也被寒门庶族所掌握。东晋南朝，世家大族享受着各种政治优惠，占据着王朝的各种高官要职，

① 《南齐书·褚渊王俭传》。
② 赵翼：《二十二史札记》"江左世族无功臣"条。

但他们对王朝的政治事务并不关心，对王朝的兴衰也没什么兴趣。因此南朝的皇帝们就只好提拔出身寒门的官员，来帮助自己管理国家事务及政府机要，寒门势力由此得以进入国家权力中枢，而士族则反被摒弃在权力中心之外。南朝寒门掌机要，主要表现为中书通事舍人一职长期为寒门所控制。中书通事舍人本是卑官，寒门也可以担任，但他的职事是管理大臣的奏章及发布皇帝的诏命等，因而与皇帝关系极为密切，所以皇帝就用他们来典掌政府机要。这样，中书通事舍人就逐渐成为皇帝的代言人，从而拥有极大的权力。刘宋时期，会稽戴法兴"少卖葛于山阴市"，后为中书通事舍人，"诏敕施为，悉决法兴之手"①，朝中事无大小，都由他专断，以至于民间有称戴法兴为"真天子"者。阮佃夫为宋明帝中书通事舍人时，擅权专制，势倾朝野，连他的捉车人及傍马者都官至虎贲中郎将及员外郎。茹法亮为齐中书通事舍人时，太尉王俭常对人说："我虽有大位，权寄岂及茹公。"②除戴法兴、阮佃夫、茹法亮外，南朝时出身寒门而居中书通事舍人一职的大有人在，像刘宋时期的徐爰、王道隆，南齐时的纪僧真、刘系宗、吕文显、吕文度、綦母珍，萧梁时的朱异，陈时的毛喜、施文庆、沈客卿等，都出身于寒门庶族。南朝的皇帝们对这些出身寒门的中书通事舍人，极其倚重。如齐武帝萧赜就夸奖他的中书通事舍人刘系宗，说："经国一刘系宗足矣；沈约、王融数百人，于事何用？"③他还夸奖吕文度："公卿中有忧国如文度者，复何忧天下不宁？"④

　　南朝寒门庶族通过把持兵权与王朝机要，成为统治集团当中的实力派，势力在迅速上升。而世家大族，虽然表面上仍是任高官，享厚禄，并拥有崇高的社会地位，但实际上已经丧失了军政实权，势力在走向没落。这是南朝统治阶级内部不同利益集团之间权力及地位调整的主要内容。

六　南朝社会经济

　　东晋时期，北方十六国混战，导致中原人口大量南迁。南北朝时期，虽然中原地区政治相对稳定，但汉族与少数民族之间的矛盾仍比较尖锐，

---

①　《宋书·恩倖传》。

②　《南史·恩倖传》。

③　《南齐书·倖臣传》。

④　《南史·恩倖传》。

少数民族政权对汉人实行歧视的政策，从而促使中原汉人继续南迁。中原各地中，黄淮、江淮之间是南北交战的主要战场，人民饱受战乱之苦，尤其是受到北方少数民族统治者的残暴蹂躏，所以大量人口从此地向南迁徙。例如刘宋元嘉时，北魏太武帝拓跋焘南征，刘宋丧失了青、冀、徐、兖、豫及淮西等广大地区，"自淮以北，化成虏庭"①。北魏军队一直挺进到长江北岸，他们在江淮地区大肆杀戮汉族百姓，连婴幼儿也不放过，甚至将婴儿穿在槊上，盘舞为戏。于是导致流民南渡又一个高潮的形成。南朝的统治者为了开发江南的需要，也不断地采取吸引中原地区人口南迁的政策。例如，宋文帝时，曾命沈庆之徙彭城一带流民数千家到瓜步，又命程天祚将江北数千户流民集体移徙到姑孰。梁末陈初，陈霸先曾一次迁徙江北人口万余人南渡。一直到 579 年吴明彻击败北周时，还曾率南、北兖州及山阳、盱眙等地百姓南渡。中原人口的持续南迁，为南方经济发展提供了大量的劳动力，与此同时，中原地区先进的生产技术，也随着这些人口的南迁而在南方各地得到普及。因此，南朝的社会经济，在魏晋以来对江南进行大规模开发的基础上，又取得了进一步的发展。

1. 农业的恢复与发展

南朝统治者为了巩固王朝的统治，对发展社会经济尤其是农业生产十分重视。例如宋文帝时，就曾数次下诏各州郡地方官督课农桑，并以此作为考核地方官员政绩的重要依据。他还贷种、贷牛给无力组织生产的农民。齐高帝萧道成即位后不久，就下诏禁止二宫诸王不得封占山湖，同时减免农民一部分赋税。梁武帝萧衍，恢复了籍田之礼，对鼓励农业生产起到一定的宣传作用，他还开放政府封占的土地，允许农民自主耕作。陈文帝时，也曾下令地方官员要积极劝课农桑，对于贫困的农民则由国家贷给种粮。为适应农业发展的需要，南朝的统治者们还都非常重视水利工程的修建。例如，刘裕曾命毛修之修复寿阳的芍陂，使数千顷良田得以灌溉，到刘义欣再修芍陂时，其灌溉能力已达万顷。刘修之修治襄阳的六门堰，"雍部由是大丰"②。宋末乌程筑吴兴塘，灌溉田地达两千余顷。荆州的获湖，通引江水，也灌溉良田无数。梁时在豫州的蒼陵修筑堰堤，溉田千余顷。南朝在水系发达的钱塘江、曹娥江交汇之处还建立了比较复杂的综合水利工程。如在钱塘江的西岸修了柳浦埭，在东岸则修筑了西陵埭，在曹娥江东岸

---

① 《宋书·州郡志》。
② 《宋书·刘秀之传》。

修筑有南津埭，在西岸则修筑了北津埭，这些埭坝都可以根据降水量的多少随时开启或关闭。出现旱情时，则开启水楗，以引水灌溉；雨水充分时，则关闭水楗，以免洪水淹没良田。通过修筑水利工程，原先川湖纵横的江南地区还开辟出大量湖田。这些新开辟的湖田地势低洼，不怕干旱，加上土壤肥沃，都是高产的良田。

南朝时，牛耕已经成为南方各地普遍的耕作方式，水稻、麦、菽等各种农作物的种植技术都取得了较大的发展。岭南一些地区，已经开始种植一年两季的水稻，产量成倍增加。梁时的豫州，因为水利工程发挥效力，致每亩收谷平均产量曾达十石左右，这在当时是相当高的。而在豫章一带，由于开垦出大量的膏腴之地，最高亩产量甚至可达二十石。所以当时有人认为会稽的良田，每亩可值一金，是北方地区所不能相比的。

2. 手工业及商业的发展

农业的发展，带动了手工业的进步。南朝的手工业分官府与民间两种。官府手工业，在王朝中央由少府统管，在地方各州则设置"作部"来管理。官府手工业主要从事金属冶炼、兵器制作、造纸、陶瓷、织染、造船等。此外，南朝也有大量民间手工业的存在。民间手工业主要从事纺织业，其中有丝织业，也有麻织业。民间手工业主要采取一家一户的方式进行生产。

南朝手工业在技术及产量方面都有了较大的提高。例如当时的金属冶炼，在动力方面除了使用人力的人排及使用畜力的马排之外，也有利用水力的水排。这种利用水力的水排，能节省大量的劳动力，又能获得较高的生产效率，是一种十分先进的冶炼技术。冶炼技术的提高促进了钢铁产量的增加。梁时康绚筑浮山堰，因水流过急，大堰常常被冲毁，康绚就在筑堰处沉下数千万斤铁，这才将大堰修成。如果没有很高的铁产量，这是很难想象的。

南朝纺织业的技术水平及产量也都有很大的提高。桑树在南方的种植已经相当普及，养蚕技术也有了很大的发展。有的地区养蚕，一年可致四五熟甚至八熟。家庭纺织业的技术也改进许多，纺织速度加快。如豫章郡一带的妇女有夜浣纱而旦成布者，所以这种布又俗称为鸡鸣布。随着技术的进步，南朝纺织品的产量有很大的增长。尤其是荆、扬二州纺织业，被人赞为"丝绵布帛之饶，复衣天下"①。不过，从整体上看，南朝的纺织业还是没有北朝发达。但与北方相比，南朝麻织业要发达一些，麻布之外还有

①　《宋书·孔季恭、羊玄保、沈昙庆传》。

葛布。这些都是针对南方盛产的纺织原料而发展起来的纺织品。

造纸业也取得了较大进步。这时不仅能制造麻纸，也能制造藤纸，造纸的材料来源进一步扩大。由于纸产量的大幅提高，到东晋南朝时，书写用纸已经完全取代了原先的简。当时还发明了防止纸张被蛀的染黄治书法与雌黄治法等技术。随着造纸技术的进步，南朝纸的质量也有很大的提高。当时有人写诗赞美南朝生产的纸是"皎白犹霜雪，方正若布棋"①，可见其精美程度。

南方的造船业原来就很发达，南朝时造船技术及造船规模获得了更大的发展。这时船的载重量最高可达二万斛。船行的速度也有很大的提高，南齐的祖冲之曾制作千里船，可以日行百余里。南朝的造船业规模很大，仅荆州一地，在萧衍起兵时，短短数月之间就制造出上千艘战船。

除上述具有代表性的手工业领域外，南朝在制盐业、制瓷、漆染、制茶等方面，也都取得较大的发展。

农业及手工业的发展，刺激了南朝商业的发展。南朝控制的地区，尤其是长江以南，战乱相对北方要少。加上这一带河湖众多，沟渠纵横，水上交通便利，这些都为商业的发展增添了有利的条件。建康、荆州、成都、京口、会稽、吴郡、寿春、襄阳、广州，都是其时各地著名的商业中心。建康既是南朝历代王朝的政治中心，也是最重要的经济中心。梁朝定都建康时，城中有居民二十八万户、一百多万人。城内有大市、东市、北市及秣陵斗场市等四个集中的商贸中心，此外，临秦淮河边还有小市数十所，可见其商业繁荣的程度。荆州、成都则是南朝中部及西部两个最重要的商业中心。广州则是南朝南部的一个商业中心，这里的海上对外贸易尤为发达。当时广州的海外贸易，可以远达波斯、天竺、狮子等国。商业的发达，也造就了一批富商大贾。南朝许多富商有资财多达数百万，他们的生活都极尽奢侈豪华。

经过东晋南朝数百年的开发，中国的南方尤其是长江以南的社会经济，获得了很大的发展。社会经济的重心进一步南移，对隋唐以后历代王朝的政治产生了深远的影响。

---

① （梁）萧詧：《咏纸》，收入《全梁诗》卷三。

第三节 北方的分裂及隋统一中国

孝文帝改革之后，北魏王朝的社会矛盾、民族矛盾逐渐缓和，社会秩序相对稳定，王朝的政治、经济都取得了较大的发展。孝文帝统治时期是北魏王朝发展史上的一个繁荣期。但是这样的平稳发展时期并没有持续很久，孝文帝去世后，北魏王朝的政治迅速走向衰落。首先是北部边镇及华北、关陇地区爆发了规模浩大的起义；随后是北魏政权被镇压起义起家的军事贵族所把持，王朝政治由此进入动荡多事之秋。北魏末年，高氏军事集团及宇文氏军事集团把持了王朝的政权，使北魏分裂成东魏及西魏，不久，这两个集团先后建立了北齐及北周两个割据政权，并为争夺北方的控制权而发生激烈的战争。在武力竞争中，北周最终统一了北方。但不久，杨坚篡夺了北周王朝的政权，建立了隋王朝。589 年，隋王朝灭陈，再度实现了全国的统一，中国历史上最为动荡的魏晋南北朝时期至此宣告结束。

一 北方各族大起义

1. 北魏后期政治的腐败及社会矛盾的加剧

499 年 4 月，魏孝文帝去世，宣武帝元恪即位。515 年，宣武帝在位 16 年后死，元诩即位，是为魏孝明帝。宣武帝及孝明帝统治期间，是北魏政权走向衰落的重要时期。声势浩大的魏末大起义就爆发在孝明帝的正光五年，即公元 524 年。

孝文帝以后，北魏政治日趋腐败。宣武帝元恪，个性宽厚而优柔，缺少政治魄力，正是在他统治期间，北魏政治逐步走向涣散，出现了"政纲不张"①的统治局面。而孝明帝元诩继位时只有六岁，因此不久其生母灵太后胡氏便临朝称制，掌握了北魏王朝的大权。北魏历史上曾数次出现太后称制的现象，如孝文帝时，其祖母文明太后掌握北魏朝政多年，对推动北魏政治的发展做出了积极贡献。但孝明帝灵太后则不具有文明太后的政治素质。她不仅个人生活腐化淫乱，而且在政治上委用非人，赏罚乖舛，致使领军元叉与宦官刘腾内外勾结，专擅朝政，北魏王朝的政治从此大乱。在刘腾专权期间，北魏中央机构中像九卿、八座这一类的高级官员，也必须

---

① 《魏书·肃宗纪》。

在入朝前先到刘腾的家中，在了解了刘腾的态度后才敢入朝议事。在这种局面下，北魏王朝的统治，自然是日趋瘫痪。

北魏王朝迁都洛阳后，拓跋鲜卑贵族的生活日益腐化。高阳王元雍，一顿饭就要花去数万钱。他的家中养有六千名僮仆及五百名歌舞之伎。这些北魏的贵族官僚们，不仅个人的生活极度奢侈，相互之间还以豪奢相尚。"帝族王侯，外戚公主，擅山海之富，居川林之饶，争修园宅，互相夸竞。"①河间王元琛，为了与高阳王比富，就用银铸成马槽，用金制成控马的锁环。他听说了西晋时期石崇与王恺斗富的故事，感叹没有机会与石崇一比高下，说"不恨我不见石崇，恨石崇不见我"②。北魏的贵族官僚们为了满足奢侈生活的需要，就通过大肆盘剥被统治阶级来积累巨大的财富。他们霸占山海川林，竞相侵吞百姓的良田，甚至强行夺取百姓的财产。如广阳王元渊为恒州刺史时，"多所受纳，政以贿成"③，恒州人多养马，元渊就定下规矩，家有马千匹者，必须要向他贡献百匹。贵族官僚侵吞了大量土地，逼迫失去土地的农民成为他们的依附人口，使北魏政府的财政收入大为减少。北魏政府为了弥补财政的不足，不去检括贵族官僚隐瞒的土地与人口，而是将政府的财政负担转嫁到普通百姓头上，孝明帝统治期间，甚至曾预收过天下六年的租调。

一方面是北魏统治集团的腐朽与王朝政府的瘫痪，另一方面是广大百姓受到王朝政府与贵族官僚两方面的沉重剥削与压迫，以至于民不堪命。北魏王朝的统治已经到达崩溃的边缘。从宣武帝即位到孝明帝正光五年边镇大起义爆发之前的二十五年里，各地人民的武装暴动和起义就多达二十七起。④ 这些起义反映出北魏王朝末年的社会矛盾、阶级矛盾已经达到空前尖锐的程度。与此同时，水旱灾荒也在不断地袭扰与破坏着北魏的统治安全。由于官僚集团的腐败程度日益加深，政府统治能力不断下降，导致北魏王朝抵御灾荒的能力也大为下降。各地水利工程的年久失修，增强了水灾的破坏性。灾后的赈济活动也因为官员的腐败与无能而难以发挥积极的效果。各地流民不断增加，老百姓的生命得不到保障，便只有铤而走险。在北魏末年各种社会矛盾中，北方边镇的各种矛盾由于其特殊的背景与环

① 《洛阳伽蓝记》，卷四。
② 《洛阳伽蓝记》，卷四。
③ 《北史·太武五王传》。
④ 韩国磐：《魏晋南北朝史纲》，第480～481页，北京：人民出版社，1983年。

境而表现得尤为突出，最终导致北魏末年的全国大起义首先从边镇地区爆发，并迅速蔓延到整个王朝。

2. 六镇大起义

当拓跋鲜卑所建立的北魏政权致力于向中原地区拓展时，在它的北部兴起了一个新的游牧民族政权，即柔然，或作蠕蠕、茹茹等。北魏统一中原后，柔然也在其北部建立了强大的政权，其所控制的疆域，东起朝鲜，西至焉耆，南起大碛，北至漠北。柔然兴起后，时常进入北魏控制的地区从事掳掠活动，对北魏王朝北部边疆的安全造成很大的威胁。尤其是当北魏试图进军南朝的时候，便不得不考虑柔然的寇扰问题。由于南北不能兼顾，所以北魏对南方的经略受到了很大的影响。因此从北魏太武帝拓跋珪起，就开始在北部边疆修筑要塞，以防止柔然的突然进攻。当时曾调发幽、定、司、冀四州百姓十万人，"筑畿上塞围，起上谷，西至于河，广袤皆千里"①。修筑要塞的同时，北魏也开始在北部地区设置军镇并派重兵驻守。当时北魏设置在北部的军镇，最重要的有六处，分别是沃野（内蒙古五原东北）、怀朔（内蒙古固阳西南）、抚冥（内蒙古四子王旗东南）、武川（内蒙古武川西南）、柔玄（内蒙古兴和西北）及怀荒（河北张北县北），号称"六镇"。每镇都有镇都大将，负责统率镇中军队。此外在今宁夏地区还设置了高平、薄骨律等军镇，在今河北赤城一带则设置了御夷等军镇，以防御来自西北及东北方面的游牧势力的入边寇掠。

北魏初设军镇时，担任镇都大将的多是拓跋鲜卑的王公贵族，驻镇的士兵，也大都是原拓跋鲜卑的族众，还有一些则是中原强宗豪族的子弟。由于他们承担着拱卫以首都平城为中心的北部边疆的重任，所以得到北魏政权的特殊优待。镇中的将士不仅可以免除各种徭役，而且还有许多升迁的机会，所以"当时人物，忻慕为之"②。北魏的皇帝还经常亲临军镇，一方面为加强北部的防御，另一方面也是对镇中将士表示特别的优待。直到孝文帝迁都洛阳之初，也还曾数次亲临六镇巡察，表明这一惯例还没有完全被放弃。不过，自孝文帝迁都洛阳后，以平城防御为中心的北方六镇在北魏王朝的政治生活中迅速丧失其重要的地位。由于北魏的新都洛阳远在中原，柔然对北魏王朝政治中心的军事压力便大为减少。此外，虽然柔然的势力仍很强大，但这一游牧政权还没有大举南下进入中原的军事能力，因

---

① 《魏书·世祖纪下》。
② 《魏书·广阳王传》。

此他们只能在北魏的北部边境一带骚扰与寇掠，主要目的也只是为了夺取财物和人口。总之，自北魏迁都洛阳后，边镇的地位迅速下降。因此，被任命到边镇的将军，也多是些"底滞凡才"①。这些人除了专事聚敛之外，不知其他。为了满足自己的私欲，他们往往将镇兵视同自己的奴婢，这导致边镇将士之间的矛盾日益激化。此外，边镇政治地位的下降，也使边镇的将士失去了升迁的机会。北魏后期，这些边镇的将士即使戎马一生，最多也只能得到虞侯或白直等低级职位，而离开边镇迁徙到洛阳的鲜卑族人，往往却能升至上品通官。这种巨大的反差自然引起了边镇将士的很大不满。北魏政权中部分有识之士对边镇问题的恶化已经有所警觉，如广阳王元渊就曾上表申诉六镇兵民之苦，但是这些呼声在日益腐败的政府当中根本不能产生实际的影响，自然也就不能引起北魏王朝最高统治者足够的重视。正是由于上述种种原因，北魏末年的全国大起义首先在边镇爆发。

北魏孝明帝正光四年(523年)，柔然突然派兵进攻柔玄及怀荒两镇，怀荒镇民请求镇将于景发给粮食，但于景坚执不给，引起怀荒兵民的愤怒，他们发起暴动杀死了于景。这一次暴动虽然并没有马上形成大规模的起义，但它却像火种一样，迅速将边镇长期以来积蓄起来的不满情绪推向顶点，终于引发了规模浩大的起义。524年3月，沃野镇民匈奴人破六韩拔陵首先举兵起义，他率领军队杀死了镇将，还将年号改为真王元年，展示了要推翻北魏腐朽政权的决心。破六韩拔陵首义之后，起义迅速在边镇及北魏王朝的各地展开。4月，高平镇敕勒族酋长胡琛响应破六韩拔陵，在高平镇发动起义并自号为高平王。6月，秦州羌人莫折大提在秦州发动起义，杀刺史李彦，据秦州并自称为秦王。南秦州的孙掩、张长命、韩祖香等人，响应莫折大提，也在南秦州起义，他们杀死刺史崔游，很快控制了南秦州地区。一时间，起义在北魏各地迅速蔓延。

破六韩拔陵控制沃野镇之后，便派出部将进攻附近的武川镇及怀朔镇，他们在五原及白道等地击败了北魏王朝派来镇压的军队，很快就攻占了武川及怀朔。起义军的势力所及，迅速扩大到西起陕西北部，东至河北长城内外的广大地区。北魏又调集大军，由李崇、元渊及崔暹等率领，前来镇压。破六韩拔陵先在白道之北击败崔暹，然后合兵进攻李崇。李崇及元渊抵挡不住起义军的进攻，只好率兵退守平城。北魏王朝在无法镇压起义军的形势下，不惜向老对手柔然求助。525年，柔然自武川以西出兵进攻沃

---

① 《魏书·广阳王传》。

野。破六韩拔陵被击败，二十余万起义军在遭受南北夹击的情况下，只好向南投降了北魏王朝。

莫折大提占据秦州后，也派出军队在周边地区积极扩大战果。他派部将向北攻取了高平镇，斩高平镇将赫连略及行台高元荣，巩固了起义军在陇西的根据地。不久，莫折大提病死，其子莫折念生继立，称天子，并建年号为天建。莫折念生派其弟莫折天生进攻陇东，击败了北魏贵族元志率领的军队，并攻克了陇东重镇岐州（陕西凤翔）。随后，莫折念生又分兵攻取了泾州与凉州，势力扩展到整个关陇地区。北魏王朝续派大将萧宝夤为西道行台大都督，与征西将军崔延伯一起，前来镇压起义军。525 年，崔延伯击败莫折天生，起义军遭受重大损失后，只好退回陇西据守。与此同时，南秦州一带也遭到魏军的进攻而失败，韩祖香为东益州刺史魏子建所杀，张长命则投降了北魏王朝。莫折大提的起义军虽然遭到较大的损失，但仍然能够据守陇西与萧宝夤对峙。527 年，莫折念生率大军东进，击败了萧宝夤并再度攻入岐州，势力又很快扩大至整个渭河地区，还曾一度占据潼关，使北魏王朝在关中地区仅剩下雍州等数座孤城还在固守。然而，起义军这种良好的局面并没有维持多久。是年 9 月，莫折念生的部下常山王杜粲，杀死了莫折念生及其全家，并叛投魏将萧宝夤，起义军随而失败。

当破六韩拔陵在沃野镇举行起义时，敕勒族酋长胡琛在高平镇起兵响应，但不久被魏将卢祖迁击败，只好撤出高平退兵向北。随后，莫折大提派部将卜朝攻克了高平镇，但高平镇民却杀掉卜朝，迎回胡琛。胡琛据有高平镇之后，也一度派部将万俟丑奴、宿勤明达等人率军进攻泾州，但泾州已为莫折念生攻取，万俟丑奴只好率兵屯驻泾州以北的安定。525 年，萧宝夤、崔延伯等人进攻关陇地区的起义军，在击败莫折天生后，立即移兵进攻万俟丑奴军。是时北魏军队有甲卒十二万，铁马八千，军威甚盛，但却被万俟丑奴打得大败，损失五万余人，北魏名将崔延伯也在作战时中流矢而死。526 年，胡琛因为怠慢破六韩拔陵而被杀死，其部将遂全部归万俟丑奴统领。这时，莫折念生退兵据守陇西，所以关陇一带遂主要是万俟丑奴所领导的起义军在活动。527 年，萧宝夤镇压了莫折念生的起义军，但却遭到北魏王朝的猜忌。北魏王朝派御史中尉郦道元前往关中监察萧宝夤的活动。萧宝夤于是杀掉郦道元，起兵造反并自称齐帝，建年号为隆绪。528 年，萧宝夤被北魏长孙道生击败，不得已只好投奔万俟丑奴。这样，万俟丑奴领导的起义军，遂控制了整个关陇地区。是年 7 月，万俟丑奴自称天子，设置百官，并建年号为神兽，建立了一个与北魏王朝相抗衡的地方政权。

　　当关陇起义在万俟丑奴的领导下方兴未艾之际，北魏王朝的北部及东北部地区又再度爆发了声势浩大的起义。破六韩拔陵被柔然击败时，其部将二十余万人投降了北魏王朝。北魏政权虽然借助于柔然的力量击败了起义军，但柔然人攻下了六镇之后，在这里大肆劫掠与破坏，使得六镇无法再驻兵马。于是，对于这些参与起义的边镇将士，北魏王朝只好强制使他们分散居于冀、定、瀛、幽、恒等地。但这些镇兵分散迁到内地后，不仅得不到北魏政权的妥善安排，反而要遭受北魏地方官员的欺诈与刁难，所以很快就再度发动起义。525 年，柔玄镇人杜洛周首先率众在上谷起义，并仍以真王为年号。526 年正月，六镇降户鲜于修礼领导镇兵在定州地区发动起义，建年号为鲁兴。杜洛周及鲜于修礼的起义仍是以北魏六镇镇兵为主体，所以从一定程度上可以看作是破六韩拔陵起义的延续。但这时因为起义爆发于华北内地，所以参加者除六镇镇兵外，也有大量内地汉人及其他少数民族的老百姓，因此与破六韩拔陵起义又有所不同。

　　镇兵的再度起义引起北魏王朝的巨大恐慌，他们迅速调兵遣将前往镇压。526 年，北魏王朝派出大军，由长孙稚及河间王元琛率领，首先进攻定州起义军，但很快就在五鹿一带被鲜于修礼击败。北魏王朝于是改派广阳王元渊、章武王元融率军前往镇压，在白牛逻一带与鲜于修礼两军相峙。正在此时，鲜于修礼却被叛将杀死，形势相当危急。鲜于修礼的部将葛荣遂率众除掉了叛将，继续统领这支起义军，维持了局面。不久，葛荣率军与北魏军队决战，临阵斩杀魏将元融，魏军主帅元渊也在败退途中被起义军俘斩。葛荣取得白牛逻大捷后，即自称天子，定国号为齐，并建年号为广安。527 年，葛荣乘胜攻取了殷州、冀州等地。在葛荣起义军的凌厉攻势下，北魏军队兵无斗志，将无战心，只能是节节溃败。同年，杜洛周起义军也攻克了北魏王朝东北部的军事重镇幽州，随后率军南下，于 528 年先后攻取了定州及瀛州，定州刺史杨津被俘，瀛州刺史元宁则率城投降。杜洛周起义军到达定州后，与当地葛荣领导的起义军发生矛盾。是年 2 月，葛荣杀掉了杜洛周，幽州南下的起义军从此并归葛荣统领，原杜洛周控制的州郡也都尽归葛荣所有。葛荣汇聚了两大起义军的势力，声势浩大，他们占据了幽、冀、定、殷、瀛及沧州等广大地区，号称有百万之众。不久，起义军开始向西南方向挺进，很快就越过了汲郡（河南汲县西南），直接威逼到北魏王朝的首都洛阳。但到 528 年 6 月，北魏王朝派尔朱荣、元天穆、杨椿及穆绍等人率数路大军，分头进击葛荣。葛荣轻敌，在滏口（河北磁县西北石鼓山）被尔朱荣的精锐骑兵击败，葛荣也在战斗中被俘虏，并被送至洛阳处死。这支以镇民为主体的起义军最终也归于失败。

北魏末年，除北部边镇爆发了轰轰烈烈的镇民大起义外，内地也爆发了以流民为主体的大起义。当杜洛周与鲜于修礼在幽、冀、定州一带领导六镇降民起义的时候，这些地区的原住民们为避战乱，开始向南方迁徙。其中有很大一部分在原幽州北平府主簿邢杲率领下流徙到青州的北海。大批流民的到来，影响到当地老百姓的生活，因此流民与当地居民之间存在着广泛的矛盾。一些地方官员与豪强地主便利用当地居民对流民的矛盾，对流民肆加欺凌。流民没有吃的，只能以榆叶为食，就被辱称为"舐榆贼"。在这种情况下，流民只好揭竿而起发动起义。由于邢杲在流民中有很高的声望，所以这些流民就自发地团结在邢杲的周围，在短短的十余日之间，起义队伍就发展到十万余人。528 年 6 月，邢杲自称汉王，建年号为天统。这支起义军主要活动在胶东半岛的沿海地区，曾击败北魏王朝派来镇压的李淑仁，并一度攻克了光州（山东掖县）。529 年 4 月，北魏王朝派上党王元天穆及高欢领兵前往镇压，在济南击败了邢杲。邢杲被俘杀后不久，这支起义军也宣告失败。

北魏王朝在镇压了关东地区的起义之后，于 530 年命尔朱荣为使持节督二雍二岐诸军事、雍州刺史，率领贺拔岳、侯莫陈悦等人西出潼关镇压万俟丑奴的关陇起义军。不久，万俟丑奴与萧宝夤战败被俘，并被送到洛阳处死。至此，北魏末年的全国大起义都遭到了镇压。

二 北魏末年的政局与东魏、西魏的分立

1. 尔朱氏的专权

北魏王朝虽然镇压了各地的起义，但它的政权却从此落入了因镇压起义而起家的军功官僚及贵族的手中。尔朱荣就是这些军功官僚的代表。尔朱荣是北秀容（山西朔县北）人，其家族世代为当地胡人酋长。其高祖尔朱羽健曾助拓跋珪攻取中山，立有大功，所以在北魏王朝取得了较高的政治地位。到尔朱荣时，这一家族所拥有的部曲已达八千人之众。尔朱荣骁勇善战，曾与柔然、敕勒等不同民族作战，并因功而升为镇北将军、博陵郡公。北魏末年边镇大起义中，他先因防御杜洛周、鲜于修礼的起义军而官至车骑将军、仪同三司、大都督。527 年 2 月，灵太后胡氏与宠臣郑俨、徐纥等人合谋毒死了孝明帝元诩，另立孝明帝的堂侄年仅三岁的元钊为帝，

引发北魏王朝高层权力剧烈动荡。尔朱荣趁机率领军队南下至洛阳，将灵太后及元钊投入河中淹死，又在陶渚将朝中公卿大臣共二千余人尽数处死。之后，尔朱荣另立彭城王元勰之子元子攸为帝，是为孝庄帝。孝庄帝即位后，封尔朱荣为都督中外诸军事、大将军、太原王。北魏王朝的军政大权至此尽数落入尔朱荣的手中。530 年，尔朱荣因镇压葛荣、邢杲及万俟丑奴起义有功，又再晋封为柱国大将军、天柱大将军。至此，尔朱荣的政治地位发展到了顶峰。

530 年 9 月，孝庄帝不满尔朱荣的专权，杀掉了尔朱荣及其同党上党王元天穆等。但是，孝庄帝并没有能够清除掉尔朱氏的势力。不久，尔朱荣的侄儿车骑将军尔朱兆就率兵至洛阳杀掉了孝庄帝。尔朱兆、尔朱世隆等人立广陵王元羽之子元恭为帝，是为节闵帝。尔朱氏由此继续把持着北魏王朝的政权。当时的尔朱氏一族的成员，分裂天下，各自把持一方，"天光控关右，仲远在大梁，兆据并州，世隆居京邑"[1]，势力盘根错节。尔朱家族的统治十分贪婪残暴，史称他们"割剥四海，极其暴虐"[2]。例如，尔朱荣的从弟尔朱仲远，为夺取治下一些大宗富户的财物，便诬陷说这些人意图谋反，然后就将他们的财产全部籍没到自己的家中，所以被人比作"豺狼"。甚至其部下妻女或有美色者，也都被他仗势加以淫乱。尔朱氏的暴乱与贪婪，自然引起广大百姓的痛恨。他们的部将也都与他们离心离德，因而暗中致力于发展自己的势力。正是在这样的政局下，北魏王朝末年的政坛不久就又兴起了以高欢及宇文泰等人为代表的不同的政治集团。

2. 高欢的崛起

高欢，汉人，史载其先祖为渤海修（河北景县）人。其曾祖高湖曾为北魏初年的右将军，其祖高谧因罪被徙配到怀朔镇，从此以后的三代都居住在边镇，充任北魏的边镇兵户。高氏虽是汉人，但由于长期居住在鲜卑人的聚居区，所以逐渐被鲜卑化，"累世北边，故习其俗，遂同鲜卑"[3]。高欢本人即通鲜卑语，并有一鲜卑名叫作贺六浑。[4]

高氏世代为边镇兵户，家境十分寒苦。高欢幼年一直生活在姐夫鲜卑

---

① 《魏书·尔朱仲远传》。

② 《魏书·尔朱彦伯传附弟尔朱世隆传》。

③ 《北齐书·神武帝纪》。

④ 也有学者认为高氏本鲜卑族。见王仲荦：《魏晋南北朝史》，下册，第 582 页，上海：上海人民出版社，1979 年。

族人尉景的家中，成年后又娶鲜卑族女匹娄氏为妻。匹娄氏家颇有资财，高欢直到此时才得到一匹马，并被镇将升为函使，也就是负责边镇怀朔与首都洛阳之间公文及信件往来的低级军吏。高欢任函使达六年之久，多次到过洛阳。一次，他在长官面前坐下吃肉，因而被视为不敬，为此被责罚了四十大板。可见他是个要经常受到长官欺压的下级兵户。是以北魏末年边镇爆发起义时，高欢先后参加了破六韩拔陵、杜洛周及葛荣的起义军。葛荣被击败后，他投降了尔朱荣，反过来参与镇压边镇及各地人民的起义，后因功一直升为晋州刺史，成为尔朱荣手下的亲信将领之一。

尔朱荣被孝庄帝所杀，尔朱兆曾约高欢一同入京讨伐孝庄帝，但高欢却借故未与同去，说明从此时开始，高欢已经准备脱离尔朱氏集团，想趁机发展自己的政治势力。葛荣领导的六镇起义失败后，约有二十余万的六镇兵民又被从河北迁到山西并州一带。此时恰逢山西连年大旱，这些镇民在山西的生活极其悲惨，他们不断地举行小股的武装暴动。为了防止出现大规模的起义，高欢向尔朱兆建议，允许这些镇民到山东（指太行山以东，实际是今河北）去就食。尔朱兆于是任命高欢统领这些镇民，组织他们去山东就食。此时，六镇的镇民有一部分随贺拔岳西征，剩下的尚有十多万人。高欢就利用这十多万兵民，将他们组织起来，发展自己的军事势力。

当时的山东地区，如殷州刺史尔朱羽生、冀州刺史刘诞、定州刺史侯渊等人，都是尔朱氏军事政治集团的成员。但这些人在地方的统治十分暴虐，因此得不到当地人的支持。所以当高欢到达山东地区之后，当地大族势力如高乾、高昂、封隆之及李元忠等人就都表示对他的支持。高欢很快在山东地区站住脚，并且据有信都（河北冀县）。尔朱氏为了笼络高欢，就封高欢为渤海王，并任命他为东道大行台、冀州刺史。但高欢并没有满足于此，而仍是积极筹划反对尔朱氏集团的行动。他诈言尔朱兆要将所有的六镇降户都配与契胡为部曲，以此激起跟随他一起到山东的六镇降户对尔朱氏的愤怒，并使这些人都拥戴自己。同时，他又向这些六镇降户分析葛荣失败的教训，指出葛荣虽然拥有百万之众，但因为"无刑法，终自灰灭"，因此，"今以吾为主，当与前异"①。这样，六镇降户为了避免沦落为契胡部曲，便纷纷表示听从高欢的军令与赏罚。高欢就是这样凭借着六镇降户，建立了一支战斗力很强的军队。同时，高欢也十分注意笼络汉人的力量，他下令六镇降户不得欺压汉族百姓。他试图缓和鲜卑人与汉人之间的矛盾。

---

① 《北齐书·神武帝纪》。

他曾对鲜卑人说："汉民是汝奴，夫为汝耕，妇为汝织，输汝粟帛，令汝温饱，汝何为陵之？"他对汉人则说："鲜卑是汝作客，得汝一斛粟，一匹绢，为汝击贼，令汝安宁，汝何为疾之？"①高欢因为团结了汉人与鲜卑人两方面的力量，所以获得了广泛的支持。

531年，高欢立魏宗室元朗为帝，自命为丞相、都督中外诸军事、大将军、录尚书事、大行台，起兵反对尔朱氏。是年10月，尔朱兆率十万大军，自晋阳出井陉关，直逼殷州。与此同时，尔朱仲远也自徐、兖一带北进，对高欢形成夹击之势。此时高欢的军事力量还不强大，但他利用尔朱氏内部的矛盾，使尔朱仲远不战而走，这样，高欢便集中军队击败了尔朱兆，并于次年正月，攻克了北魏王朝的东部军事重镇邺城。面对高欢势力的强大，尔朱氏集团的成员不得不团结起来，共同对付高欢。尔朱世隆、尔朱彦伯、尔朱兆、尔朱天光、尔朱度律、尔朱仲远等各率兵马，总计有二十余万，至邺城与高欢决战。高欢此时有步兵三万，骑兵则不足两千，但是士气高昂。是年2月，两军在邺城西南的韩陵激战，高欢大败尔朱氏联军。不久，尔朱氏的亲信、大都督斛斯椿叛降高欢，他杀尔朱世隆、尔朱彦伯等，并将尔朱天光及尔朱度律等人俘送高欢。战后，尔朱仲远投奔南朝梁，尔朱兆则逃至晋阳。此时，尔朱氏的部将贺拔岳、侯莫陈悦等人也将镇守关中的尔朱显寿擒杀，投降了高欢。至此，尔朱氏集团已经完全丧失了对北魏王朝的控制，只能在局部地区苟延残喘。532年4月，高欢至洛阳，他废掉尔朱氏所立节闵帝元恭，也废掉自己原来所立的元朗（因为元朗只是魏宗室的远亲，在北魏宗室内部没有地位），而改立孝文帝的孙子、广平王元怀之子平阳王元修为帝，是为孝武帝。孝武帝封高欢为大丞相、天柱大将军、太师，并世袭定州刺史。同时还任命高欢子高澄为侍中、开府仪同三司。这样，北魏王朝的政权又完全落入高氏父子手中。

3. 东、西魏的分立

高欢控制北魏政权后，为了防止尔朱兆东山再起，便于532年7月亲自领兵十万攻克了尔朱兆盘踞的山西重镇晋阳。尔朱兆只好带着少数残余人马逃回尔朱氏老家北秀容。次年正月，尔朱兆在受高欢军队围逼、形势日蹙的情形下只好自杀。至此，尔朱氏的势力终被高欢彻底消灭。

高欢攻克晋阳后，认为晋阳东有太行山，西有吕梁山，南有霍太山，北面则有东陉、西陉等要塞，形势险要，是个可以据守的地方，因此就在

① 《资治通鉴》，卷一五七。

晋阳修造了自己的大丞相府，后来又修建了晋阳宫。为了加强自己对晋阳地区的控制，他还将随他迁往山东的镇户又迁到晋阳周围，并且在此地侨置了恒州、燕州、云州、朔州、显州、蔚州等，以安顿这些边镇兵民。原来的六镇鲜卑，从此又改称为六州鲜卑。这些边镇兵民，是高欢势力得以崛起的主要力量，所以在经济利益及政治地位各方面都受到优待。北魏王朝中期以来积累的边镇问题，至此才算最终得到解决。

高欢虽为北魏王朝的大丞相，但他却住在晋阳，遥控洛阳的北魏政权。魏孝武帝不甘心做高欢的傀儡，两者之间的关系开始紧张。到孝武帝杀掉了高欢的亲信高乾时，晋阳与洛阳的关系遂更加恶化。孝武帝为了对付高欢，就想扶植尔朱氏的旧部，拥兵关陇的大将贺拔岳。但贺拔岳不久就被依附于高欢的侯莫陈悦所杀，贺拔岳的部将宇文泰消灭了侯莫陈悦，继续统领贺拔岳军，于是孝武帝又接着扶植宇文泰在关陇一带发展军事力量。534 年，孝武帝调兵遣将，对外宣称要南征萧梁，实际上是在做讨伐高欢的准备。高欢知道后，将计就计，迅速集结了二十万大军，取道南下，也对外声称是去讨伐萧梁。当高欢的军队渡过黄河逼近洛阳时，孝武帝知道大势已去，便逃离洛阳向西投奔了镇守关陇的宇文泰。是年 10 月，高欢到达洛阳，他另立孝文帝曾孙元善见为帝，又迁都邺城。这个迁都邺城之魏史称东魏。元善见就是东魏的孝静帝。东魏时期，高欢仍居于晋阳遥控东魏政权。孝武帝逃到长安之后，任命宇文泰为丞相。宇文泰大权独揽，也想把孝武帝当作自己的傀儡，于是两人之间出现了尖锐的矛盾。到这年的 12 月，宇文泰便将孝武帝毒死，另立孝文帝孙元宝炬为帝。元宝炬就是西魏的文帝。至此，北魏遂分裂成东魏与西魏。

北魏分裂成东、西两魏之后，北方陷入了高欢与宇文泰两大军事集团的对抗之中。在后来的十几年中，东魏与西魏之间不断进行战争。但其时东魏与西魏都无力一举消灭对方，双方在战争中互有斩获，难分胜负。

536 年，关中发生重大旱灾，人口大量死亡，高欢就利用这个机会出兵西魏。东魏军队兵分三路，高欢自率主力，在蒲坂架设浮桥，准备渡河进攻。大都督窦泰率步骑万余直逼潼关。另一支由高昂率领，准备从上洛出发包抄蓝田。结果窦泰由于轻敌而在潼关附近致全军被歼，窦泰自杀。高欢与高昂听到窦泰失败的消息，只好从两路匆匆撤军。537 年，关中持续灾荒，宇文泰率军攻克了东魏的恒农，抢走大批粮食。高欢听说后，遂再次率领东魏大军进攻西魏。高欢从蒲坂渡过黄河，两军在渭水北岸的沙苑决战，结果高欢大败，不仅丧失了甲士八万人，还丢弃了大量军械物资。宇文泰从俘获的东魏士兵中挑选了两万余人充实自己的军队，将其他人则纵归东魏。沙苑之战后，西魏乘胜攻取了东魏的蒲坂及洛阳的金塘城。538年，东魏大将侯景进攻洛阳的金塘城。宇文泰亲往救援，两军在河桥激战，宇文泰被流矢射中坐骑，几乎为东魏军队所擒。但西魏大量援军赶到后，又将东魏军队击败，东魏大将高昂也为西魏军队所杀。此后数年，东魏与西魏没有发生重大的战争。543年，东魏北豫州刺史高慎以虎牢投降西魏，东、西魏之间遂再次爆发大战。两军在黄河南岸的邙山会战，西魏军大胜，被俘斩六万余人，还损失督将以下约四百余人。此战过后，西魏丧失了对潼关以东地区的控制。546年，高欢亲率大军十万余人，想一举攻克西魏在汾水流域下游的军事据点玉璧（山西稷山附近），但强攻五十余日仍未能攻克。高欢也在此战中染上重病，回晋阳后的次年即病死。

东魏与西魏的长期战争，使北方的社会经济遭受重大损失，也给双方的百姓造成了巨大的痛苦。

三　北齐的统治

1. 北齐的建立

547年，高欢死，其子高澄继立，以大将军、渤海王之名继续控制东魏的政权。高欢手下的大将侯景与高澄素来不和，这时两人之间的矛盾迅速激化。侯景骁勇善战，并且以河南道大行台之职长期专制河南，他手下更有军队达十万人之众。高澄怕侯景为乱，就采取明升暗降的方式调侯景入邺。侯景也知道一旦失去兵权，必然要为高澄所害，于是就以河南之地叛降西魏。东魏派兵进攻侯景，侯景向西魏求救。西魏宇文泰虽然派兵帮助侯景击退了东魏的进攻，但却趁机攻占了侯景所镇守的东荆州、北荆州、广州及颍州等四州之地，同时命侯景入朝长安，也要剥夺他的兵权。在这种情况下，侯景只好投降了南朝的萧梁，后来终于导致南朝萧梁政权出现重大的政治动荡。

由于侯景所辖之地大多落入西魏手中，因此东魏于549年派大将高岳及慕容绍宗率大军十万进攻长社（河南长葛县东北），想夺回东魏对于河南的控制权。西魏大将王思政仅依靠八千守军就坚守长社达一年之久。双方军队均拼死方战，战斗异常激烈。东魏大将慕容绍宗等人均战死城下，也没有能够攻取长社。后来高澄只好率军亲临长社，这才最终将长社攻克。长社之战使高澄意识到西魏军队的强悍，所以没有再对西魏擅启战端。而这时，高澄又要忙于在国内夺取东魏的政权，同时西魏也忙于巩固新取得的河南之地，所以长社之战后，东、西魏之间便再没有重大的战事发生。

高澄为人十分跋扈，他掌握着东魏的大权，丝毫不把东魏皇帝孝静帝放在眼里。他曾使人殴击孝静帝，一边打还一边骂"朕、朕、狗脚朕"①。因此高氏取代东魏政权只是迟早的事情。但高澄并没有能够等到那一天就被人刺死了。高澄死后，其弟高洋继立，不久被封齐郡王。550 年 5 月，高洋废掉了魏孝静帝，自立为皇帝，改国号为齐，建年号为天保，史称北齐，高洋就是北齐文宣帝。

2. 北齐的政治

高氏势力的崛起，主要依靠的是鲜卑六镇大起义失败后的数十万降户。高欢在河北起兵时，虽然也得到当地汉族大宗豪强的支持，但主要的战斗力量仍是以边镇带来的降户为主体。所以当高欢击败尔朱兆，在晋阳建立自己的根据地时，就将河北的边镇降户都迁到晋阳的周围，并给他们以相当优厚的待遇。其目的就是要让这些边镇降户死心塌地接受自己的统治，并为自己卖命。这样，一些边镇降户就因战功而起家，成为新的鲜卑贵族，并逐渐在高氏势力集团内部形成相当强大的势力。到北齐王朝建立时，他们就发展成为左右北齐王朝政治发展的主导力量。

这些边镇鲜卑贵族，在北魏王朝的鲜卑人中地位原本比较低下，并且长期驻守在北部边疆对抗柔然，受孝文帝汉化改革的影响较小，因此保持了较多早期鲜卑人的原始、粗朴的民族特性。在未取得权力时，他们对汉族先进的文化多采取抵制的态度。及至取得政治权力，他们又对汉文化极其蔑视。因此，从高氏集团控制北魏、东魏政权直到他们建立北齐政权，都一直对包括贵族及普通百姓在内的全体汉人采取歧视的政策。他们甚至称呼汉人为"一钱汉"，意为毫不值钱，比草木还要低贱。一些汉族士大夫虽然受到过重用，但他们也经常要遭受鲜卑贵族的排挤甚至杀害。例如，高欢为大丞相时长居晋阳，其子高澄为侍中、开府仪同三司，实际控制着北魏的政权。高欢便命汉族地主知识分子崔季舒及崔暹二人协助高澄治理政事，同时还收弘农大族杨氏士人杨愔为婿，对此三人十分看重，而这就引起鲜卑贵族的强烈不满。所以当高澄死后高洋继立，为了笼络鲜卑贵族，就将崔季舒与崔暹二人都发配到北魏的边境去了。高洋的皇后为赵郡李氏，是汉人。李氏生子高殷，被立为太子。高洋死时，特命汉族大臣尚书令杨

① 《北齐书·文襄帝纪》。

愔、侍中燕子献及黄门侍郎郑子默等人共同辅助高殷继位。但高洋刚死，高洋弟高演、高湛及诸鲜卑贵族，就将杨愔等人捕至高欢之妻也就是太皇太后娄氏跟前，交由她发落。娄氏说："岂可使我母子受汉老妪斟酌。"①也就是说，自己作为鲜卑人，岂能受汉人老太婆的左右。于是杀杨愔等汉族大臣，废掉了高殷，而另立高洋弟高演为帝，是为孝昭帝。孝昭帝高演在位仅一年即死，其弟高湛即位，是为武成帝。武成帝在位也仅四年，死后由其子高纬即位，是为北齐后主。孝昭帝与武成帝统治时期，北齐王朝都是鲜卑贵族的一统天下。到北齐后主高纬在位时，曾一度为缓和汉族与鲜卑族之间的矛盾，重用过汉族士大夫如祖珽、崔季舒、张雕虎、封孝琰、刘逖、裴泽及郭遵等人。但这些人后来也都被鲜卑贵族处死了。

统观整个北齐时期，汉族地主势力始终受到鲜卑族贵族势力的压制。这些鲜卑贵族，在治理国家方面本没有什么经验，他们又抵制乃至蔑视汉族先进的文化，自然也就不会去吸收汉族地主阶级有益的统治经验。例如，北齐后主高纬的宠臣韩凤就经常在朝堂之上训斥据理力争的汉族大臣并说："狗汉，大不可耐，唯须杀却"②。北齐政权既操纵在这些落后的鲜卑贵族手中，自然也就只能对王朝政治的发展产生十分消极的影响。

这些由边镇中下级军官起家的鲜卑贵族，他们对于北齐政治的消极影响，还不仅仅只表现在排斥汉族先进的政治文化上，他们的统治也往往极尽残暴与贪婪，使百姓们无法忍受。高欢的姐夫尉景，原来也是边镇的兵户，高欢幼时就在他的家中长大。所以当高欢得势之后，尉景也随之做了大官。史载其"常被委重，而不能忘怀射利"③。他任冀州刺史时，大肆索贿，弄得当地百姓怨声载道。后来连高欢也看不下去，就告诫他不要太贪。可是尉景却理直气壮地说："咱俩比一比，看看谁更贪。我只是多取了一些老百姓的，而你却连天子的赋税都要据为己有。"弄得高欢没有办法，只好一笑了之。由于高欢是靠这些鲜卑贵族才得以起家，对他们笼络尚自不暇，所以也就不可能从根本上改变高氏统治集团内部这种贪婪成性的政治风气。大臣杜弼曾向高欢力陈要惩办贪官，可是高欢却对他分析说："天下浊乱，习俗已久。我手下的这些将士，他们的家属多在关西，宇文泰经常派人用重利来招诱他们，他们现在的去留，正在两可之间。而江东的萧衍，专事

---

① 《北齐书·杨愔传》。
② 《北史·恩幸传》。
③ 《北齐书·尉景传》。

衣冠礼乐。因此中原一带的士大夫，都认为王朝的正统在江东。这个时候我如果急作法网，那么将士们都会去投宇文泰，而士大夫们则会去投萧衍，这些人物一旦四散，我还靠什么来立国？"高欢还同情地认为，他手下的这些将士历经百战，是百死一生，纵然贪鄙一些，但是贡献很大，因此就不应该用通常的治吏办法来对待他们。可是杜弼仍然坚持己见。一次，东、西魏将要交战，高欢正在调兵遣将之际，杜弼却说，应先惩治内贼，然后再去对付外寇。高欢问他，谁是内贼？杜弼说："诸勋贵掠夺万民者，皆是。"①结果吓得高欢不敢应答。从一般的道理上讲，杜弼要求反贪当然是对的，但是在东魏及北齐统治的特殊条件下，这种看法却是迂腐而难以实行的。高氏统治集团的腐败，是积重难返的政治现象，通过正常的途径根本就是无法解决的。

高洋建立北齐后，曾有意改善王朝的政治风气，抑制官场腐败现象的发展。556年，他裁并掉了3个州、153个郡、589个县和3个镇、26个戍。一方面是节省大量政府开支，另一方面也是借机整顿吏治。他还曾下诏对豪家大族、外家公主等各级贵族的昧利贪财现象予以严厉批评。高洋统治时期，北齐王朝的腐败现象得到了一定的抑制，因此政治相对稳定。这一时期，也是北齐王朝国力最强的时期。北齐在对北方及东北、西北游牧民族的战争中都取得了胜利，获得了大量的人口及牲畜。同时，高洋还利用南朝的政治动荡，与萧梁大将王僧辩联手，要立萧衍的侄子萧渊明为傀儡皇帝。虽然最终目的没有达到，但却趁机将北齐的势力向南一直扩展到了长江的北岸。高洋统治时期，北周因害怕北齐在冬天利用黄河结冰突然渡河进攻，所以一到冬天，就会派出很多人沿河将冰捶碎。但是高洋在位仅十年，而且他也不可能从根本上以损害边镇鲜卑贵族的利益为代价，来达到改良北齐政治的目的。

559年，高洋病死，他的太子高殷因为有汉人血统而被鲜卑贵族废掉。之后，高洋的两个弟弟高演（孝昭帝）与高湛（武成帝）先后继位，他们的统治时间都非常短，而且都是由鲜卑贵族全面地控制着王朝的政权。565年，高湛死，其子高纬继位，是为北齐后主。后主高纬在位时，北齐王朝政治更趋腐朽。后主高纬有相当严重的社交恐惧症，他言语涩讷，不喜见朝士，见了也没话说。而且在朝廷议事时，很怕大臣们直视他。所以王朝的公卿

①　《北齐书·杜弼传》。

大臣们在奏事时，都"莫得仰视，皆略陈大指，惊走而出"①。能与他沟通的，都是他所宠私昵狎的近臣。这样的政治，焉得不日趋衰败。后主高纬的生活还十分奢侈，他的后宫为制作一件衣裙，便要耗费掉大量的丝帛，而且是后宫上下竞为新巧，朝衣夕弊，造成了大量的浪费。他修造了无数的宫苑，为达到穷极壮丽，都动用了大量的人力与物力，但他又喜好无常，常常是既成便毁，数毁又复。后主高纬佞佛，他在晋阳的西山开凿佛像，一夜的照明就要用油万盆。他不与大臣在一起讨论国家大事，而是整天与所宠幸的妃子及宦官们在一起鬼混，过着穷奢极欲、浑浑噩噩的生活。他曾自作琵琶曲，取名为"无愁"。近侍们为了邀宠，也都纷纷唱和，因此民间称他为"无愁天子"。他所宠爱的近臣，封官拜爵者不计其数，甚至连一只斗鸡，也被授予了"开府"一职。而忠信贤能的人士，却不能得到委用。在后主高纬的腐朽统治下，北齐的国力迅速下降。以至于在与北周的对峙中，每年的冬季，北齐反要派出大量人力去黄河凿冰，以防止北周军队会突然渡河发起进攻。577年，北齐在北周、南陈及突厥三方的夹击下，终至灭国。从高洋550年称帝至此，北齐王朝一共存在了28年。

3. 北齐的经济

北齐政权存在的时间虽然不长，但为了巩固王朝统治的需要，对于社会经济的发展还是比较重视的。为了发展农业，北齐王朝曾在564年（武成帝高湛河清三年）颁布过均田令。北齐的均田制从内容上看，继承了北魏均田制的各个主要方面，但在制度的一些具体规定上则做了变动。如成丁受田的年龄，北魏为十五岁，北齐则为十八岁。北魏的麻田不许买卖，北齐的麻田与桑田一样，都是可以买卖的永业田。对于也要授田的奴婢及耕牛，北魏没有数量上的规定，而北齐则在数量上做了一定的限制。此外，北齐官员受田的范围，也要比北魏时期广泛得多，除地方官员外，中央的各级官员，上至一品大员，下至禁宫中的普通卫士等，都有相应的授田规定。均田制的推行，有利于抑制豪强大族对土地的侵占，并使大量荒地得到开垦和重新利用。劳动力与土地结合的加强，对北齐农业的发展发挥了积极的作用。

北齐除通过推行均田制来向农业投入劳动力外，还在各地大量实行屯田，由国家直接组织农业生产。北齐王朝的中央设有屯田曹、典农署等部门，都是负责屯田事务管理的机构。在地方的州、郡、县也都设置了都使、

_____

① 《资治通鉴》，卷一七二。

子使等官员，负责管理具体的屯田事务。而且在每年的年终，都要以屯田的产量来考核都使、子使的政绩。北齐的屯田，在边境地区实行得很有成效，因此北齐的边防军队粮食都相当充足。如与南朝对峙的淮南地区，屯田的收入，一岁能够达到数万石，因此"淮南军防，粮廪充足"。在北境幽州，更是岁收稻粟数十万石，由此也使"北境得以周瞻"①。

为了增加政府的财政收入，早在544年还是高欢专制东魏政权的时候，就曾组织过一次大规模的检括户口活动。这次活动共检括出无籍之户六十余万，还有大量侨居外州郡的，也都被遣送回本地。这次检括户口，对于北齐政权建立后征收赋税与徭役提供了比较准确的依据。此外，北齐王朝还对北魏基层组织管理的三长制度进行了改革。北魏的三长制，是五家为邻，邻设邻长；五邻为里，里设里长；五里为党，党设党长。至北齐时改成十家为比邻，五十家为闾里，一百家为族党。北魏的一党之中，有党长一名，里长五名，邻长二十五名，共三十一名基层官吏。这些基层官吏根据政府的规定，不仅可以免除掉自己所承担的各种国家负担，而且还能根据不同的级别免除一定数量亲属的赋税及徭役。所以北魏时期的地方大族，大都通过担任三长的方式来逃避赋役，使王朝的利益受到较大的损失。而北齐的一党之中，则设党族一人，副党一人，闾正二人，邻长十人，只剩下十四名基层官吏。虽然北齐时一党的规模较北魏时要略小，但其基层官员的减少幅度要大得多。北齐王朝通过削减基层官吏的数量，也获得了更多的赋税及徭役来源。

北齐所控制的地区，包括今天的河北、山东、河南、山西及江苏、安徽的北部，这里是秦汉以来社会经济最为发达的地区。虽然这里战乱频仍，但是只要能保证一段时期的社会稳定，社会经济就会较快地恢复并发展起来。北齐王朝建立之初，王朝政治比较稳定，它的社会经济也获得了较大的发展。例如在文宣帝高洋统治的天保年间，就有了所谓"外内充实"②的称誉。不过，北齐王朝推行均田制及检括户口的活动，因为不敢损害边镇鲜卑贵族及各地世家大族的利益，所以都进行得不彻底。史载推行均田令后的北齐，仍然还是"富有连畛亘陌，贫无立锥之地"③的景象。至于河渚山泽，肥饶之处，都为豪族所霸占，编户齐民的普通百姓，是难得一垄的。

① 《隋书·食货志》。
② 《北齐书·本纪总论》。
③ 《通典·田制》引《关东风俗传》。

这些状况不仅严重阻碍了北齐社会经济的进一步发展，而且激化了社会矛盾，使北齐王朝在与北周的竞争中最终归于失败。

四 北周的统治

1. 北周的建立

北周建立者是北魏末年兴起的宇文泰政治集团。宇文氏本东胡人，与鲜卑人有别，但因为长期与鲜卑人居住在一起，所以已经被鲜卑化，并世代担任鲜卑人的一名酋长。北魏在北部边境设置六镇，宇文氏也是六镇兵户之一，居于武川镇。宇文泰的父亲宇文肱，曾参加破六韩拔陵的起义军，失败后被安置在定州。边镇降户在河北再度起义时，宇文肱又加入鲜于修礼的起义军，后战死在定州。

宇文泰跟随父亲参加了鲜于修礼的起义军，之后又从属葛荣领导。葛荣战死后，宇文泰与大批降户一起被迁至晋阳。宇文泰骁勇善战，18岁时就已被葛荣升为将军，在军中颇有威望，所以后来也为尔朱荣所赏识，被任为统兵之将。尔朱荣派尔朱天光、贺拔岳及侯莫陈悦等人领兵西征万俟丑奴时，宇文泰也随军进入关中地区。尔朱氏失败后，贺拔岳等人率领入关的六镇之兵，就成为唯一能与高氏集团相抗衡的军事力量。此时，宇文泰已经升任为贺拔岳关西大行台的左丞，负责行台的军政事务，参与到关陇军事力量的核心之中。北魏孝武帝想利用贺拔岳来对抗高欢，宇文泰也是重要参与者之一，他曾作为使者到洛阳与孝武帝合谋征讨高欢。及另一位关陇军事集团的重要人物侯莫陈悦杀掉贺拔岳，要依附高欢时，宇文泰则统领贺拔岳的军队，击杀了侯莫陈悦。魏孝武帝遂以宇文泰为关西大行台，统领屯驻在关陇的军队。至此，宇文泰遂成为能够左右北魏末年政坛的重要人物之一，也是唯一能与高氏集团相抗衡的力量，因而深得魏孝武帝的倚重。

534年7月，孝武帝借征讨南朝为名，调集大军，准备讨伐高欢，但当高欢率大军渡过黄河后，孝武帝知道难以匹敌，就投奔了关中的宇文泰。同年12月，宇文泰将难以控制的魏孝武帝毒死，另立一同入关的孝文帝的孙子元宝炬为帝，是为西魏文帝。从此，北魏分裂成东魏与西魏。文帝封宇文泰为都督中外诸军事、录尚书事，不久又进封他为柱国大将军、太师、大冢宰等，宇文泰成为西魏王朝的实际统治者。东、西魏对峙时，双方曾发生数次大战，互有胜负。550年，高洋初称帝，宇文泰想借"勤王"的名义趁机讨伐北齐，但得知北齐军容齐备，就不战而退了。这以后的数年里，双方没有发生重大的战争。

556年，宇文泰病死，西魏恭帝命泰子宇文觉继续担任西魏太师、大冢宰一职，同年12月又封他为周公。宇文觉随即废掉了魏恭帝，自己称帝，国号为周，史称北周，宇文觉就是北周闵帝。

宇文觉虽然即皇帝位，但北周大权却掌握在他的堂兄宇文护的手中。原来宇文泰的诸子，都比较年幼，所以当他专制西魏政权的时候，就不得不用其长兄的两个儿子宇文导及宇文护来帮助自己控制西魏政权。宇文导被任命为陇右大都督，但先于宇文泰而死，所以当宇文泰去世的时候，就委命宇文护来协助自己的儿子宇文觉继续控制西魏政权。宇文护久经战阵，也有比较丰富的政治经验。在他的支持下，宇文觉才得以废掉西魏恭帝，建立北周政权。北周建立后，宇文护又除掉了与宇文泰同时的一些西魏旧将如赵贵、独孤信等人，巩固了北周的政权。宇文护因此而得任北周大冢宰，并封晋国公。宇文护既掌握了北周的军政大权，野心随之膨胀。不久，他就将北周闵帝废杀，立宇文泰的另一个儿子宇文毓为皇帝，是为北周明帝。明帝在位仅仅四年，到560年，宇文护又将他毒杀，另立宇文泰的第四子刚满18岁的宇文邕为皇帝，是为北周武帝。宇文觉、宇文毓及宇文邕统治的前十二年里，北周的政权完全是由宇文护来操控，他对于王朝的政治，达到了"事无巨细，皆先断后闻"的程度，是北周的实际统治者。①

宇文护的专权当然引起了逐渐长大的北周武帝宇文邕的不满，但宇文邕精明能干，知道与握有实权的宇文护硬拼，不会有好的结果，所以一直隐忍未发。572年，当宇文邕觉得自己的准备确已充分的时候，才在这年的3月趁宇文护进宫朝见太后，借机将他杀掉，夺回了北周的大权。北周武帝宇文邕是南北朝时期著名的君主，他统治北周期间，在政治、军事及社会文化等诸多方面都实行了一些有利于加强北周政权的改革措施，并最终完成了北方的统一。当然，在他之前，宇文泰掌握西魏大权的时候，就已经在许多方面开始了积极的变革。因此，北周的改革，事实上是宇文泰与宇文邕父子两人共同完成的。而协助他们父子进行改革的主要策划者，则是大臣苏绰。

2. 北周的政治

宇文泰及宇文邕统治下的西魏及北周政权，在政治上有两个方面值得

---

① 《周书·晋荡公护传》。

注意。一是他们对官僚制度进行了较大规模的变革；二是他们都致力于打破汉族与鲜卑的界限，使北周王朝形成一个以地域为特征的新兴官僚政治集团——关陇集团。

北周王朝对中央官制进行了较大的改革，它以儒家经典《周礼》所载的"六官"为纲领，也将北周的中央机构分成六大组成部分。其中天官府的首长是冢宰，地官府的首长司徒，春官府的首长是宗伯，夏官府的首长是司马，秋官府的首长是司寇，冬官府的首长则是司空。《周礼》所载的六官体制，具有一定的理想成分，也不尽能够适应秦汉以后的国家事务，所以北周的官制改革，还要吸收秦汉官制的一些内容。但北周通过这种利用儒家经典而进行官制改革，博得了汉族士大夫的好感，同时反映出北周统治者虽然与北齐统治者一样，都是出身边镇的鲜卑贵族，但对汉族先进的统治文化的态度却截然不同，他们是要积极学习这一先进文化的。

北周王朝还将官吏的等级划分为十八命，也就是十八级。它以正九命为官员的最高等级，九命次之，正八命再次之，以下依次则是八命、正七命、七命、正六命等，一直到正一命、一命为结束。一命是官员的最低等级。当时北周王朝像柱国大将军之类的职务，是正九命，也就是在当时的官僚体制中，占据着最高的一级。至于骠骑、车骑将军等，则是九命，也就是第二级。各州的刺史则要根据州的户口数来定等级。三万户以上的为正八命，二万户以上的为八命，一万户以上的为正七命。

为了加强中央集权，北周还对所属地方的高级官员权力进行限制。东汉末年以来，刺史一级的高级地方官员除拥有治民权外，还都有治军带兵的权力。所以刺史之下，有两套僚属系统，一为文职系统，二为武职系统。这两套僚属系统的吏员，都由刺史自行任命。所以导致东汉末年以来，刺史一级的地方官员，很容易就形成为地方割据势力。北周时期，为了防止地方的刺史发展成为军事割据势力，就对这种旧的置吏体制进行改革，将刺史任命武职系统吏员的权力全部收归中央所有，只给这些地方官员保留了任命文职吏员的权力。这种改革，对于北周政治的稳定是有积极意义的。

对于官员的选举，北周王朝采取的仍是魏晋以来的九品中正制度。但针对上品无寒门、下品无世族的现象，北周王朝提出了要罢门资之制的选官主张，主张要不限阀阅，唯才是用。例如，苏绰在上奏给宇文泰的《六条诏书》中就指出："苟得其人，自可起厮养而为卿相，伊尹、傅说是也，而况州郡之职乎！苟非其人，则丹朱、商均，虽帝王之胤，不能守百里之封，而况于公卿之胄乎！"①北周时期，虽然还没有能够建立起新的官员选拔制度，但通过对罢门资之制的强调，还是能够产生一定的积极效果的。

　　与北齐相比，北周政治发展的一个明显不同，便是统治阶级内部鲜卑人与汉人民族界限的逐渐消失，代之而起的是一个以地域为主要特征的新兴官僚政治集团——关陇集团出现。前文已述，北齐政治的发展，始终贯穿着六镇鲜卑贵族对汉族官僚的抑制与打压这一线索。统治集团内部的分裂自然十分不利于王朝政治的稳定。宇文泰在专制西魏政权时，就致力于消解外来鲜卑贵族集团与本地汉族官僚集团之间的矛盾与对抗。他一方面赐予关中的汉族豪右以鲜卑姓氏，如苏椿被赐姓贺兰、李穆被赐姓拓跋、令狐整被赐姓宇文，等等；另一方面他又将鲜卑人的籍贯由原来的河南郡改为京兆郡。这样，就逐步混淆了关中的汉族豪右与西迁入关的鲜卑人之间的隔阂，使他们相互融合到一起。除了这两大来源不同的官僚集团外，宇文泰的政权中还有一些来自于山东地区的汉族官僚，宇文泰对他们也是一视同仁，毫不排斥。宇文邕统治时期，对来自于鲜卑族与汉族的官员，也都是不加区别地同等对待。是以在北周的政权中，既有出自鲜卑人之元氏、宇文氏、长孙氏、于氏、陆氏、源氏、独孤氏、窦氏等族姓的贵族，也有来自于陇右、河东及山东汉人之韦氏、杨氏、苏氏、李氏、侯氏、裴氏、柳氏、薛氏、崔氏、郑氏及卢氏等族姓的官僚。这些来源不一、族属不同的贵族官僚，在北周政权的内部已经结成为一个新的官僚政治群体，即关陇集团。

　　关陇集团的形成，避免了北周政权统治阶级内部汉族与鲜卑族两大政治集团之间的相互消耗，有效地防止了剧烈的政治动荡的产生，有利于北周王朝政治的稳定。它不仅对北周统一北方发挥了积极的作用，对隋唐政治的发展也产生了深远的影响。关陇集团的杨氏，后来建立了隋王朝。而这一集团的李氏，则建立了唐王朝。隋时唐初的不少将相，也都出身于这一集团。

　　3. 府兵制度的建立与变化

　　北周的军事改革，除了收回地方高级官员任命武职吏员的权力，加强王朝中央对军队的控制外，最重要的军事建设就是建立起府兵制度。

　　府兵制度作为一种军事制度，是因其基本的军事组织单位称"开府"而得名。550 年（西魏大统十六年），宇文泰改革西魏中央军制，一共设置了八

---

　　①　《周书·苏绰传》。

个最高级别的军事官员，称柱国大将军。其中宇文泰自己早在 537 年就已经被任命为柱国大将军，另一位西魏宗亲广陵王元欣则在 548 年被任命为柱国大将军。因此其余六位柱国大将军李弼、于谨、赵贵、独孤信、侯莫陈崇、李虎则为同时新命。宇文泰虽然设置了八位柱国大将军，但实际的军队却只有六支，分别由六位新任命的柱国大将军统领。广陵王元欣，只任虚职，并无实际领兵权力。宇文泰自己虽然也是一位柱国大将军，但他实际上是全国的军队统帅，所以也不单领一军。新任命的六个柱国大将军，每位下设两名大将军，每个大将军又各统两个开府。这样，十二个大将军，一共统领二十四个开府。开府是这一军事体制中最基本的组织单位。每一开府中设置了两位仪同，负责开府中具体的军政事务。西魏末、北周初，一个仪同领兵一千，因此一个开府就有士兵两千人，二十四个开府则有士兵四万八千人。这支军队就是北周历史上的府兵。

北周的府兵体制，既有鲜卑人部落兵制的痕迹，又受到汉族"六军"兵制的影响。拓跋鲜卑初入中原时，为了组织并加强其军事力量，就按照其原来的部落体制，建立了所谓的"八部"军事体制。八部之制下，一共设有八个军，每个军有五千人，其中将官有四十六人。八部之制下的士兵，都是由拓跋鲜卑游牧部落的成员转化而来。这是一种典型的兵牧合一制，部落成员战时为士兵，平时则为牧民。北魏入主中原之后，拓跋鲜卑的生活方式逐渐由游牧转化为定居农业，八部之制也就逐渐涣散。但直到北魏末年，这种八部之制下的军府还仍然存在。宇文泰设置八个柱国大将军，实际上是仿照北魏历史上的八部之制而来。但八个柱国大将军共领军六支，则又是受了中原汉族自古以来天子"六军"之制的影响。宇文泰不仅在形式上仿照了拓跋鲜卑的部落体制，他还试图在这个军事体制中重建部落内部的组织关系，希望借此加强这支军队的战斗力。因为在部落体制下，部落成员之间都是同姓的血缘关系，每一名普通的男性部落成员都是天然的战士，为部落作战也就是为自己作战，因此战斗力极强。宇文泰在建立这支府兵的时候，就以属下诸将中功高者为拓跋原统三十六国之后，次功者为拓跋九十九姓之后。由于许多拓跋鲜卑的族姓已经无人继承，所以宇文泰就将这些姓氏赐给他的诸将。如李弼被赐姓为徒何氏，李虎被赐姓为大野氏，杨忠被赐姓为普六茹氏，赵贵被赐姓为乙弗氏，王雄被赐姓为可频氏，等等。不仅如此，这些将军还都成为这些族姓的"宗长"，也就是族长。而他们所统领的士兵，也都随着统领将军而改姓某某拓跋鲜卑的族姓，成为这些族姓的"后人"。宇文泰通过建立这种军事体制，使士兵与将军的关系变成了族人与族长的关系。虽然事实上的部落组织关系是无法重建的，但是宇文泰通过这种办法，也确实在一定程度上改善了北魏末年边镇士兵"役同厮养"①的悲惨境遇，使府兵带有原始社会末期部落战士的色彩。

北周的府兵另有军籍，不落地方户籍。他们居处不定，随大军转战南北，没有一般人的乡里籍贯，自然也就不会拥有自己的土地，因此他们不从事农业生产，不需要向国家缴纳赋税，也不需要承担其他的徭役。他们是职业的士兵，战时出征，平时的任务就是在每个月中有半个月负责宫殿的守卫，"十五日上，则门栏陛戟，警昼巡夜"。另外半个月则进行军事训练，"十五日下，则教旗习战"②。府兵的武器装备，除需自备一副弓刀外，其他的军事器械都由国家供给。由于待遇很好，训练又精良，再加上府兵内部按部族关系进行组织，所以这支部队作战起来，往往能上下一致，同仇敌忾，因而具有很强的战斗力。

宇文泰初建府兵时，其主要兵源是六镇的鲜卑及关陇的豪右，而且主要采取招募的形式获得。府兵的数量有限，"六柱国共有众不满五万"③，是一支由王朝中央直属的禁卫部队，规模并不特别大。但随着对外战争的频繁发生，北周王朝开始将府兵的规模扩大。573 年，北周武帝宇文邕刚刚取得实际的统治权力，为加强手中直接控制的军事力量，就大规模地招募汉族百姓充任府兵。由于充任府兵就可以免除地方上的户籍，从此不必承担繁重的赋役，所以百姓都踊跃报名参加府兵，"是后，夏人半为兵矣"④。府兵规模的迅速扩大，导致了两个方面的问题，一是大量府兵除去了县籍，使地方赋役的征收出现困难；二是府兵规模的扩大，也使王朝中央的财政难以维持。因此北周武帝就在推行均田制的基础上，对府兵制度做进一步的调整。新的制度规定，六户中等以上的人家，家有三丁者，需选出一人充任府兵。这种府兵，也是除去了县籍的职业士兵，因此不再需要从事农业生产，但他又不再是由国家来供养，而是由这六个均田户来共同供养。经过北周武帝改革后的府兵制度，既保留着兵农分离的特点，又带有兵农合一的性质。这些由均田户共同奉养的府兵，一般都就近安置在各个地方。这样，各地的郡县也开始设置土著的军府。经过北周武帝的军事改革，府

---

① 《北齐书·魏兰根传》。

② 《北史·李弼、宇文贵、侯莫陈崇、王雄传》。

③ 《玉海》卷一三八引《邺侯家传》。

④ 《隋书·食货志》。

兵的来源大大增加，北周府兵的规模也发展到了二十万人。正是靠着这样一支战斗力很强的府兵，北周政权才最终统一了北方。

4. 毁佛废道，倡导儒教

佛教自东汉传入中原以来，发展迅速，尤其是魏晋南北朝时期，佛教已经深入地影响到社会的各个阶层及社会生活的各个方面。与此同时，中国本土宗教道教也在这一时期逐渐形成并取得很快的发展。宗教信仰的发展，给当时造成了十分严重的社会问题。统治阶级供佛信道，浪费了大量的社会财富，加剧了本来就已经十分尖锐的社会矛盾。被统治阶级崇信佛道，则使国家丧失了大量的赋役来源，不利于政权的巩固与稳定。正是在这种背景下，北周武帝开始对佛教进行严厉的打击，史称"毁佛"运动。

569 年，宇文邕召集名儒、名僧及名道士，并王朝的文武百官有二千余人，讨论儒、佛、道三教的优劣。最后定儒教为先，佛教为后。以后，又有人指斥道教的剽窃与虚诞。这样，到 574 年，宇文邕遂下令毁断佛道二教。这次毁断佛道不仅迫令沙门、道士还俗，还烧毁了大量佛道经典，捣毁了众多佛道的寺庙与塑像。佛道二教的财产，也都散给了王侯公卿。"三宝福财，散给臣下，寺观塔庙，赐给王公。"①这次毁佛废道，主要在北周控制的区域内。等到北周统一北方，宇文邕又在北齐统治的区域内进一步毁灭佛教。这次毁佛，仅强迫还俗的沙门就达三百万人之众。大量的寺院财产或被收归国家，或者赏给大臣。

北周武帝的毁佛废道，确实使国家从两大宗教那里夺取了大量的人口与土地，使王朝的经济获得较大的改善，"自废以来，民役稍希，租调年增，兵师日盛"②。与毁断佛道同时，宇文邕在北周大力提倡儒家的伦常说教。他兴礼乐，办学校，还曾亲自召集百官，给他们讲授儒家的经典《礼记》。宇文邕的这些社会文化与社会风俗方面的改革，获得了汉族士大夫阶层的广泛拥护，也使广大百姓的社会负担有所减轻，受到他们的欢迎，因此对加强北周的统治是十分有利的。

北周政权除了在上述几个方面推行较大规模的改革外，对于发展社会经济也非常重视。早在宇文泰掌握西魏政权的时候，就已经在境内积极推行均田制与赋役制。北周颁行均田制比较得力，对破坏均田制的行为，会施以严格的惩罚，如宇文邕统治时期，就曾规定"正长隐五户及十丁以上，

① 《广弘明集》，卷八。
② 《广弘明集》，卷十。

隐地三顷以上者至死"①等等。北周王朝对地方官的考核，也以是否能够积极地劝课农桑，并帮助农民解决生产中出现的实际问题作为一项重要的标准。苏绰给宇文泰上奏的《六条诏书》，就明确要求地方官员要具体解决农民从事生产活动时所可能遇到的实际困难。如对于"单劣之户及无牛之家"，要劝令他们有无相通，互相照顾。而在"三农之隙及阴雨之暇"，就应该教导百姓种桑植果，"艺其菜蔬，修其园圃，畜养鸡豚"，以积累家庭财富，好防备天灾和人祸。总之，北周政权在宇文泰及宇文邕父子的统治下，社会政治、经济都取得较大的发展，社会风俗也获得较大的改善，军事力量更是迅速增强。在与北齐政权的对峙中，北周逐渐占据优势的地位，并最终完成了北方的统一。

五 国家的再度统一

公元550年以后，全国的基本形势从南北方来看，南方王朝的政治日趋腐朽，北方政权通过政治、军事方面的改革，逐渐在这两个方面都取得较大的优势。仅从北方看，则是北周的国力呈不断上升趋势，而北齐的国力呈不断下降趋势，最终由北周完成了统一北方的历史使命，同时也吹响了统一全国的号角。

1. 北周统一北方

572年，当宇文邕杀掉宇文护，夺回北周王朝最高统治权，并迅速在政治、军事及文化习俗方面推行改革之时，北齐却正处在后主高纬的统治末期，王朝的政治日趋腐朽，经济濒于崩溃，军事力量的衰退更是一日千里。

575年7月，宇文邕第一次征伐北齐。他亲率六万大军，同时命宇文纯、司马消难、达奚震为前三军总管，宇文盛、侯莫陈琼、宇文招为后三军总管，再加上杨坚、薛迥及李穆各率一路人马，共十八万大军一起杀向北齐。北周军队一开始进展顺利，8月，即攻克了河阴。随后，北周又集中军队围攻洛阳的金墉城。从北魏以来，历代王朝就不断对金墉城内的军事设施进行加固，所以宇文邕的北周大军猛攻了二十多天，也没能将此城攻破。这时，宇文邕在军中染病。而恰在此时，高阿那肱所率的北齐援兵也赶到了，军事形势对北周军队很是不利。在这种情况下，宇文邕下令军队西撤。北周军队撤回关中以后，此前占领的北齐城镇又全被北齐夺回，北

_____

① 《周书·武帝纪》。

周的第一次伐齐遂告失败。宇文邕的第一次伐齐,在战略上是有问题的。北周军队的进攻矛头,不是指向北齐王朝的统治中心,而是针对它的外围军事重镇。这种战略即使取得成功,也不会对北齐的统治构成根本性的威胁。而如果一旦不成功,就会大量损耗北周王朝的军事力量。好在当北齐援兵赶到时,北周没有在金墉城下与之展开持久战,否则就有可能使北周王朝在与北齐王朝进入决战之前,就损失大量的人力物力。

北周第一次伐齐虽然失败,但自己的军事实力并没有受到太大的损伤。所以仅过了一年,577 年 10 月,宇文邕即进行第二次伐齐战争。这一次宇文邕接受了大臣们的建议,不攻河南,而是从蒲州渡过黄河,直接向北齐的政治中心晋阳发起进攻。10 月 3 日,宇文邕再次亲率十四万五千人的大军向北齐发起进攻。10 月 11 日,当北周军队正在步步进逼晋州州治的所在地平阳郡的时候,北齐后主高纬却领着冯淑妃在天池(今山西宁武西南管涔山)与大臣们一同打猎。这时,晋州的告急文书一上午就来了三次,可是右丞相高阿那肱却训斥使者说:"皇帝正玩得高兴呢,有什么可着急的!"后主高纬听说了晋州告急的军情后,便想早点返回晋阳,可是冯淑妃却要求"更杀一围"①,然后再走。就这样,一直到 10 月 18 日,高纬才回到晋阳。19日,高纬开始在晋阳的晋祠集结军队,但北齐军队的行动相当迟缓,直到25 日,十万援救大军才出发前往平阳。然而等不到北齐军队到达平阳城下,27 日,北周军队即攻克了平阳,俘获北齐平阳城主行台仆射海昌王尉相贵。宇文邕攻克平阳后,又立即分兵攻取了洪洞与永安,以巩固平阳的外围防守。这时,北齐的援救大军也日益逼近平阳。宇文邕看到北齐军队来势凶猛,没有立即在平阳与北齐军队展开决战,而是任命大将梁士彦为晋州刺史,领一万精兵留守平阳,然后将北周军队的主力向南撤退到玉璧附近(今山西稷山南)。

11 月 3 日,高纬率北齐军主力到达平阳城下,随后向平阳的北周守军发起猛攻。北周军队在梁士彦的率领下拼死守城,使北齐军队猛攻一月有余,没有取得任何实质性的进展。北齐军队久攻不下,士气受到很大的影响。这时,宇文邕决定反攻。12 月 6 日,两军在平阳城外决战,结果北齐军队大败,除人员损失一万有余外,更丧失了大量的军械物资。北周军队解了平阳之围,随后又攻取了高壁、介休等北齐城镇。平阳一役,北齐军队的主力已被打垮,再无能力与北周进行大规模的作战。

---

① 《北史·北齐冯淑妃传》。

高纬逃回晋阳后，知道晋阳已不可守，就立即逃往邺城。在邺城，他将皇位传给了自己仅 8 岁的儿子高恒，自己则称太上皇。高纬此举，是想开脱自己的亡国责任，并好逃往南陈。577 年初，北周军队攻克邺城，高纬则在逃往青州的路上被北周军队俘获，北齐就此灭亡。北齐从 550 年高洋正式建国，至此时灭亡，立国凡 28 年。宇文邕消灭高纬后，又迅速剿灭了北齐各地的反周势力，统一了北方。

2. 隋代北周及灭南陈

北周武帝宇文邕进攻北齐时，南陈也趁机派兵攻占了北齐的淮南。是以宇文邕攻灭北齐后不久，就向南陈发起进攻。南陈的军队不堪一击，连大将吴明彻也被北周俘虏。这样，北周军队很快就夺取了淮南之地，并进一步将北周的疆域一直延伸到长江的北岸。

578 年，宇文邕病死，子宇文赟继位，是为北周宣帝。宇文赟做太子时，就骄奢淫逸，而且尤喜饮酒。但那时武帝宇文邕管教很严，所以他还不敢大胆妄为。现在自己做了皇帝，没有人能管得了，自然就肆意作为起来。他杀掉了数位昔日宇文邕身边的干练大臣如宇文宪、宇文神举、宇文孝伯等，却提拔了郑译、刘昉等佞臣，整日在宫中饮酒作乐。他纵情声色，即位不久，就搜括天下美女，来充实后宫，还规定"仪同以上女，不许辄嫁"①，得由他先行挑选。他只做了一年的皇帝，就将皇位传给自己的儿子，年仅 7 岁的宇文阐，是为北周静帝，自己却做起了太上皇，并自称天元皇帝，而这时他才不过 21 岁。580 年，宇文赟病死，宇文阐年幼，北周王朝的大权遂落入宣帝宇文赟的嫡妻杨氏之父杨坚的手中。

杨坚祖先本居弘农，北魏初期，杨坚的五世祖迁居武川，成为北魏六镇兵户。杨坚父杨忠，骁勇善战。宇文泰在西魏建立府兵，置八柱国，杨忠即为其一。杨氏由此成为北周关陇统治集团的一员。杨忠死后，杨坚继承父爵受封为随国公。后因女儿被立为皇后，杨坚被授予大司马及右司武等重要军职，掌握了王朝的兵权。宣帝宇文赟死后，杨坚被任命为大丞相，实际控制了北周王朝的政权。杨坚为了夺取北周的政权，首先大杀宇文氏宗室，后来又镇压了尉迟迥、司马消难、王谦等人在各地的反叛。581 年 2 月，杨坚废掉了北周静帝，自称皇帝，国号隋，改元开皇，北周至此灭亡。从 557 年宇文觉正式称帝，到此年灭亡，北周立国凡 24 年。

杨坚虽是依靠外戚的身份通过篡权的方式建立了隋王朝，但无论从哪

---

① 《周书·颜之仪传附乐运传》。

方面看，他都确实可以称得上是一位英明的君主。隋朝建立之初，北方遭到突厥的威胁，统一全国的条件不成熟，杨坚就与南陈修好关系。等到突厥的寇扰减轻，他就立即着手南灭陈朝的准备。588年，杨坚派出五十万大军大举伐陈。隋军进展顺利，不久就逼近了陈朝的首都建康。而此时陈后主却认为长江天堑，足以抵挡隋军的进攻，他还信什么建康是王气所在的说法，更加不做军事的准备。589年初，隋将韩擒虎、贺若弼等人分别从采石、京口等地渡过长江，很快就将建康攻克，并将仍在后宫与宠妃们饮酒歌舞作乐的陈后主俘获。至此，隋王朝结束了魏晋南北朝近四百年的长期分裂，最终完成了全国的统一。

第五章　思想文化

魏晋南北朝时期，虽然国家分裂割据，人民饱尝战乱之苦，但思想文化的发展却仍然在继续着。政治混乱，社会动荡，士族地主势力畸形发展以及少数民族入主中原等因素，使得文化发展获得了在汉代大一统时期难以拥有的空间和条件。在这一时期，思想、文学、史学、艺术、科技等诸多方面都得到长足的进步，并且形成了这一历史阶段鲜明的时代特征。魏晋南北朝时期，是我国古代思想文化发展的重要时期。

第一节　玄学与儒学

一　魏晋玄学

玄学清谈是魏晋时期突出的文化现象，也是中国哲学的重要组成部分。所谓玄学，是指对《老子》《庄子》《周易》这三本渊博深奥的"三玄"之书进行研究、解说之学。"玄"字，语出《老子》"玄之又玄，众妙之门"。因为这种学术的目的是探讨宇宙的本源，内容玄远，因而称为"玄学"。

玄学的产生，有其深刻的思想和社会根源。一方面，春秋战国时期的道家学说，在西汉王朝建立之初，曾在政治生活中产生过重大的影响，只是在汉武帝罢黜百家，独尊儒术之后才逐渐沉寂。经过汉末的长期战乱和政治更迭，汉代经学的正统地位发生了动摇，经学当中的"师法""家法"也开始松弛。东汉后期盛行的清议之风，也为玄学的产生预备了条件。于是，一些知识分子开始敢于抛弃儒家说教，弘扬老庄之学，并用道家的观点解释儒家的学说。另一方面，东汉末年以后，豪强割据，军阀混战，大一统国家四分五裂，豪门士族势力空前发展。这样的社会现实必然催生出一种全新的思想意识来主导知识界。曹魏末年，曹魏宗室与司马氏集团长期仇杀使得不少名士都卷入其中，很多人蒙祸送命。一些不满现实又恐惧祸患的知识分子采取了逃避现实明哲保身的态度，不问政事，转而悉心研究"三玄"之学。换句话说，生活在这样一个熙攘纷扰的时代，出身背景与政治集团纠葛很深的士族知识分子也只有恪守道家的逍遥，避免卷入政治斗争，才有可能免于牢狱之灾，获得精神上的安宁。而同时，士族豪门雄厚的经济实力也为清谈玄学提供了物质条件。

1. 何晏、王弼与正始之音

曹魏正始年间是玄学正式创立的时期，谈玄说理蔚然成风，许多名士纷纷加入，被称作"正始之音"。其中何晏、王弼二人，成为这一时期玄学的主要奠基人。

何晏，字平叔，南阳宛（今河南南阳）人，东汉大将军何进之孙。何晏母后改嫁曹操为妾，因此何晏被曹操收作养子。何晏年少时即以才秀出众而知名，后来，他也娶了曹魏的金乡公主为妻，因而官运亨通，得任尚书。何晏在政治上属于曹魏集团，因此在嘉平元年，司马懿发动高平陵事变，剪除曹氏集团势力时，何晏就遭到杀害并被灭族。何晏著有《道德二论》《无名论》《论语集解》等书。

何晏思想的中心，是"贵无论"。何晏认为，"无"是一种超越物质的虚静的本体，它创造出具体的物质世界，因此，"无"是世界万有的根源。由此出发，何晏认为，"无"也是人生行事的基本原则。何晏立论，以无为本，是一种唯心主义的本体论。

何晏是魏晋时期的大名士。魏晋时期，名士多有一些奇闻逸事，何晏也不例外。史载何晏姿容飘逸，面容洁白如玉，魏明帝曾疑其是敷粉之故，于是就在夏天招其食热汤饼。何晏吃得满头大汗，便掀衣拭面，但其面容仍然皎洁如故，让魏明帝叹羡不已。后来何晏因为饮酒作乐常常至通宵达旦，导致面容枯槁，他便服食五石散来调养，不久便觉得神清目明，精神旺盛，因此便在贵族阶层大加倡导，以致后来服食五石散之风弥漫魏晋时期，成为名士们追求的时尚行为。

王弼，字辅嗣，魏国山阳（今河南修武）人。王弼为建安七子之一王粲的侄孙，祖辈为汉三公，也是名门士族出身。他很小的时候就表现出不同凡俗的个性与能力。十几岁时，便雅好老氏，而且口才极好，通辩善言。王弼与何晏私交甚笃，何晏曾向曹爽推荐王弼，但未被重用。在司马懿诛杀曹爽、何晏时，王弼虽未被杀，但被免职，同年病逝，年仅 24 岁。

王弼虽然在很年轻时就死掉了，但他留下了大量的著作，其中有《老子注》《周易注》《周易略例》和《论语释疑》等。他对于"无"作了比何晏更为细致的解释，同时还将"儒""道""玄"三者统一起来。在此基础上，王弼进一步强调了"无"的效用，认为世界之有，都是由无派生出来的，"无"是一切事物的本源。这个作为世界本源的"无"，也就是"道"。王弼指出，道法自然，自然才是世界的根本属性，因此，儒家所倡导的"名教"，也应以自然为宗。这是玄学儒道合一观念的明确体现，用道家的观点解释儒学，将道家的自然无为与儒家的纲常名教有机地融合在一起。王弼的这一观点在当时是有着重大的现实意义的。他主张统治者顺应自然之道，实行无为而治，而百姓也笃守自然无为，不激进反抗。在当时混乱纷扰的局面下，这种观点是有利于政治稳定的。

王弼的玄学造诣精深，远远超出其同时代的玄学之士，何晏就曾经叹服说："仲尼称后生可畏，若斯人者，可与言天人之际乎！"①正始玄学思想的发展史上，王弼发挥了重要的作用。

正始年间的玄学之士，除了何晏、王弼以外，还有裴徽、傅嘏、荀粲、夏侯玄、钟会等人。他们以清谈作为玄学研究的主要形式，众人手执麈尾，口谈玄虚，相互辩难讨论。经过正始之音的流播，玄学的命题和思想逐渐在知识界形成重大的影响，随后的竹林七贤则将玄学进一步向前推进。

2. 竹林七贤与西晋玄学

竹林七贤是嵇康、阮籍、山涛、向秀、刘伶、阮咸、王戎的合称，他们是西晋时期玄学的主要代表人物。因为这七个人常常聚集在山阳（今河南修武）竹林之下，谈玄论道，酣畅痛饮，所以被人合称为"竹林七贤"。他们都崇尚老庄之学，不拘礼法，生性放达。但是在政治上，他们的态度并不相同。阮籍、刘伶、嵇康对司马氏集团采取不合作甚至敌对的态度，所以受到司马氏集团的排挤和打击，嵇康更因此而被杀掉，而王戎与山涛等则在司马氏集团中历任高官。他们提出"越名教而任自然"，只是由于司马氏集团的篡位践踏了礼教。他们在言行上诋毁名教，在生活上荒诞不经，并不是真从骨子里要破坏伦常道德，其实是不满于社会现状而又无力改变的一种表现。

西晋后期，玄学已经成为士大夫之中至为流行的哲学与生活方式。但经历了"八王之乱"和"永嘉之乱"的政局动荡后，玄学思想也受到深刻的影响。当时玄谈的领袖王衍，将早期的"贵无"之说演变成了"虚无"，而另外

---

① 《三国志·魏志·钟会传》裴松之注引何劭《王弼传》。

一些人则完全背弃名教，一味在行为方式上效仿阮籍，主张极端的放纵人性，但在思想上却没有竹林人物的深度。这一时期玄学发展中，最重要的人物是郭象。

郭象，字子玄。向秀与郭象究竟谁作《庄子注》一直是西晋玄学中的一段公案，现在还没有定论。但郭象的思想确实在《庄子注》中有充分的反映。郭象认为"无"不能生"有"，因而倡导"无无"，反对王弼、何晏等人认为"无"能化生万物的观点。郭象认为，世界万物都是各自所生，是"独化"而成，因而应各安其理。从这种自然观出发，郭象认为人的上下、君臣、贵贱等等，也都是各有定分的，因此，人只有做到安分守己，才能达到真正的适性逍遥。

3. 玄风东渡与玄学衰落

永嘉之乱后，衣冠南渡，玄学的中心随之也流传到江东。东晋时期，玄风相当盛行，王谢子弟多习玄学，王导、谢安等朝中宰辅都成为当时的玄学领袖。在士家大族几乎凌驾于皇权之上的东晋社会，世族上层人物皆重谈玄，使得玄学与政治密切相连。玄学思想深刻影响东晋政治，这成为东晋玄学的一个突出特点。而玄学之士喜爱隐逸生活，喜饮酒、服药的生活方式也成为当时的时尚，流行于整个社会。

但与正始玄学和竹林玄学人物相比，江东玄学在思想上建树不多。东晋玄学，一方面继续西晋后期与儒学相结合的趋势，另一方面开始与佛学合流。

在儒玄（道）关系上，东晋士大夫多数既主张儒玄（道）双修，又强调儒本玄（道）末。他们认为，儒学与道学虽然观点不同，但相互并不矛盾——儒家所讲人伦中的"理"，合乎道家强调的自然中的"性"，反之，人伦中的"性"也合乎自然中的"理"。其实，这种观点与东晋玄学之士多为出身世家大族的高官的身份是完全一致的，世家大族一方面要用儒家的礼教来维持当时的统治秩序；另一方面又要用玄学的适情任性来达到自己心灵的舒适，儒玄的结合正可以满足他们这两个方面的要求。

同时，随着佛教在中国的传播，东晋时期玄学和佛学开始结合起来。玄学之士将佛学的"空无"与玄学的"虚无"互相牵引比附，而当时的僧人也是出入于宫廷官邸之间，与皇帝、大臣说玄论道。玄、佛合流既是玄学在东晋的一种新发展，也是佛教在中国本土化的一种努力。

东晋之后，玄学便逐渐衰落下去。纵观整个玄学的发展，魏晋玄学之士风度优雅，个性鲜明，正始、竹林之音清丽悠远，构成中国思想史上的一段佳话。

二　传统儒学的发展

魏晋学术最引人注目的是玄学，但对于玄学的盛行和影响，也不能过于夸大。应该看到玄学是社会上层，特别是在第一流的世家大族中间流行的学术。而在此之外，传统的儒学仍然是士子研习的对象，在社会上有着相当的影响力。

东汉末年儒学最著名的代表人物是郑玄，郑玄所注的《三礼》在当时影响很大。除郑玄外，汉魏交替时期的另一位大儒是王肃。王肃的经学观点与郑玄有较大的差别。两派之间，常展开激烈的争论。魏晋时期的儒学研究，取得了很多重要的成果。今存《十三经注疏》中，有五部为魏晋学者所著。如王弼的《易注》、何晏的《论语集解》、杜预的《春秋经传集解》、范宁的《春秋穀梁传集解》、郭璞的《尔雅注》、韩康伯的《系辞注》，以及梅赜所献孔安国所传《古文尚书》等，都颇负盛名，在经学史上具有相当重要的地位。

第二节　佛教与道教

魏晋南北朝时期，是佛、道两大宗教获得空前发展的时期。佛教自东汉传入中国以来，至此期已经渡过了需要借助道家的学术思想及概念范畴来阐述教义的阶段，学者们开始直接从佛教的经典出发来阐述佛教的教义。不仅大量佛教经典被译成汉语，佛教在民间的影响也日益扩大和深入。与此同时，中国本土最重要的宗教——道教，也在佛教的刺激下，在东汉末年以后迅速发展，并形成与佛教并立的局面。

一　佛教影响的深入

东汉年间，佛教传播的中心分别是北方的洛阳与南方的建业。魏晋时期，江南地区的佛教比北方更加盛行。支谦和康僧会在孙吴政权支持下翻译了《维摩诘经》《大明度无极经》《大阿密陀经》《首楞严经》及《小品般若经》《六度集经》等大量佛经。

魏晋时期是佛教在中国发展的重要时期，除了在一般民众中间影响加大外，佛教思想和佛学理论得到了进一步的研究和传播。这一时期，佛教高僧辈出，佛经的翻译及注释活动十分兴盛。魏晋时期，著名的僧人有竺法护、道安和鸠摩罗什等。

竺法护是西晋最有成就的译经家，他祖籍月支，世居敦煌，8岁出家。除诵读佛经外，还博览《六经》和百家之言。曾游历西域各国，遍学36种语言，搜集大量胡本佛经，后居住于长安。西晋末年，避乱东向，死于渑池。他一生往来于敦煌、长安之间，历时47年，共译经150余部。

道安，俗姓卫，常山五柳（河北正定南）人，少孤，12岁出家。道安一生辗转于各地传法，有大量的信徒，在佛学史上占有重要的地位。他对《般若》和戒律方面都有很大贡献。晚年到长安后，还曾劝说苻坚西迎鸠摩罗什。道安的弟子惠远居庐山三十年，四方风闻而来，成为东晋佛门的一大宗师。

鸠摩罗什，意译"童寿"，祖籍天竺，是当时名满西域的佛学大师。公元401年，鸠摩罗什被迎进长安，受到国师的礼遇。鸠摩罗什居长安十余年间，与弟子共译大小乘经、律、论三百多卷，鸠摩罗什的译文简练精粹，流畅可读，使原著的思想内容更加清晰明白，容易为中国人所接受。因此，他的佛典译本与其他人的译本相比，流传最广，影响最大。

随着佛教的传播，佛教东西方之间的交流日益密切。到晋宋之际，僧人西去取经求法出现了一个高潮，其中以法显最为著名。法显，平阳武阳人，3岁出家，年20受大戒。在长安时，因常感佛藏不全，所以发愿西行求经。399年，他从长安出发，自敦煌渡流沙，逾葱岭，抵北天竺，尔后渡印度河，进入中天竺，最后沿恒河东下，乘船到师子国（斯里兰卡）。413年，他回到建康，带回了大批佛教经典。回国后，他住在建康的道场寺，将带回的佛教经典译出，对于佛教在中国的传播做出了重要的贡献。他还撰述了《佛国记》一书，记录了自己西行的行程和见闻。这本书不仅是了解当时沿途佛教情况的重要文献，也是研究各地历史、地理和文化概貌的宝贵材料。

南朝宋齐梁陈四代，佛教发展经历了一个日渐繁荣的过程。尤其是在梁武帝时期，南朝佛教登上了最高峰。随着佛教理论的发展，各种佛教流派在南朝开始形成。这一时期，《涅槃》经的"佛性"论在南方地区广为传播，一时间称为南方佛教界的显学。萧梁时期，鸠摩罗什的《三论》学重新兴起，为以后隋代三论宗的形成奠定了基础。另外，小乘佛教的《成实论》在法云等僧人的宣讲下形成盛极一时的成实学派。到陈时，本土僧人智𫖮率弟子二十余人入天台山，创立天台宗。天台宗的建立，标志着中国佛学开始了独立发展的道路。

北朝的佛学，与南朝存在着一些差别。南朝佛学偏重智慧，也就是义理，而北朝佛学则偏重禅定，戒律则南北并重。净土宗是北朝禅学的一个大宗，流行最广，信徒最多。净土宗下又分成弥勒净土和阿弥陀净土两派，信徒都是念佛修禅定，希望死后往生净土。净土宗除了主张心念、口念佛号之外，还劝富人出钱财，修像建塔，大修功德。在北朝，大量的佛教造像和艺术品都是净土宗盛行的产物。北朝佛学的另一大派是禅法。禅法主张寂坐修心，不重讲经。北魏时，天竺僧佛陀禅师来到平城，得到魏孝文帝的礼敬，孝文帝迁都洛阳后，在嵩山为其修建少林寺。至魏宣武帝时，南天竺僧菩提达摩来到洛阳，北朝禅学由此进入更发达的阶段。菩提达摩所修为大乘虚（空）宗的禅法，达摩的禅学与老庄清静无为的思想颇为类似，在当时混乱动荡的社会环境下，成为禅学的主流，达摩成为禅宗的始祖。禅宗主张心无执着，使思想从各种拘束中解脱出来，也就否定了自身以外的佛教各派别。达摩创立禅宗，在佛教史和中国哲学史上都是一件大事。

佛教在魏晋南北朝时期的发展和传播，不仅为中国的思想史注入了新鲜的内容，也在文学、艺术和自然科学等等方面都留下宝贵的遗产。佛教的名师高僧，都是学识渊博、思想深邃、文采斐然之士，既深通佛理，又多有玄谈家的飘逸风范，深得当时文坛欣赏。在艺术上，当时佛教的壁画、雕塑和石窟造像艺术几乎都是在佛教影响下进行的，敦煌、云冈、龙门三大石窟的开凿都始于这一时期。而在自然科学方面，如释道安、僧化等人都精通天文，还有一些僧人精通数学和医学。佛教还对当时的社会风气和日常生活也产生了深刻的影响。总之，魏晋南北朝时期，佛教经过传播和融合，开始成为中国传统文化的一部分。

二 道教的形成与早期发展

道教形成于东汉中后期。汉初提倡黄老之学，神仙方术活动频繁，两汉时期谶纬之学大行其道，源于先秦时期的道家思想结合了儒家的伦理纲常思想和传统的鬼神观念与巫术。到了前后汉交替的时候，一些方士开始被称为道士，出现一些接近于有组织的活动。东汉中后期，五斗米道和太平道的出现标志着道教的诞生。但由于原始道教最终演变为农民起义的工具，遭到了统治阶级严厉的镇压。道教要生存下去，就必须进行改革。魏晋南北朝时期，道教正是经历了这样一个改革过程，完成了从原始道教到官方道教的转化。

在魏晋道教改革的过程中，第一位重要的人物是葛洪。葛洪，字稚川，自号抱朴子，其著作有《抱朴子》《金匮药方》《神仙传》等。他通过对"仙学可致"进行论证，充实了道教理论。他提出学仙修道可以不废俗物，使统治上层能够接受道教，从而为道教的官方化打下基础。

南北朝时期，道教的社会影响力不断增加。对道教贡献最大的分别有南朝的陆修静和北朝的寇谦之。陆修静是南朝道教的一代宗师。他融合天师道与神仙道教，完成了对道教经典的整理工作，模拟佛教《三藏》编纂了道经目录，将道书分成三洞、四辅、十二类。这不仅是对道经进行分类，实际上也是初步做了道经品级高低的区分和道士阶次排列的工作。他还建立完善了道教斋醮仪轨。他的再传弟子陶弘景则以茅山为基础，经过数十年经营，将茅山发展成为上清派的中心。在北方，寇谦之则对旧的天师道进行改革。415 年，寇谦之假托太上老君降临，授其《云中音诵新科之诫》，宣布新的教法。新教法以儒家的纲常礼法为准则，清理道教组织，强调以斋功为养生求仙之本，简化道教修炼方式，规定了道教的礼仪程序。改革后的天师道很快受到北魏统治者的欢迎。

魏晋南北朝时期，不论是南方的道教还是北方的道教，都经过改造而成为官方宗教，完成了它从民间走向官方的进程。魏晋南北朝的道教虽然不如佛教阵容庞大，但也编制了大批经典，丰富了神仙长生的理论，具备了一些宗教仪式和清规戒律，形成了某些流派，足可与佛教和儒学在思想领域鼎足而立了。

三　社会精英的反宗教思想

面对佛教、道教等宗教思想大行其道的社会环境，除了官方采取一些反佛禁道的行动（如北周武帝宇文邕的灭佛）之外，社会精英中的有识之士，特别是南朝的一些知识分子等中间也出现了一些反宗教的思想。

最早提出神灭论的著名人物是东晋时期的陶潜（渊明）。他看到当时人们纷纷相信人死以后神不灭和能够通过修炼成仙等宗教思想，提出有生必有死，一切都有自然的安排。在陶潜之后，元嘉历的制定者何承天是南朝著名的反宗教思想家。何承天，生活在南朝刘宋时，东海郯（今山东郯城县附近）人。幼年从学于当时的著名学者徐广，官至廷尉、国子学博士。何承天对佛教的"神不灭""因果报应""三世轮回"说和世界"空无"论等观点都进行了批判。在《答宗居士书》中，他认为佛教讲"空无"是虚伪的，他们虽然口头上讲"空无"，而实际上"爱欲未除"，害怕"生死轮回""因果报应"，说明他们并不是把一切看成是"空无"的。何承天提出"形毙神散"，发展到范缜那里，就是著名的"神灭论"。

范缜，字子真，原籍顺阳（今河南淅川境内）。范缜是宋、齐、梁时期著名的思想家、无神论者。范缜虽出身士族，却家境贫寒。早年从名儒刘瓛学习，博通经学，尤精"三礼"，后官至尚书殿中郎。范缜为人朴素，性格直爽，勇敢而不畏权贵，常有不同于世俗的独立见解。他先后在齐、梁两朝为官，当时正值佛教盛行的时期，佛教宣扬人的富贵贫贱皆为命中注定，是前世积善行恶的因果报应。范缜则提倡无佛。南齐时，竟陵王萧子良好养士，范缜也是被他延揽的宾客之一。萧子良相信因果报应之说，曾问范缜曰："君不信因果，何得富贵贫贱？"范缜回答说："人之生如一树花，同发一枝，俱开一蒂，随风而坠。自有拂帘幌坠于茵席之上，自有关篱墙落于粪溷之侧。坠茵席者，殿下是也；落粪溷者，下官是也。贵贱虽复殊途，因果竟在何处？"[1]意思是说，人生就如同树上开的花，遇到风，花瓣便会随风飘落，自然有的会穿过窗户落在席垫之上，有的则翻过篱墙落入粪秽之旁。落在席垫上的人，就如萧子良，落入粪秽之中的人则像自己。人的贵贱际遇虽然各不相同，并没有什么因果。范缜的回答使萧子良无言以对。后来，萧子良又召集了许多僧人与范缜辩论，还是不能说服范缜，最后竟然派使者以高官厚禄劝范缜放弃自己的主张，被范缜断然回绝。

范缜主要思想反映在他的著作《神灭论》中。《神灭论》的基本思想主要是"形神相即""形质神用"。首先在形神关系问题上，范缜提出"形神相即"论。"即"就是"靠近""接近"的意思，在哲学上有"结合""涵蕴""渗透"等含义。"形神相即"强调了精神与形体不可分离。同时，范缜又断言"形存则神存，形谢则神灭"，认为精神必依附于形体而存在，随形体灭亡而灭亡。范缜反对形神为二，形神可以分离，是打破了佛教论证"神不灭"的主要根据，从理论依据上否定佛教的因果报应说。

范缜在南北朝佛教国教化的时代"盛称无佛"，坚决反佛，是王充以来最突出的唯物主义思想家，可以说是两汉魏晋以来所有神灭思想的综合者和发展者。范缜以后，还有刘峻、朱世卿、邢邵等人继续对宗教思想进行

[1] 《梁书·儒林·范缜传》。

批评和反驳。

第三节　文学与史学

一　文学

魏晋南北朝文学在整个中国文学史上有重要地位，这一时期是中国文学承上启下走向繁荣的过渡时期，在诗歌、民歌、骈文、辞赋、散文、小说和文学评论等各个方面都取得了巨大的成就。

1. 诗歌

建安时期，五言诗创作十分盛行。五言诗是汉代兴起的一种诗歌样式，但是在两汉时期，文人创作仍主要集中于辞赋，到了建安时期，辞赋的创作仍然在继续发展，但创作中心则逐渐转移到诗歌，尤其是五言诗的创作，从此奠定了诗歌特别是五言诗在中国古代文学中的地位。这一时期，诗歌创作开始了以乐府民歌为主向以文人诗歌为主的转变。建安诗歌一方面继承了汉乐府民歌的传统，另一方面又对乐府诗加以发展、改造，使诗歌的个性更加鲜明，大量优秀的诗人涌现出来，形成了中国文学史上著名的"建安风骨"。这一时期的诗歌作品内容充实，感情丰沛，在艺术风格上明朗刚健，骨力遒劲，形成了"建安风骨"的基本内涵。建安风骨最杰出的代表人物是曹氏父子及建安七子。

曹操，是中国历史上著名的政治家之一，同时也是一位著名的文学家。他的诗歌今存有 20 余首，数量不算多，但成就却很突出。曹操的诗歌继承汉乐府的传统而又有所创新。他的诗慷慨悲凉，语言磅礴大气，如《短歌行》《观沧海》《龟虽寿》等都是传诵千年的佳作。在体裁上，他四言、五言均有，皆成就不凡。曹操在文学史上的另一个重大贡献是推动了建安文学的形成。曹操作为最高统治者的身份使他对建安文学的兴盛起了决定性的作用。汉末社会动乱，文士颠沛流离，分散各地，是他将他们吸纳到自己的身边，从而形成了一个文人集团。如杨修、陈琳、应玚、王粲、邯郸淳、吴质等，都是在他的延揽下集聚到邺城的，当时繁盛的创作局面很大程度上要归功于曹操。

曹操的儿子曹丕和曹植也都是著名的诗人，曹氏父子三人，并称"三曹"，其中曹植更是突出。曹植，字子建，曹丕之弟，曾封陈思王，早年与曹丕争夺太子之位，因此在曹丕继位后长期受到压制，年仅 41 岁便郁郁而终。在建安作家中他是留存作品最多，对后世影响最大，也是后世评价最高的一位作家。曹植的诗歌现存 80 余首，辞赋、散文 40 余篇。曹植的作品是建安风骨最突出的代表，钟嵘赞誉他的诗为"骨气奇高，词采华茂，情兼雅怨，体被文质"①。

建安时期在诗歌创作上影响最大的除"三曹"外，就是"建安七子"与女作家蔡琰。"建安七子"分别指孔融、陈琳、王粲、徐干、阮瑀、应场及刘桢。七子之中，以王粲的诗歌成就最高。王粲，字仲宣，少有才名，曾避难荆州刘表，但未得重用。曹操南征荆州，王粲劝刘琮投降，后被曹操任命为丞相掾，并赐爵关内侯。王粲见蔡邕于长安，邕倒屣相迎，对他十分敬重。王粲有过目不忘之才。一次与人共行，读道旁碑，遂能背诵，不失一字。王粲著文，举笔便成，无所改定。王粲的诗，以《七哀诗》最为有名。除王粲外，其余六子也各有所长，他们与三曹共同形成了建安文学的繁盛局面。

蔡琰，字文姬，蔡邕之女，自幼受到很好的文化教育，博学有才辩，又精于音律，但却屡遭不幸，早年丧夫，战乱中被胡骑所掳，嫁于南匈奴左贤王，后被曹操赎回。这种文化教养以及不幸的遭遇，使她写下了汉末杰出的诗篇《悲愤诗》和《胡笳十八拍》。蔡文姬的诗通过一个人的遭遇，反映了汉末动乱中广大人民特别是妇女的共同命运，同时也控诉了军阀混战的罪恶，在我国文学史上有着重要的地位。

建安以后，随着社会上层玄学思潮的兴起，文风也为之一变，诗歌创作进入"正始文学"阶段。这一时期从整体来说，建安文学中那种风骨峻峭的特点已经基本消失，代之以曲折隐晦、清隽艰深的风格，对人生的思考和担忧成为作品的主调。正始诗人将抨击时事与吟咏抒情融为一体，使五言诗在艺术上进一步文人化了。

这一时期在诗歌创作中，阮籍与嵇康的成就最为突出。阮籍的代表作品是《咏怀诗》82 首，在这 82 首诗中，他表达了对人生的感慨和对礼法之士的厌恶，这与他的玄学思想是紧密交融的。嵇康则由于其个性刚烈，诗风以风清骨峻为特征，其中《赠秀才入军》18 首是他的代表作。在体裁上，阮籍以五言诗的创作闻名，而嵇康则以四言诗成就最为突出。

在司马氏执政的两晋时期，诗歌创作继续繁荣。西晋太康年间，潘岳、

① 钟嵘：《诗品》。

陆机、郭璞等人是诗坛的代表。东晋时期，诗歌创作的主要代表人物则是陶渊明。

陶潜，字渊明，浔阳柴桑（今江西九江）人，曾祖为东晋名臣陶侃，祖父陶茂曾任武昌太守，父亲陶逸做过安城太守，陶家仕宦三世，也算得上是一个有地位的贵族。但到了陶渊明这一代，父亲早亡，家世已经中衰了。陶渊明 29 岁第一次出仕，任江州祭酒，不久即因不堪吏职而辞职，后来江州又召他为主簿，他也未就任。35 岁时，再次出仕，担任荆州和江州刺史桓玄的幕僚，两年后母亲去世，便辞官还家，守丧三年。到 40 岁时，陶渊明又任镇将军刘裕的参军，后任彭泽令，不久因不愿折腰侍奉权贵而辞官，从此再未出仕，一直过着隐居的生活。

陶渊明创作了 125 首诗歌，按照题材分为田园诗和咏怀诗两类，其中田园诗的价值最大。著名田园诗有《归园田居》《和郭主簿》《于西获早稻》《怀古田舍》等。他笔下的农村田园风光和谐自然，别开生面，散发着浓厚的生活气息。他的写景多采用白描手法，稍加点染勾画，便呈现出深远无涯的意境和疏淡自然的情趣，作品往往将诗人的感受、自然的景物、人生的哲理结合在一起，构成完整的意境，平淡自然，耐人寻味。陶渊明还创作了不少咏怀诗，这些诗中贯穿着他对社会的认识和对人生的体会，表现了他对尘俗的厌恶，对腐朽统治者的蔑视。在许多诗篇中，他以松菊、孤云自比，表现出守志不阿的耿介品格，有些诗篇则流露出他乐天知命的思想。他还有一些借咏史而咏怀的作品，借对古代人物的热烈歌颂或深挚同情，抒发自己的满腔悲愤，表达自己坚强不屈的意志。

陶渊明在中国文学史上有极其重要的地位，但在当时却是默默无闻的。第一个重视陶渊明及其文学的是梁昭明太子萧统。他不仅亲自为陶渊明编集、作序，而且给予了很高评价，到了唐代，陶渊明在文学史上的地位才得到普遍承认。陶渊明的诗歌在后代广为传诵，唐、宋许多大诗人都受到陶渊明的影响。

南北朝时期，北方诗歌的发展相对比较落后，而南方则由于大批中原士人的到来，诗歌创作呈现出一派繁荣的景象。

南朝诗歌的创作主要有以下几个特点：第一，以宫廷为中心的诗人集团创作活跃。其原因是南朝帝王多喜欢文学，他们常招纳文士，进行文咏，因而形成不少的文人集团。如临川王刘义庆、齐竟陵王萧子良、梁昭明太子萧统、简文帝萧纲、元帝萧绎、陈后主陈叔宝等，都在邸府招集文士，对吟咏盛行的文学创作局面的形成产生了很大的影响。第二，文学创作上求新求变的倾向很突出，新题材、新风格不断出现。在诗歌方面，刘宋时期山水诗涌现，齐时出现永明体，梁陈时期又转向宫体等。第三，文学观念上，由"言志"转向"缘情"，作家更注重词采之美与抒情色彩，这也造成南朝诗歌的格局比较狭小，作品情感力量相对较弱有"气格卑弱"的弊病。

谢氏家族是南朝诗歌创作的重要群体。谢氏家族作为东晋时期北来世族的冠冕，不仅在政治上出现过谢安、谢玄这样的人物，在文学上也是一个人才辈出的家族。谢庄、谢混、谢惠连、谢道蕴等都以文学才能享誉当时，而谢灵运则是谢氏家族中出现的最杰出的诗人。晋宋之际诗歌由玄言向山水演变，谢灵运是其中的翘楚。

谢灵运，出生于谢氏家族鼎盛之时，自幼颇受谢玄喜爱，18岁时，袭爵康乐公，49岁时以谋逆之名被杀。谢灵运个性坦率任性、狂傲不羁，他自恃高门，在晋宋易代之际，因未被重用而常常心怀不平，特别是刘裕原为谢氏门下，深为他所不齿，就更难以在其下施展政治抱负。他一生实际上一直处于热衷于仕进和郁郁不得志的矛盾和怨愤之中，他自恃高才不肯小就，却又不甘于寂寞，于是便进退失据。内心的矛盾只好借游山玩水来消解，这也深刻影响了他的诗歌创作的题材，使他成为中国诗歌史上第一个大力创作山水诗的诗人。谢灵运的诗歌现在保存下来的有100余首，其中大部分是山水诗。诗中所描绘的大都是永嘉、会稽、彭蠡等地的自然景色。谢诗对偶句多，语言深奥典雅，从而在整体上形成富艳精工的风格。

同一时期，著名的诗人还有与谢灵运、颜延之并称"元嘉三大家"的鲍照，他的诗歌以乐府七言诗最为出色。这种七言形式，音节错综变化，隔句用韵，注重气骨，崇尚奔放美，极富创造性。自他以后，七言诗的创作才开始为南朝诗人所运用。

齐、梁时期，出现一种讲究声律与对偶、不同于古体诗的诗体，由于这种新体诗产生于齐武帝萧赜的永明年间，所以被称为"永明体"。永明体以讲究四声、避免八病、强调声韵格律为其主要特征，为唐代格律诗的产生和发展奠定了基础。

这一时期，诗歌创作上也出现艳情化、娱乐化的趋向。到梁、陈时期，逐渐形成一种轻靡艳情的诗风，由于这种诗歌的创作主要在宫廷当中，而被称为"宫体诗"，梁简文帝萧纲就创作了大量宫体诗。徐陵还奉简文帝之命，广泛收集汉魏以来的艳歌，编纂成诗集《玉台新咏》。当然，这一时期也不乏风格较为清新的诗人，如江淹、吴均、何逊与阴铿等都以清拔健朗的诗作见长。

南北朝时期，虽然南北文风差异很大，但也有相互的交流和融合。特别是庾信、王褒等南朝作家入北地以后，将南方文风的华美与北方文风的苍凉浑朴相结合，形成兼具南北之长的新风貌，对南北文风的交流和融合作出了重大的贡献，同时也对后来唐代的诗歌创作产生了直接的影响。

2. 民歌

魏晋南北朝时期，除了文人的诗歌吟咏之外，广大劳动人民还创作了大量的民歌作品。南北朝时期，是继周代民歌和汉代乐府民歌之后的又一个民歌创作高峰。同文人诗歌一样，魏晋南北朝时期南北方的民歌也因为地域和民族关系而呈现出不同的风情。其中，南方民歌以描写男女恋情为主，歌风婉约缠绵，北方民歌除了情歌以外还有牧歌、战歌等，歌风明快慷慨。

著名的《孔雀东南飞》就是魏晋时期的作品。这首民歌原名《无名人古诗为焦仲卿妻作》，辑录于《玉台新咏》。这首叙事诗共 350 多句、1700 多字。它通过焦仲卿、刘兰芝夫妻的悲剧，控诉了封建礼教、家长统治和门第观念，表达了青年男女要求婚姻爱情幸福的愿望。全诗塑造人物性格鲜明，故事情节构思精巧，语言生动朴实。从汉末到南朝，《孔雀东南飞》在民间口头传唱中经过不断加工润色，吸收了丰富的民歌叙事艺术手法和技巧，成为汉魏乐府民歌中最杰出的长篇叙事诗。千百年来，《孔雀东南飞》始终为民众所喜爱，传诵不衰。

东晋南朝，和汉代一样设有专门的乐府机关，负责采集民歌配乐演唱。南朝乐府民歌约 500 首，大部分属于清商曲辞，其中吴（声）歌 326 首，西曲（歌）142 首，神弦曲 18 首。清商曲辞以外，在杂曲歌辞和杂歌谣辞中也有少量南朝民歌。从内容上看，南朝民歌大都是情歌，而且多以女子的口吻，哀怨缠绵，形式短小，语言清新，多是五言四句，它的出现为绝句奠定了基础。

在北方，虽然文人诗很不发达，民歌却是大放异彩。北朝民歌虽然在数量上不及南朝的清商曲，但内容却丰富得多，相当全面生动地反映了北朝二百多年间的社会状况和时代特征。除了一贯的爱情主题之外，作品中有的反映人民疾苦，有的反映战争生活，有的反映北方民族的尚武精神，还有的反映北方民族的游牧生活和北国风光，如《杂歌谣辞》中的《敕勒歌》，"敕勒川，阴山下。天似穹庐，笼盖四野。天苍苍，野茫茫，风吹草低见牛羊"，短短 27 个字，便出色地描画出了辽阔苍茫的草原景象，并反映了北方民族的生活面貌和精神面貌，具有无比的魅力，不愧为"千古绝唱"。

北朝民歌中最杰出的作品要数《木兰诗》。这篇描写木兰女扮男装乔装从军的叙事诗与南方的《孔雀东南飞》同称为我国民歌史上的"双璧"。北朝民歌语言质朴坦率，风格豪放刚健，与南朝民歌形成鲜明的对比。在体裁上，北方民歌虽以五言四句为主，但同时还创造了七言四句的七绝体，并发展了七言、古体和杂言体，这是南朝民歌所不及的。

3. 骈文与辞赋

骈文是中国文学史上一种特有的文体，通篇以偶句为主，讲究对仗、声调、用典和藻饰。骈文的确定是从魏晋开始的，而在南北朝时期，骈文创作则趋于兴盛，成为南北朝时期最具有特色的一种文体。

魏晋南北朝的骈文由于过于注重形式上的华美，有内容空泛流于形式的倾向，但是其中也有一些颇有价值的优秀作品。其中孔稚珪的《北山移文》、吴均的《与宋元思书》、丘迟的《与陈伯之书》、陶弘景的《答谢中书书》以及庾信的《哀江南赋序》等都是骈文中声情并茂的佳作。

与汉代大气磅礴的辞赋不同，魏晋南北朝的辞赋篇章比较短小，但是却精品迭出。曹植和王粲、左思等都创作了曹魏时期著名的赋篇。曹植的作品《洛神赋》以浪漫的笔法和华丽的语言，描写出一个"翩若惊鸿，婉若游龙"的仙女形象，表达了作者对她的爱慕之情。全文词藻华美，一气呵成，是一篇传诵千古的绝世文章。王粲则以《登楼赋》最著名。赋中写他为消愁而登楼，由登楼所见而触发思乡恋土之情。左思的《三都赋》则是一篇万余字的大赋，由《蜀都赋》《吴都赋》《魏都赋》三篇独立又相关的三篇赋组成，描写了成都、建业、邺城三个名都的方方面面。《三都赋》写成后，豪富之家竞相传写，洛阳为之纸贵，可见《三都赋》在当时流行的盛况。陶渊明的《归去来兮辞》是东晋辞赋的代表作品。它与陶渊明田园诗的风格一脉相承，作品平淡自然，清新流畅，贴切表达了作者厌恶官场，适意隐居的思想。到了南北朝时期，在南方，由于受到骈文的影响，这一时期的辞赋在句式上逐渐骈化，从而形成了一种新的赋体，即骈赋。鲍照的《芜城赋》、江淹的《别赋》等都是南朝骈赋的佳作。而北朝的辞赋作品则以庾信的《哀江南赋》为代表。

4. 小说

小说一词在先秦时期就有出现，但最初并不是我们现在所说的这种文体，而是指一些不合大道的琐屑之谈。两汉时期，小说又泛指那些街谈巷议或道听途说，到了魏晋南北朝时期，小说则开始指鬼神怪异和人间传闻的故事。魏晋南北朝时的小说，主要有以干宝的《搜神记》为代表的志怪小说和以刘义庆的《世说新语》为代表的志人小说两大类。

魏晋南北朝时期志怪小说的数量本来很多，但大多数已经亡佚，现存完整与不完整者约有 30 余种，除《搜神记》之外，还有托名汉东方朔的《神异经》《十洲记》以及题为张华的《博物志》、托名陶潜的《搜神后记》、王嘉的《拾遗记》、王琰的《冥祥记》、吴均的《续齐谐记》、颜之推的《冤魂志》等。志人小说所描述的是历史人物的传闻轶事，也称为笔记小说。志人小说的产生与魏晋以来士族之间流行人物品评之风密切相关。这一时期的笔记小说有邯郸淳的《笑林》、葛洪的《西京杂记》、《汉武故事》以及裴启的《语林》、郭澄之的《郭子》、沈约的《俗说》等，其中现存的只有《西京杂记》和《世说新语》，而以《世说新语》最具代表性。全书按照类书的形式编排，以类相从，分为 36 门，1130 条，主要记述的是东汉至东晋时期文人名士的言行，而尤重于晋代。

魏晋南北朝小说从整体来看篇幅还比较短小，情节上比较简单，但这一时期的小说已经具备了中国传统小说的基本内容，为以后唐人传奇和宋明小说的发展奠定了基础。

二 史学

魏晋南北朝时期是我国史学取得重大成果的时期。在这一时期，史学逐渐从经学当中分离出来，出现了繁盛的局面。除了创作出多部史学史上的名著，涌现出一批著名史家之外，还生成了一些新的史学门类，像方志、谱系之学、人物传和杂记、起居注、目录学和文字学等，都在这一时期产生并获得发展。魏晋南北朝的史著数量之多，体裁之广，类目之全，都超过以往任何一个时期。根据《隋书·经籍志》记载，这一时期所著史籍有 874 部、16558 卷。虽然其中很多现在已经亡佚了，但是从保存下来的著作中仍然可以看到当时的盛况。

陈寿的《三国志》、范晔的《后汉书》、沈约的《宋书》、萧子显的《南齐书》以及魏收的《魏书》是这一时期正史的代表作。

陈寿，字承祚，巴西安汉（今四川南充）人。他年少时即师从同郡学者谯周，在蜀汉时任观阁令史。当时，宦官黄皓专权，陈寿因为不肯屈从黄皓，屡遭遣黜，入晋以后，历任著作郎、治书侍御史等职，晋灭东吴时陈寿 48 岁，开始撰写《三国志》。《三国志》是一部半纪传体的国别史。其中，《魏书》30 卷，《蜀书》15 卷，《吴书》20 卷，共 65 卷。陈寿是晋臣，晋是承魏而有天下的，所以《三国志》尊魏为正统，在《魏书》中为曹操写了本纪，而《蜀书》和《吴书》则只有传，没有纪，记刘备则为《先主传》，记孙权则称《吴主传》。但从内容来看，实际上是以魏、蜀、吴三国各自成书，如实地记录了三国鼎立的局势。《三国志》成书之后，由于叙事过于简要，到了南朝宋文帝时，著名史学家裴松之为其作注，又增补了大量材料。

范晔，字蔚宗，祖籍顺阳(今河南淅川县)，永嘉之乱后移居山阴(今浙江绍兴市)。范晔撰写《后汉书》，记事上起汉光武帝刘秀建武元年(25 年)，下讫汉献帝建安二十五年(220 年)，包括整个东汉 196 年的历史。范晔自述编纂《后汉书》的目的是"欲因事就卷内发论，以正一代得失"，明确地提出写史为政治服务。因此，范晔特别重视史论，他采用论赞的形式评论史事，还继承了司马迁"通古今之变"的编撰思想，在很多序、论中，打破朝代的断限，尽量地把某一历史现象的发生、发展及其结果描述清楚，力图有所归纳。《后汉书》大部分沿袭《史记》《汉书》的体例，又根据东汉一代历史的具体特点有所创新，新添了《列女传》《文苑传》，另外还为"逸民""独行""党锢""宦者""孝子"立传，使纪传体史书更加完备。范晔未完成《后汉书》的写作就被杀害，以后梁刘昭注《后汉书》时，因范晔曾称赞过西晋人司马彪的《续汉书》，遂取其八志以补范书之缺，故今仍称此志为《续汉志》。

梁沈约所撰《宋书》，萧子显所撰《南齐书》，北朝魏收所撰《魏书》，也都是这个时期完成的正史。此三部书虽然不及前两部，但也各有特色。如沈约的《宋书》，便收载了当时许多人的奏议、书札、文章等，反映了当时政治生活、精神生活的实况，史料价值较高。再如《南齐书》，作者萧子显生活于萧齐的王室贵族之家，可以方便地阅读当时宫中所藏历史资料，所以《南齐书》中保留了许多珍贵的原始材料。魏收的《魏书》也保存不少原始而又比较完整的史料，特别是他新创了《官氏志》和《释老志》，《官氏志》记述了许多少数民族社会发展的史实，《释老志》则详细叙述了当时佛教和道教的发展情况，是研究我国宗教史的重要文献。《魏书》里面虽有不少曲笔而被人称为"秽史"，但它的价值是不能被一笔抹掉的。

魏晋以来，由于长期分裂，各国都十分重视地方志书的撰修。晋常璩的《华阳国志》是其中影响较大的作品。《华阳国志》记述了我国西南地区的历史、地理和人物，是研究我国西南少数民族最早的一部重要作品。它涉及的地区包括现在的四川、云南、贵州、湖北和陕西各地，因为这些地区在华山之阳，故取名"华阳"。《华阳国志》弥补了魏晋时期我国西南地理沿革的空白，保存了许多西南少数民族的资料，对研究古代西南地区的经济也很有帮助。另外还有崔鸿的《十六国春秋》等也是当时的地方志著作。

除此以外，记录各地风土文物的名著还有郦道元的《水经注》和杨衒之的《洛阳伽蓝记》。

郦道元，字善长，范阳涿鹿（今河北涿州市）人。郦道元出生于官宦世家，其祖父、父亲曾多年为官。郦道元成年之后，也多次出任中央和地方官吏，到过很多地方，每到一处，他都注重调查当地的地理、历史和风土人情等，掌握了大量的第一手资料，在此基础上撰写了《水经注》。该书以水道为纲，将河流流经地区的古今历史、地理、经济、政治、文化、社会风俗、古迹等作了尽可能详细的描述。在我国古代地理学史上占有重要地位，具有很高的科学价值。《洛阳伽蓝记》则主要记述北魏京城洛阳佛寺的兴衰沿革，详尽反映出6世纪初洛阳乃至整个北方地区佛教的变化，也反映了当时的社会经济文化状况。

实录、类书是魏晋南北朝时期创立的新的史书类型。实录专门记录某一皇帝统治时期的大事，南朝梁代的《皇帝实录》就是这一时期的实录作品。此例一开，后世史家纷纷效仿，自唐至清历代都有实录。类书是采辑群书、以类相从的一种史书，以便检寻之用。当时著有《皇览》《圣寿堂御览》等，但这类书已经全部散佚了。另外，萌芽于汉代的皇帝起居注和产生于春秋战国的谱牒之书在魏晋南北朝时期也已确立和定型。

第四节　艺　术

一　音乐与舞蹈

魏晋南北朝时期，由于各地交往频繁，边疆各族内迁以及外来宗教文化的影响，音乐和舞蹈在原来三代两汉传统乐舞的基础上吸收了许多新的内容，获得了前所未有的成就。

在这一时期，有许多文人同时就是音乐名家。三国曹魏时期，蔡文姬"妙于音律"，创作了《胡笳十八拍》。"三曹""竹林七贤""建安七子"等，都在音乐上很有造诣，特别是阮籍和嵇康，极为擅长音乐。阮籍善弹琴，著有《乐论》，还作有《酒狂》琴曲。嵇康则擅长弹古琴，他演奏的《广陵散》在当时享有盛名，另外他还长于乐理，写出了《琴论》和《生无哀乐论》。阮咸和左思也是当时文人中突出的音乐家。到晋武帝时，宫廷为了搜集和整理古代乐曲，专门设立了音乐机构"清商署"，由精通乐律的荀勖负责。到东晋南朝时，许多帝王十分喜爱音乐，如齐明帝萧鸾善弹古琴，梁武帝萧衍著有《琴要》一文。而在民间最为突出的音乐家是柳世隆、柳恽父子。此父子二人精于弹琴，并独创了"双锁"指法，被时人称奇。

从曲调上来看，魏晋时期，在汉代相和歌的基础上，南方新发展起来了"清商三调"或"清商乐"。东晋南迁，把北方曲调也带到江南，南朝各代不断地涌现新声，记载下来的主要是"江南吴歌"和"荆楚西曲"。同时，南朝的清商乐也流传到北方。北魏统一北方后，把相和歌、清商三调以及吴歌、西曲等，统称为清商乐。北魏及其以后的北齐的音乐机构，除搜集整理一些民间乐歌之外，也都保存了一部分清商乐。

随着北方少数民族的内迁和交往，与清商乐这种"华夏正声"同时流行的还有各种"胡声"。西凉乐、疏勒乐、龟兹乐、天竺乐、康国乐、高丽乐等都传入我国，他们大都节奏欢快、旋律自由，大大丰富了我国传统音乐。同时，这一时期的音乐还受到宗教发展的影响，特别是佛教音乐以"吴歌"为基础创造了新的梵音，节奏缓慢而音调悠扬，对后来江南地区的音乐产生了直接的影响。

音乐内容的丰富也使这一时期的乐器名目繁多，琴、琵琶、箜篌、胡笳、箫等都是当时极为流行的乐器。这些都为唐朝高度发达的音乐奠定了基础。

魏晋南北朝时期的舞蹈也是多姿多彩。总的来说，江南地区是在清商乐的伴奏下进行的"优舞"，北方地区则多为"胡舞"。

南方的《清商乐》中包含了很多舞蹈，有《白纻舞》《前溪舞》《巾舞》《拂舞》《鞞舞》《铎舞》《巴渝舞》《明君舞》《翳乐》《公莫舞》《白鸠舞》《神弦歌》等，其中《白纻舞》是这一时期最著名的舞蹈。这个舞蹈常在宫廷夜宴中表演，布景和服饰方面都极尽奢华。舞人穿着洁白的轻纱舞衣，长宽舞袖，身佩玉缨瑶珰，脚踏珠靴，腰系翠带，舞姿艳丽，神情温婉。在北方地区，西凉乐、疏勒乐、龟兹乐、天竺乐、康国乐、高丽乐等都有相应的舞蹈，并在魏晋南北朝时期逐渐向南传播。

二　书法、绘画与雕塑

1. 书法

魏晋南北朝时期，在汉代多种字体出现的基础之上，书法艺术取得了高度的成就，是中国书法史上第一个高峰。这一时期，不仅出现了钟繇、王羲之、王献之等一批书法大家，而且书法艺术境界上由注重汉字形体结构之美上升到了追求书法作品的神韵。这一时期的书法作品，总的趋势是汉代的隶书、章草和今草等书体逐渐简化，较为自由的楷书和行书成为流行趋势，既注重作品的章法，更注重作者本人情趣的表达。

钟繇，字元常，颍川长社（今河南长葛县东）人。魏明帝时任太傅，故人称钟太傅。钟繇博取众长，兼善各体，尤其精于隶、楷。他与张芝、王羲之齐名，并称"钟张""钟王"，或者与张芝、王羲之、王献之等人合称书中"四贤"。钟繇的真迹现在已经全部亡佚，宋以来法帖中所刻《宣示表》《贺捷表》《荐季直表》等，都出于后人临摹。

王羲之、王献之父子，合称"二王"，是这一时期出现的最重要的书法家，他们也是中国历史上最著名的书法家。王羲之，字逸少，东晋琅琊临沂人。其家族琅琊王氏为晋代首推的豪门大士族。祖父王正为尚书郎，父亲王旷为淮南太守，伯父王导为东晋丞相。王羲之出仕为秘书郎，后迁宁远将军、江州刺史，最后做到右军将军、会稽内史，所以后世又称其为"王右军"。王羲之自幼跟随姨母、著名的女书法家卫夫人习字，之后又学习了前辈书法大师李斯、曹喜、张芝、张昶、蔡邕、钟繇和梁鹄等人的书法。这使他的书法融合各家所长，自成一家。再加上他的家族中擅长书法的人济济一堂，父辈王导、王旷、王廙等都是高手，这对他的书法学习的帮助也是极为显著的。

王羲之对真、草、行诸体书法造诣都很深。王羲之的书法刻本很多，像《乐毅论》《黄庭经》《东方朔画赞》等楷书作品，在中国古代书法史上都占有重要位置。他的行书《快雪时晴帖》只有24个字，但被乾隆皇帝列为《三希帖》之首。《兰亭序》是王羲之最著名的代表作。东晋永和九年（353年）农历三月初三，王羲之同谢安、孙绰等41人在绍兴兰亭修禊（一种被除疾病和不祥的活动）时，众人饮酒赋诗，汇诗成集，羲之即兴挥毫作序，这便是有名的《兰亭序》。此帖为草稿，28行，324字，记述了当时文人雅集的情景。作者因当时兴致高涨，写得十分得意，其中有20多个"之"字，写法各不相同，宋代米芾称之为"天下第一行书"。此帖在唐朝失传，据说唐太宗李世民对《兰亭序》十分珍爱，死时将其殉葬昭陵，是以现在留下来的均为摹本。

王献之，字子敬，小号官奴，王羲之第七子。王献之从小熏习在家族环境之中，而较他人又更为勤勉、专注，性情上也颇具乃父之风。王献之的书法，继承家法，又不墨守成规，还有所突破。除了随父修习行书之外，他的草书更为人称道。其传世草书墨宝有《鸭头丸帖》《中秋帖》等，皆为唐摹本。《鸭头丸帖》只有 15 个字，但却被后代书家推崇备至。他还创造了"一笔书"，变上下不相连的草书为相连的草书，往往一笔连贯数字，气势恢宏。

到了南朝时期，在"二王"书风的影响下，涌现出一批优秀的书法家。其中，羊欣、释智永是"二王"书法的继承人，王僧虔擅长隶书，萧子云擅长草隶书，他们都在书法史上占有重要位置。

与南方相对峙的北方，书法艺术也在发展，并产生了与南方不同的风格。北魏初期崔、卢两家族多以书法著名，其中以崔浩成就最大，北魏书法多受他们影响。北方地区的书体，最著名的就是"魏碑"，这种书体结构偏方、构架紧密、方笔折角、骨力雄劲。代表作有北魏孝文帝太和二十二年(498 年)朱义章书的《始平公造像记》，孝明帝正光三年(532 年)《张猛龙碑》，孝武帝太昌元年(532 年)《樊奴子造像碑》等。

在书法创作名家名作辈出的同时，书法理论也在魏晋南北朝时期得到繁荣和发展。对书体渊源流派的探索和讨论，对书法家著录和品评，都在当时书法理论界盛行。此外，书法技巧的研究也较两汉时期更加广泛和深入。魏晋南北朝书法理论著作主要有：卫恒《四体书势》，索靖《草书势》，羊欣《采古来能书人名》，王僧虔《论书》，萧衍《观钟繇书法十二意》《与陶隐居论书启》，袁昂《古今书评》等。

2. 绘画

在玄学、佛学的影响下，这一时期的绘画，既继承了前代的优秀传统，又吸收了外来影响，题材涉及文学、宗教等多方面，技巧丰富多变，风格也有了很大的改变。魏晋南北朝时期，是我国绘画史上的第一个高峰。第一批为后世崇奉的画坛宗师如曹不兴、顾恺之、陆探微、张僧繇等；第一批有摹本流传的巨迹如《女史箴图》《洛神赋图》《职贡图》等；第一批有系统的画论如顾恺之《论画》、谢赫《古画品录》、宗炳《画山水序》、王微《叙画》等，都在这一时期出现。

这一时期随着佛教的传播和兴盛，出现了大量以宗教故事为题材的作品。同时，山水画也已经开始成为独立的画科。三国时，东吴画家曹不兴擅长画佛像，能将佛像头、面、手、足、肩、背等人体比例，画得与真人一样。衣纹折皱紧贴身体，极富立体感。曹不兴所作的大佛像有的高达 5 丈，气势恢宏，法相庄严，被誉为"佛画之祖"。

顾恺之是曹不兴的再传弟子，为东晋大画家。顾恺之主张画人物要有传神之妙，而其关键在于对眼睛的描绘。因此他一反汉魏古拙之风，专重于点睛传神。据说他年轻时曾为建业（今江苏南京）瓦官寺作维摩诘像壁画，当众点睛，观者如堵，施舍钱顷刻超过百万，从此名扬四方。顾恺之所作人物画洒脱飘逸，能通过面部表情来反映内心的情感。现今传世的顾恺之作品的摹本有《洛神赋图》《女史箴图》《列女仁智图》等。

南朝梁元帝萧绎也很善于绘画。当时南朝与各国友好往来，使臣不绝于途。他根据所见创作了《职贡图》，描绘滑国、波斯、百济等十二国使臣像，并撰文叙述各国风情，以记其事。使臣身穿各式民族服装，拱手而立，表情庄肃，脸型肤色各具特点。此画原图也已经不存，现仅有宋人摹本。

魏晋时期，山水画也开始独立成科。晋室南渡后，江南秀美的山水激发了人们对山水画的兴趣，戴逵、顾恺之等均作过山水画。但山水画真正脱离人物背景而独立出来，则是在南朝刘宋时期。宗炳是当时专业山水画家。他一生隐居不仕，酷爱自然，游踪遍及江南名山大川。晚年将生平所见名胜绘于壁上，作为"卧游"，仿佛置身大自然中，怡然自得。宗炳在《画山水序》中提出画山水以"澄怀观道""畅神怡身"为宗旨，即通过对天地自然的描绘和欣赏，来领悟老庄超脱无争之道，同时也将儒家"仁者乐山、智者乐水"与道家"游心物外"思想合而为一。他的看法奠定了日后山水画"虚""静""无争""游目骋怀"的发展方向。

传世的北朝绘画集中在当时少数民族政权开凿的各种石窟之中。其中甘肃敦煌莫高窟最引人瞩目。莫高窟的北朝绘画内容，主要是讲述佛祖出世前经历的佛本生故事与佛出世成道后的说法场景。故事以连续的场面展开，从画面左右向中心发展，构思完整。画面厚重朴拙，线条粗放。在技法上则为中原线条风格，流畅有力，画风亦是中外兼具。有的壁画上还画有伎乐飞天。敦煌壁画的画师们仅以几条顺风飞舞的彩带，就将人物轻盈飘逸之姿酣畅地表现出来，给说法图画面增添了妩媚活泼的气氛。

3. 雕塑

石窟寺是魏晋南北朝雕塑艺术发展的突出代表。这一时期石窟寺的开凿是随着佛教传布的方向由西而东、由北而南的。最早的石窟开凿于新疆，以克孜尔石窟为代表，始凿时间约在西晋后期。敦煌的莫高窟稍晚，相传始凿于前秦建元二年（366 年）。此外，甘肃天水的麦积山石窟，开凿于十六国后秦时期。东方最早的石窟是山西大同的云冈石窟，主要的洞窟大都约开凿于北魏文成帝和平元年至孝文帝太和十八年（460～494 年）之间。太和十八年，北魏迁都洛阳，又开始在洛阳城南的龙门凿窟造像。龙门石窟现存 1352 个，造像 9.7 万余尊，约有三分之一的洞窟为北魏时所开。

　　这一时期，西北地区的石窟寺，特别是敦煌石窟多为泥塑，造型圆润，富丽堂皇，明显受到西方文化和少数民族审美意向的影响。而中原地区的石刻造像面相清癯，项颈修长，体态消瘦，风姿清赢，体现了当时北朝时期统治阶层的审美倾向。

第五节　科学技术

一　数学

　　秦汉时期，《九章算术》的出现标志着我国古代数学体系的初步形成。在魏晋南北朝时期，这一体系获得了重大的发展。大量数学研究的著作在这一时期出现，赵爽的《周髀算经注》，刘徽的《九章算术》和《海岛算经》，祖冲之的《缀术》，甄鸾的《五曹算经》《五经算术》和《数术记遗》等都是当时重要的数学著作。这些数学著作记载了当时数学家在勾股算术、重差术、割圆术、圆周率、球体积公式、线性方程组、同余式等方面取得的成果，充实和发展了以《九章算术》为代表的中国古代数学体系。

　　刘徽是魏晋之际最著名的数学家，籍贯及生卒年月不详。他撰写的《九章算术注》和《海岛算经》中，对于抽象的数学概念，都已作了正确的注解。在《九章算术注》中，他计算出球体积是球径立方的 9/16。刘徽将圆周率的近似值算至 3.1416，而且他指出这一数值还可以继续计算下去。刘徽还在数学中提出了"极限"的思想。

　　南朝的祖冲之是刘徽之后的又一位杰出的数学家。祖冲之，字文远，河北涿鹿（今河北涞水县北）人。他最突出的贡献是把圆周率的数值计算到小数点以后的第七位数字，即在 3.1415926 和 3.1415927 之间，是世界上第一个把圆周率的数值准确计算到小数点以后七位数字的杰出数学家。直到 15 世纪，阿拉伯数学家阿尔·卡西才超过他的成果，但是晚了近一千年，而欧洲直到 16 世纪才由德国人奥托和荷兰人安托尼兹重新算出这一数值，比祖冲之晚了一千一百多年。祖冲之的儿子祖暅在世界上第一次求出了关于球体体积的正确公式，比意大利人卡瓦列里的公理早了近一千年。

二 天文学

魏晋南北朝时期，天文学发展的代表人物，东晋时期有虞喜。虞喜，会稽余姚（今浙江余姚）人。虞喜在天文学上最大的贡献在于发现了"岁差"。他从古代冬至点位置的实测数据发生西退现象的分析中，得出了太阳一周天并非冬至一周岁的结论，即天自为天，岁自为岁，冬至一周岁要比太阳一周天差一小段，虞喜将之命名为"岁差"，这就发现了回归年同恒星年的区别。更进一步，虞喜根据《尧典》记载估计岁差值为约"五十年退一度"。岁差的发现，是中国天文学史上的一件大事。虞喜发现岁差，虽然比古希腊的依巴谷晚，但却比依巴谷每百年差一度的数值精确。而后祖冲之将岁差引进大明历，使得大明历较以前的诸部历法都更为精确。

另一位重要的天文学家是张子信。张子信，北魏末年河内（今沁阳）人，历东魏和北齐。北魏孝昌年间为逃避战乱，他隐居于海岛。他在海岛埋头观测天象长达三十年之久，经过观测步算，积累了大量的天象数据和资料。张子信不仅发现了太阳和行星视运动不均匀的现象，而且据此还提出了一年四季的时间长短，二十四节气的时间多少，也不能完全相等的观点。他发现了日食、月食的规律，还最先发现五大行星运行周期变化。他的观测成果和天文成就，不仅在北齐，以至隋唐几代更制历法的过程中都发挥了重要的作用，促进了我国天文学和历法的发展。

在历法发展方面，祖冲之取得了卓越的成就。宋孝武帝大明六年（462年），祖冲之编成大明历。祖冲之在大明历中最早把"岁差"引进历法，使得回归年和恒星年有了区分。祖冲之提出在 391 年中设置 144 个闰月的新闰法，使大明历的准确程度有了提高。按照他的推算，一回归年的长度是365.24281481 日，远比前人的数据准确，误差只有 50 秒钟左右。直到南宋杨忠辅制统天历以前，它一直是最精确的历法。祖冲之在历法计算中还第一次引入交点月的观念，即月亮沿白道（月亮在天球上运行的路线）运行的时候，由一个黄白交点（黄道是太阳在天球上运行的路线，黄白交点就是黄道和白道的交点）环行一周的时间。他推算出一交点月是 27.21223 日，和现代数据 27.21222 日相差不到一秒钟。由于日食和月食都发生在黄白交点附近，准确求得交点月，就可以准确预测日月食。祖冲之曾用大明历推算了从元嘉十三年（436 年）到大明三年（459 年）这 23 年间发生的四次月食的时间和太阳在天空中的位置，结果完全符合实际。此外，祖冲之还测定出我国古代岁星——木星的公转周期是 11.858 年，和现代测定值 11.862 年很接近。从各个角度看，大明历都是当时非常先进的历法，代表了当时世界天文学研究的最高成就。

三　医学和化学

魏晋南北朝时期，医学发展的代表是王叔和和他的《脉经》。王叔和，名熙，西晋高平（今邹县）人。他精通医术，官至太医令，主持朝内医政。王叔和任太医令之后，便着手整理古代的医学典籍，对张仲景所著《伤寒杂病论》进行校对、增补和编次工作，分为《伤寒论》和《金匮要略》两书。前书着重伤寒诸症的病理分析，并提出疗法，确定医方。后书则是儿科、妇科等杂病的病理分析和医方的汇集。由于王叔和的整理，使《伤寒杂病论》这一名著得以流传。王叔和穷研方脉，总结了秦汉以来医家切脉的经验，著有《脉经》《脉诀》《脉赋》等书。《脉经》一书将脉的生理、病理变化和疾病的关系归结为 24 种脉象并作出详细的理论性叙述。《脉经》一书还提出病有可发汗症及不可发汗症，可土症和不可土症，可灸症和不可灸症等观点，继承发展了张仲景的辨证论思想。王叔和非常注重医学实践，能够根据精微的脉理变化作出正确的疾病诊断。王叔和总结的切脉方法为我国中医诊断奠定了基础，为后世医学家所推崇。他的《脉经》一书先后传至日本、东南亚，17 世纪末传到欧洲，对世界医学界产生一定影响。

在当时，由于寺庙发达，有许多僧、道也研究医理、方剂。两晋之际的葛洪撰《金匮药方》7 卷，另有《本草经集注》7 卷，著录药物 730 种，首创以玉石、草木、虫、兽、果、菜、米食分类，对本草学的发展有一定的影响。

我国古代的化学，特别是在这一时期，是与炼丹术紧密结合在一起的。秦汉时期在统治阶级中开始盛行炼丹，炼丹家在炼丹实践中，积累了大量关于物质变化的经验，摸索到不少物质变化的规律。他们把经过化学反应产生出的新物质引入医疗实践。我国古代炼丹术，既丰富了传统药物学的内容，有助于我国医学的进步，同时也为近代化学的发展奠定了基础。

魏晋南北朝时期，在炼丹方面取得重大成就的首推葛洪。他在《抱朴子·内篇》中记述了不少炼丹过程中的化学反应现象。另一位有名的炼丹家是陶弘景，在他的《养性延命录》中第一次记载了水银能镀金镀银的化学现象。

四　农学

在魏晋南北朝时期，我国的农业生产已经积累了许多宝贵经验，耕作技术也达到较高的水平。在这种情况下，出现了我国最早的农业科学著作《齐民要术》，它的作者就是北魏时期的著名农学家贾思勰。

贾思勰，山东益都人，生平事迹不可考。《齐民要术》对农业生产的理论作了系统阐述，对具体操作的各个环节都写得十分具体与详细，不仅超过前人的同类著作，而且在世界上也达到领先水平。《齐民要术》分 92 篇，共 11 万多字，内容丰富，从大田作物到香料作物、水生植物以及瓜、果、蔬菜甚至树木无所不包，并且对于副业生产，诸如制酱、酿酒、饲养鸡鸭猪牛也一应俱全。贾思勰之所以能写出这么庞大的农业专著，一方面是他辛勤实践、向农民学习总结得来。另一方面也是他参阅古代有关农业方面的书籍，充分吸取前人成果博采众长所得。《齐民要术》一书中引用古书达超过 150 种，对战国时期诸子中的农家到北魏时期有价值的史书，都做了摘录，其中不少书今已失传。贾思勰对前人的成果并不迷信。譬如汉代的《氾胜之书》中有关于黍子的种植要稀一点的观点，贾思勰却提出黍子密植比稀植好的说法，从而纠正了自汉代以来的误导。《齐民要术》是我国最早的一部从理论上系统研究农业的百科全书，在我国和世界农业科学发展史上都具有极高的学术价值，对促进我国古代农业生产的发展具有深远的影响。

主要参考书目

何兹全：《魏晋南北朝史略》，上海：上海人民出版社，1958 年。

王仲荦：《魏晋南北朝史(全二册)》，上海：上海人民出版社，1979 年。

韩国磐：《魏晋南北朝史纲》，北京：人民出版社，1983 年。

高尚志、冯君实：《秦汉魏晋南北朝史》，沈阳：辽宁人民出版社，1984 年。

程应镠：《南北朝史话》，北京：北京出版社，1979 年。

林瑞翰：《魏晋南北朝史》，台北：五南图书出版公司，1990 年。

万绳楠：《魏晋南北朝史论稿》，合肥：安徽教育出版社，1983 年。

韩国磐：《北朝隋唐的均田制度》，上海：上海人民出版社，1984 年。

高敏：《魏晋南北朝社会经济史探讨》，北京：人民出版社，1987 年。

陈玉屏：《秦汉魏晋南北朝史论集》，成都：四川民族出版社，1995 年。

黎虎：《魏晋南北朝史论》，北京：学苑出版社，1999 年。

唐长孺：《魏晋南北朝史论丛》，石家庄：河北教育出版社，2000 年。

高敏：《魏晋南北朝史发微》，北京：中华书局，2005 年。